晚明民间宗教研究

蒋海怒 著

上海古籍出版社

浙江理工大学学术出版资助项目

序　言

虽然称呼不同,但学术界对于明代中后期产生了某种新宗教类型有普遍性认知,与传统的摩尼教、白莲教等民间教派不同,它大量吸收佛教、道教思想,并加以生活化、民间化、乡土化处理。我们将这种起自明代中期,演绎至清朝中期的新宗教类型命名为"明清民间宗教",其对应文本形态是教派类"宝卷",晚明时期被制作出的此类宝卷,正是本项研究的基础文本。二十年前,它们往往被当作金匮之秘珍藏而难以为学者利用,除手自抄录外,笔者在南京大学图书馆港台室复印宝卷常被索以每面五角的高昂费用。

宝卷内容受到佛道教思想的强烈影响,并因此常被早期研究者误读为民俗佛教或民间佛教。实际上,即使兼具佛道两种成分,它们之间也呈此消彼长趋势。成化、正德年间产生的无为教(罗教)大量汲取禅宗思想,构建出自身"五部六册"的文本体系,然而不久以后,黄天道就开始移植和消化道教理论体系和概念术语,并将之进行民间化、乡土化和生活化处理,这种趋势一直发展至明末阶段,至此,道教思想衍生因素则构成了宝卷的主体。

而当我们将考察点转向道教自身时,将会轻易发现,这种在漫长历史长河中,思想历经纷繁变化的中国本土宗教形式,在明代也出现了新动向,它因应宋元以来的俗世化潮流,更进一步地走向民间。然而与陈垣先生名著《南宋初河北新道教考》所分析的全真教、大道教和太一教相似，明世尤其中后期，正统化道教也开始走向秘密隐修化，并直接导致民间宗教宝卷文本里道教成分激增。

宝卷里的道教成分主要包括内丹修炼和斋醮科仪，然而它们的内涵又与正统道教存在明显差别。本书以晚明"黄天道"为对象详细分析了民间宗教"内丹学"的旨趣和特征，又以弘阳教为目标详致讨论了民间宗教的各类仪式，并指出了它们与道教自身思想的相异之处。此外，在晚明时代，"三教合一"成为一大思想潮流，不仅正统儒释道思想对此有大量思考，民间宗教里也有痕迹。这里的一个例子是儒家孝道伦理，在晚明民间宗教文本中，它已经沾染浓厚的佛道色彩，而且进一步民间化，"目连救母"故事的演化反映了这点。经由对这一主题不同宗教文本的详细比较，我们发现，从印度到中国，从上古到明清，中国人的"冥孝"——即死后尽孝——观念产生了惊人的变化。

综上，在对晚明民间宗教的学术考察中，本书采用了观念史的研究方法，它尽力去侦测儒释道正统思想通过何种途径衍变为民间宗教观念，以及这些次生物与前者区分何在。

笔者的研究时段虽限于晚明，但是我们也要看到，直至清代中期，民间宗教依旧呈现繁盛趋势，可谓中华帝国晚期文化奇景之一。在帝制中央集权情况下，民间宗教文本的确表达出底层抗议，其情怀与精英阶层宗教信仰存在明显区别，但其中也夹杂着许多蒙昧迷妄因素，需要对此警醒、批判，并展开持续性学理分析。

本书是在笔者多年前博士论文基础上稍加修改、润色而成。原题《晚明民间道教研究》（南京大学，2004），根据评委意见反馈及本人对该领域理解的深化，特将书名改为《晚明民间宗教研究》。在博士论文撰写过程中，导师徐小跃教授付出很多精力予以指导，谨致谢忱。

　　沙畹《北中国考古图录》里有一张龙门石窟空洞佛龛内某村民箕踞而坐的照片,时间虽系晚清,置于晚明也毫无违和感,谨以此图为本书封面之用。

目　录

引　言

公元 1598 年 2 月 23 日,亦即明万历二十六年正月甲辰,隆冬时节北京城,兵部衙门某哨兵在门外寂静大道上捡到一个小册子,所用文辞看起来"幻妄不经",官府顿时紧张起来,推定其来自传闻中"无为教焚聚之辈",且必将引起惑乱。[1] 对于一个以国安民顺为治理目标的传统帝国政权而言,宗教意识的活跃,尤其是非正统的宗教意识的骚动,无疑是社会文化堕落和民心之乱的危险征兆。王朝治理者自然还会联想到历史上以叛乱为旗帜思想的太平道、摩尼教或白莲教,这令他们警惕。当然,传说中大明政权与"明教"间的隐秘关联,无疑更加重了他们的心理负担。

甚至这并非民间宗教结社第一次出现在那个时期的文献记载里。在史学界曾炙热讨论的万历十五年(1587),与民间宗教相关联的一个材料却逸出许多学者的眼帘。在这一年的 2 月 17 日(正月庚子),左都御史辛自修曾上书朝廷,言"白莲教、无为教、罗教蔓引株连,流传愈广,踪迹诡秘,北直隶、山东、河南颇众"[2]。辛自修的正色直谏非常严肃,但是存在重大的知识或判断错误,因为罗教和无为教不是两个独立的宗教结社,而是"一社两名",此外,白莲教这个名称实际上已被明

---

[1]《神宗实录》卷318,万历二十六年正月甲辰。
[2]《神宗实录》卷182,万历十五年正月庚子。

代底层宗教狂热者废弃许久了,力求新奇的心理促使他们发明出许多更新鲜的教派名词。在这个纷繁、狭窄而又有些混乱的时代,分散在各处市井或村落的草根读书人制作出许多异端宗教文本。

当然,对于大明统治者来说,这些宗教异端无论如何都应被消灭在萌芽状态。但是,此类宗教反常事件的频频发作,其实是晚明社会思想文化大崩解、大迁徙和大重组的一个局部表现而已,与那些更有影响力的异端(例如阳明学"狂禅"派)相比,他们并没有发现更紧迫的压制动机。另外一个重要原因是,民间教团领袖为了扩大影响力,不断寻找"护法",他们与当时许多政治上层人物(如后妃、内侍)产生了密切的利益关联。例如,在后宫和太监群体的赞助下,民间宗教的经卷甚至可以交由"内经厂"印制,并且打上皇宫的招牌,向社会群体散发。有趣味的是,这些异端的宗教经卷里往往充斥着繁多佛教、道教神灵的名字,并大量套用它们的宗教修行术语,以至于民众无法将这些经卷与佛教、道教经卷区分开来。

这种做法引致的结果是,十余年后,皇权开始迁怒于佛教和道教,以及民众日常俗神信仰活动。在万历三十一年(1603),一个官员将民间教团和正统佛教、道教等同起来,宣称"请禁僧道",他列举出如下应当采取的措施:其一,禁止白莲教、无为教、罗道教;其二,驱逐各大寺观游玩的士女;其三,严缉集众进香、擅造仗仪等宗教用具;其四,禁止四方来游僧道及搭盖茶房、街衢打坐、物幡张榜、身衣绮纨。[1] 这条记载理应受到今天研究者的重视,它一方面表明了王朝统治者无法分清各自宗教类型活动的事实,另一方面也展现出这些宗教类型之间的密切关联。

---

[1]《神宗实录》卷390,万历三十一年十一月癸酉。

表面上看，寺庵和道观里循规蹈矩的念经僧道与荒村野树下的草根说法者并不相类；老百姓的迎神赛会大多是为了生子发财这类功利而举办的，他们对民间宗教经卷里返本还源之类的精神解脱应该不感兴趣；至于到寺观游玩的士人、女眷，其实大多是出于文化消遣的雅兴而已。但是我们也看到，游僧游道已经成为大小都市的一道风景线，他们自己搭盖房屋讲经说法，或者在街衢打坐，引众观看，或者替丧家做法事。我们要提问的是，这些现象之间真的毫无联系吗？

万历四十三年（1615）的一条记载经常为学者所引用，看起来官员们已经能够区分正统宗教和民间教团了："礼部请禁左道以正人心。言近日妖僧流道聚众谈经，醵钱轮会，一名涅槃教，一名红封教，一名老子教；又有罗祖教、南无教、净空教、悟明教、大成无为教，皆讳白莲之名，实演白莲之教。有一教名，便有一教主，愚夫愚妇转相煽惑，争怯于公赋而乐于私会，宁薄于骨肉而厚于伙党，宁骈首以死而不敢违其教主之令。"[1]这条记载列出了近10种民间宗教教派名称，然而，这位官员依旧把它们称为"左道"，并依旧使用"妖僧流道"的指称，似乎还未认清佛道二教与民间教团之关系。

此后，举凡进香、赛会、祠祭、结社以及佛教道教的讲经、私创寺观、无度牒游僧游道，均被视为王朝威胁。万历四十八年（1620），礼部侍郎孙如游就上言："窃惟徼福免祸者人情也，而巧言祸福以中人心者左道也。此在白莲、无为等教已两经臣部具题，严禁驱逐。近又有红封、大成等教，则避白莲之名而传其钵；逃无为之号而广其派。四方各有教首，谬称佛祖，罗致门徒，甚至皇都重地，辄敢团座谈经，十百成群，环观聚听，且以进香为名，踵接于路，无论舆仗。擅龙凤，为王法所不容。而

[1]《神宗实录》卷533，万历四十三年六月庚子。

旌旗蔽日,金鼓喧天。万一草泽奸盗或景附以潜藏,奴穴细人或窜入以内应,是玩视之以为缁衣、黄冠之流者,正酝酿之以成绿林、黄巾之变者也。"[1]在帝制余下的时间里,类似于孙如游言论的可谓不绝如缕,它塑造出某种王朝危机意识,准确击中了最高统治者的政治神经,噩梦直抵王朝覆灭。

上文所引民间宗教结社记载皆来自《明实录·神宗实录》。从宗教的视角看,我们把嘉靖后期至天启、崇祯算作晚明,这正是本书所探讨的时间段。正如刘志琴所言,这段时间为时不足一百年,而长达四十八年的万历朝又最令人瞩目。[2]这是一个颓废靡丽的时代,民间教团兴起,赛神活动热烈地展开,淫词日盛,僧道强盛,私建寺观以及游僧游道骤增,这一系列相关性非常之强的宗教现象,互相鼓荡,构成晚明尤其万历朝独特的宗教社会场景。正因为万历朝民间教团活动给人以如此深刻的印象,以至于清代的一位深究"邪教"的官员在他的著作中写道:"邪教始自后汉张角,后汉以前,并无邪教……张角以后,历代虽有邪教,然旋兴旋灭,不留余种。近世邪教,皆起自明朝万历年之无生与飘高。万历以前,并无近世之邪教。"[3]末句当属判断失误,不过也证明"万历"对其刺激之深。

如许多葛藤中,佛教、道教与民间宗教的观念史纠缠是核心议题。

从时间上看,佛教、道教等正统宗教在嘉靖、万历朝发生了明显的变化,民间教团也在这个时间段大盛。具言之,嘉靖以后,佛教内部开始新一轮的自我更新,紫柏真可、憨山德清、藕益智旭、云栖祩宏"四大

---

[1] 《神宗实录》卷594,万历四十八年五月乙巳。
[2] 刘志琴:《晚明史论·代序》,江西高校出版社,2004年。
[3] 黄育楩:《破邪详辩》,《清史资料》第3辑,中华书局,1992年;泽田瑞穗:《校注破邪详辩》,(东京)道教刊行会,1972年,第113页。

高僧"的活动引人瞩目,佛法的各种形式——禅学思辨、瑜珈仪轨、净土念佛等都被重新审查,尤其以云栖祩宏振兴"净土法门"的努力为代表。[1] 道教内部,丹法"东派"和"伍柳派"也开始创立,各种道教内丹修炼学大量出现并影响到社会各个层面。就民间宗教的教派活动而言,也频繁起来,宗教异端逐渐从太祖朱元璋、成祖朱棣的细密控制和压抑氛围中释放,孝宗朝以后,和尚道士、尼姑道婆穿梭于城镇的里巷弄堂之中,乡野里也经常出现那些卖弄神迹的神仙,一些"妖僧、妖道"零星出现。特别是万历朝,从官修文书档案和时人笔记里可以看到不止一处的记载。

　　然而如追溯至成化、正德年间,一切将变得更有意味。我们注意到,与王阳明"龙场悟道"(1506年),创立"阳明学"相距不远,退伍军人罗梦鸿自称在成化年间"吐经"(1482年),罗教遂在长城脚下悄然兴起。[2] 嘉靖三十二年(1553),又一名退伍军人在顺圣川(今阳原县)"悟道成真",创立"黄天道",因为战争,这时他只能用一只眼睛观看世界了。黄天道的主要经卷《普明如来无为了义宝卷》诞生于嘉靖三十七年(1558),罗教的《五部六册》最早版本是"正德四年(1509)"本,然而它的大量印行要等到万历以后。倾向于佛教的罗教和倾向于道教的黄天道分别代表了明代民间宗教的两大思想潮流,在它们的影响下,诸多教派开始出现并几乎波及全国。

　　然而在民间宗教内部,来自佛教和道教思想的影响并不均衡。早

---

　　[1]　Chün-fang Yü, *The Renewal of Buddhism in China: Chu-hung and Late Ming Synthesis*, New York Columbia University Press, 1981.

　　[2]　从发生年代看,思想史、宗教史这两个事件似乎存在着某种联系。笔者注意到,王阳明(1472—1528)和罗梦鸿(1442—1527)基本上属于同一时代人物。他们的创教时间分别是正德三年即1508年左右(王阳明)和成化十八年即1482年(罗梦鸿)。几乎可以肯定的是,二者之间没有直接的由此及彼的联系。"阳明学"代表精英思想的内爆性演变,罗教则代表了底层民众宗教观念的一次革新。

期的罗教主要承受了佛教尤其禅宗的宗教哲学,后期民间宗教信仰体系则多受道教思想的巨大影响,道教的影响如此广泛和深入,以至于我们面对着一个"道教化"的民间宗教系列,并且由于晚明时期的民间宗教在很大程度上更多地以底层或草根的"道教"形象存在,或者说"伪装"成道教,因此探讨民间宗教里的道教成分也就成为我们所面对的重要思想议题。

佛道教思想下移培育了民间宗教的成长。一方面我们看到,由于知识的普及,宗教知识很快为民众所悉知,本来,那些玄虚深奥的佛理道意似乎只有在士大夫那里才会受到赞赏,现在,普通市民百姓开始谈论这些玄虚的东西,这显示了宗教知识"占用"的转让。另一方面,民间宗教的信众并非全盘接受正统儒释道思想,他们有自己的选择和改造,甚至发展出与正统儒释道思想完全相反的成分,这又体现出"反抗"的色彩。

民间宗教对正统佛道思想的"占用"和"反抗",反映出晚明社会思想里精英与草根、正统与异端乃至知识的上层与下层之间的"复杂性纠缠"关系,而这,正是本书所秉承的宗教观念史方法所考察的对象。

当他们于荒村野岭或市井里巷的密室里集体念诵佛号或揣摩教义时,当他们也在为百姓举办丧仪、奠茶等各类表演性宗教仪式时,当他们熟练使用内丹这种身体操纵技艺,渴望大圆满、大自由时,他们又如何理解这些本来自宗教精英的概念术语,如何看待自身?

第一章　晚明宗教意识

关于晚明的各种描述和申论中，重要然而最向来为人忽略的，是民间宗教宝卷里的晚明景象。这些来自底层的带有攻击性的文本，表达出草根群众的愤激甚至绝望态度，对于腐败不堪的官吏、僧道、知识人阶层，他们只能用非理性、虚拟的宗教惩罚来代替无法实现的"现实惩罚"。正所谓"朴素的阶级感情通向宗教，而不是通向科学"[1]。

第一节　民间记忆中的晚明

晚明研究总是那样充满魅力和挑战性，怎样理解它呢，它是衰世、开端，抑或转型？此类界定无疑带着概念想象味道，如果仅考察表层风景，在这个标志性时段内，我们首先感受到的是炫目而彼此纠缠的意象所酝酿的"氛围"（aura）：城镇商业繁荣、市民社会崛起、王学异端泛滥、社会奢靡之风弥漫、流民大量出现……一切仿佛都破碎和杂乱无章了。

无疑，社会整体的剧变有多种征象。自上而言，如嘉靖帝那样的长期不视朝，或在宫苑大兴斋醮等诡异生活行为，似乎起到了信号弹作

---

[1]　陈旭麓：《浮想录》，上海教育出版社，2019年，第16页。

用,整个官僚系统仿佛也因此被某种糜烂力量所控制,诸事皆显得力不从心。波及至社会层面,一方面导致经济发展虚弱而糜丽;另一方面,社会行为固有规则似已被颠覆,许多儒生都援笔留下对"小人得志"愤愤不平的记载,然而贵贱易位却带来了新一轮的阶层整合与资源配置,城乡之间以及农民、市民两个阶层之间的流动增加。在思想意识的街景里,在过于理念化的文化领域,概念化、通俗化理学之媚俗足以令精英文士崩溃,一种倾向于在内心小小世界中追求绝对宇宙精神的沉思性阳明学兴起了。

与此相反,道德感毁灭却引向另一趋势,小说、戏曲等通俗文学的大量印行与售卖,在宣传粗制滥造的主体价值观的同时,也渲染了看上去"不正经"的趣味。面对这种剧变,击节赞赏者有之,更多的是咒骂和谴责,明清易代之后,它们都酿造出饱含深深悔恨的泪水,也就带上了咒怨色彩。

包筠雅指出,嘉靖朝的前后情形是一条重要的分界线,"此前是有序、平静和稳定不变的生活,此后生活却变得混乱、变动不安并充满了竞争"[1]。这一目眩神迷的时段从何年或何标志性事件开始,因学者们所治领域或视角不同而有不同论说,这些领域或视角包括经济、风化、政治、文学、思想、宗教等等。实际上,从大量的史料笔记、地方志、碑刻记载里可以看出,嘉靖、万历时代的巨变,正德、弘治年间已渐启其端,就此,笔者认同刘志琴的观点,晚明是指嘉靖末年、隆庆、万历、天启和崇祯王朝,为时不足一百年,其中又以长达四十八年的万历朝最令人瞩目。[2] 也就是说,整体上言之,嘉靖、隆庆、万历为晚明时期,万历一

[1] 包筠雅:《功过格——明清社会的道德秩序》,杜正贞、张林译,赵世瑜校,浙江人民出版社,1999年,第1页。
[2] 参见刘志琴:《晚明史论·代序》,江西高校出版社,2004年。

代尤具晚明气象。

那么,何以晚明?

政治和经济方面的变化构成了晚明社会的基础面。从政治史角度看,孟森先生对晚明社会的衰微轨迹有这样概括:"明之衰,衰于正、嘉以后,至万历朝则加甚焉。明亡之征兆,至万历而定。"[1]由此观之,则正德、嘉靖开明朝政治腐败之始,终演变为万历大祸乱。南炳文先生则综合经济、政治两方面的情况,提出,万历朝的标志性现象是内乱外患频繁发生、"资本主义"萌芽、阶级斗争加剧、宦官专权和党争等等。[2]

对此,我们可以作更细致的解释。由于朱氏政权在前期(洪武、永乐)采取一系列整顿吏治、限制豪族、奖励耕荒、兴修水利、安定社会等缓解民怨、救济民生的策略,明代社会进入一个平稳期,经济渐趋繁荣,社会比较安定,大部分农民不再过着朝不及夕的生活。士人阶层常将"仁宣之治"比拟于西周"成康"时期或汉代"文景之治",所谓"明有仁宣,犹周有成康,汉有文景"[3]。在他们的印象中,明代前期社会百姓充实,府藏衍溢,军民胥裕。然而到了明代中期以后,前期积累的强盛国力逐渐被挥霍消耗殆尽。由于各种地主豪强的兼并土地,盐税、矿税的大量增加,再加上军队腐败、吏治败坏等原因,明朝逐渐衰落下来,在飘摇和混乱中进入了晚明。

政治经济衰败以下面几点最为鲜明。

其一,赋税增加,四农穷困,如有言"世宗以后,耗财之道广,府库匮竭。神宗乃加赋重征,矿税四出,移正供以实左藏。中涓群小,横敛

---

[1]　孟森:《明史讲义》,上海古籍出版社,2002年,第254页。

[2]　南炳文、汤刚:《明史》上卷,上海人民出版社,2003年,第205页。

[3]　《明史纪事本末》卷27,"仁宣致治"条,转引自南炳文、汤纲:《明史》上卷,上海人民出版社,2003年,第136页。

侵渔。民多逐末,田卒污莱。吏不能拊循,而覆侵刻之。海内困敝,而储积益以空乏"[1]。

其二,土地的兼并造成的社会动荡,失去土地的乡民被剥夺感加深,表现为户数减少,农民迁徙、流浪,以至于"户口之数,增减不一",据称"太祖当兵燹之后,户口顾极盛。其后承平日久,反不及焉。靖难兵起,淮以北鞠为茂草,其时民数反增于前。后乃递减,至天顺间为最衰。成、弘继盛,正德以后又减"。户口减少的原因,曾被时人周忱归结为"投倚于豪门,或冒匠窜两京,或冒引贾四方,举家舟居,莫可踪迹也。而要之,户口增减,由于政令张弛"[2]。

这种情况在史料笔记《四友斋丛说》中也有反映,作者称"正德以前,百姓十一在官,十九在田,盖因四民各有定业,百姓安于农亩,无有他志。官府亦驱之就农,不加烦扰。故家家丰足,人乐于为农。自四五十年来,赋税日增,徭役日重,民命不堪,遂皆迁业",终至"奔走络绎于道路,谁复有种田之人哉"[3]。

其三,官侵民田也造成了巨大的社会困境,有记载谓明代中叶以后,庄田侵夺民业,以至"与国相终"[4]。造成这一状况的,是"皇庄及诸王、勋戚、中官庄田"占夺,他们把良田改建为"草场"[5]。以上所列举的史实,为治明史者所常见。

民风变迁是另一观察视角。古代士大夫阶层喜论民风美恶之化,

————————

[1]《明史》志第五十三,食货一,中华书局《二十四史》(缩印本),1997 年,第1877 页。

[2]《明史》志第五十三,食货一,中华书局《二十四史》(缩印本),1997 年,第1880—1881 页。

[3] 何良俊:《四友斋丛说》卷十三,中华书局,1959 年,第 111—112 页。

[4]《明史》志第五十三,食货一,中华书局《二十四史》(缩印本),1997 年,第1889 页。

[5]《明史》志第五十三,食货一,中华书局《二十四史》(缩印本),1997 年,第1886 页。

从社会风气角度看,焦竑言"正、嘉以前醇厚"[1],余继登则谓:"弘、正以前,俗尚敦朴,士以质行相高,野无惰农,市无淫工,商贾无绮靡之奉,下不敢干上,少不敢僭长。今何如矣?美衣婾食,即诵法孔氏者犹然,无论商贾,农弃业为贾,贾弃业为游食。轻纤之适,声伎之娱,即无担石者犹然,无论豪富;一语不合,不难奋胆;一朝生忿,不难忘身;贪忮好气,即诗礼家犹然,无论市井。"有趣的是,他将无赖和左道巧妙挂起钩来,因为"无赖"总是"不作家人生业,三五为曹,游闲征逐",而"左道"则"以恐喜人意者能令人信其说而不信度,忍背公而不忍背其师说"无赖和左道终至"合而党与愈盛"[2]。以焦竑、余继登"民风观"为据,则弘治、正德、嘉靖以后可以算作晚明的开端。[3]

就思想领域内波澜而言,阳明学兴起是明中期的标志性事件,并且在此后的嘉靖、万历朝,思想的阐释路向也已被"王学异端"主导,如时人所言:"成、弘间,师无异道,士无异学,程朱之书立于掌故,称大一统;而修词之家墨守欧曾,平平尔。时文之变而师古也,自北地始也;理学之变而师心也,自东越始也。"[4]

此也正如《明史·儒林传序》的痛惜之语:"原夫明初诸儒,皆朱子门人之支流余裔,师承有自,矩矱秩然。曹端、胡居仁笃践履,谨绳墨,守儒先之正传,无敢改错。学术之分,则自陈献章、王守仁始。宗献章者曰江门之学,孤行独诣,其传不远。宗守仁者曰姚江之学,别立宗旨,显与朱子背驰,门徒遍天下,流传逾百年,其教大行,其弊滋甚。嘉、隆而后,笃信程、朱,不迁异说者,无复几人矣。要之,有明诸儒,衍伊、洛之绪

---

[1]　焦竑:《客座赘语》卷一,中华书局,1987年,第25页。
[2]　余继登:《交河县志后序》,《淡然轩集》卷五,《文渊阁四库全书》,第1291册。
[3]　类似焦竑、余继登记载和评论的还有许多,毋庸在此罗列。
[4]　董其昌:《合刻罗文庄公集序》,《容台文集》卷一。

言,探性命之奥旨,锱铢或爽,遂启岐趋,袭谬承讹,指归弥远。"[1]

正是在这种意涵上,左东岭认为,学者们或把嘉靖中期看作晚明的开始,或把万历元年看作晚明的开始,每位学者的研究角度不同,便会有自己的分期标准。如果从明代学术思想的发展变化而言,则恐当以隆庆元年为晚明的起点,把万历朝作为晚明的主体部分。[2]

宗教领域里晚明似应以嘉靖后朝为始,表现为佛学"复兴"、道教"别出新枝"和民间教首"摩肩接踵"地出现。研究者们看到,嘉靖以后,佛教内部开始新一轮的自我更新,紫柏真可、憨山德清、藕益智旭、云栖袾宏"四大高僧"的活动引人瞩目,传统佛教的各种发展形式,例如禅学思辨、瑜珈仪轨、净土念佛等都被重新审查并添加了新内容,这方面尤以云栖袾宏振兴"净土法门"的努力为代表。[3]

而在道教内部,丹法"东派"和"伍柳派"也开始创立,各种道教内丹修炼学大量出现,并影响到社会各个层面。民间宗教,即英语中所称的 popular religion 或 folk religion[4],开始频繁活动,各类文书中的教派之名纷至沓来。

我们还需要提及某种"散落的宗教异端"的发展,它一开始被太祖朱元璋、成祖朱棣细密地控制和压抑,然而弘治帝以后,它们如草原上空的星星暗暗绽放:和尚道士、尼姑道婆穿梭于城镇的里巷弄堂之中,乡野里也经常出现那些卖弄奇迹的神仙,"妖僧、妖道"的记载逐渐增多。总之,由于知识的普及,宗教理论渐渐传播至民众悉知的程度。本

---

[1]　《明史·儒林传序》,中华书局《二十四史》(缩印本),1997 年,第 7222 页。

[2]　左东岭:《王学与中晚明士人心态》,人民文学出版社,2000 年,第 493 页。

[3]　Chün-fang Yü, *The Renewal of Buddhism in China: Chu-hung and Late Ming Synthesis*, New York Columbia University Press, 1981.

[4]　此处的 popular,含义近于"大众的",而 folk 更多指"民间的"。具体说来,牵涉到学界对民间宗教概念的复杂辨析。

来,那些玄虚深奥的佛理道意,似乎只应该被宗教或士大夫精英激赏,而现在被市井百姓谈论,这显示了宗教知识的"转让"。故从宗教的视角看,我们把嘉靖后期至万历以后的天启、崇祯算作晚明。

我们将看到,苦难是民众投入宗教怀抱重要动因,在强大的生存困扰面前,宗教信仰是民众抵抗现实寒冷的一种软弱而又常用的手段。

在此笔者不拟停留于外部和浅层的描述,还想进入民间宗教宝卷本文中,看看在民间教团内部和教徒们的心灵中间,他们对晚明社会状况是如何认识,如何解读的。从这些基本是"口述"或"亲承"的史料中间,我们可以见到他们对苦难的活生生的记忆。正是从这个意义上,宗教感受往往是苦难记忆的另一个版本。

笔者选取民间宗教的一本宝卷《古佛当来下生弥勒出西宝卷》来加以分析。该宝卷为《明清民间宗教经卷文献》等当代宝卷纂集所收录,现存清代末年刊本,实际上是万历朝产物,因为我们能看到其卷首称"盖闻法王当来下生弥勒出西宝卷,出在大明万历丙辰年,御制党小庵刊版留行",而结尾处也有所谓皇极北儒礼门弟子赵源斋的刊印说明:"大明万历丙辰年,北京党小庵大字经房藏版,顺留甲寅年印。愿祈天下风调雨顺,国泰民安。"

该宝卷反映出的,民众视角的"晚明印象"主要有以下几点:

其一,吏治腐败。传统社会官僚因其公信力而有民众"父母官"之称,吏治腐败自然导致民众对公平、正义之绝望。宝卷里称:"一切官吏人等,办事不清,贪图名利,毫无慈心,百般屈断,陷害良民,有钱以屈为直,无才真直是屈,不孝父母,弗忠君王,不敬日月,弗报天地,忘却四恩,饮酒吃肉,作孽无边,因当抽换,永堕地狱。"[1]近乎诅咒。

---

[1]　《古佛当来下生弥勒出西宝卷·公吏不清品选第六》。

其二，富豪群体占有社会大部分的钱财，他们的称霸一方最引起民间社会激愤。宝卷里指责："世间富豪之家，倚势欺贫，买卖不公，欺侮良民，小斗量出，大斗量进，盘算重利，多挖银钱，不知穷苦，无有慈心。不信天堂正路，转行地狱邪门。不爱奴婢，喝骂非轻。日思夜想，盘算强霸田地山林。全无行善之意，常有作恶之心。强占妇女，毁谤善人。"[1]如此之类，都属于地狱责罚类反抗话语。

其三，在传统社会，"士风"的清浊是衡量社会盛衰的一个重要标尺，类似于易代之后顾炎武、颜元辈，晚明普通民众表达出对知识阶层的失望。宝卷里写道："世间秀士，断绝仁义礼智信也。仁不杀生，义休偷盗，礼弗邪淫，智莫嫉妒，信戒酒肉，五常全无，怨天恨地，不敬日月，弗忠君王，不孝父母，弗敬师长，咒骂晴雨，毁谤斋戒，弗礼正佛，杀生害命。惯祭邪神，魑魅魍魉，神祇弗吃荤酒，世人枉生聪明，伶俐反迷失身。你只知举笔成章，不知文章下落。"[2]这段话倒反映出民间视角里的知识人形象。

其四，在一个经济领域缺少监察制约体制的社会里，商品经济的非正常发展必然带来重利轻义现象的蔓延。依靠种粮度世的农民对城市里的商品气息不大适应，也多有抱怨："世间三十六行，生意买卖不公。瞒真骗假，长短秤尺，大小斗斛，秤不公平。当面喜笑，背后私计。动手瞒人，欺侮良民。又有各店米行，茶坊酒店，买卖百般机惯，多敬奉承。若见老实，瞒骗与他，贫苦男女人等，受苦伤心，叹气连声。"[3]可见即使在商品经济发达的晚明时期，商人社会形象也颇为不佳。

其五，明朝的军队体制比较特殊，军士在卫所里的生活也非常辛

［1］《古佛当来下生弥勒出西宝卷·富豪倚势品选第七》。
［2］《古佛当来下生弥勒出西宝卷·秀士骂风雨品选第九》。
［3］《古佛当来下生弥勒出西宝卷·三十六行不公品选第十》。

苦,这似乎也导致了他们对农民的掠夺和压榨。宝卷里亦有所反映,所谓"军马出征之际,路途之中,倚称军势,强抢劫夺,白日强奸,哄骗妇女,劫财盗物,故杀良民,行凶作恶,陷害善人"[1]。

虽然有如许之多的社会罪恶,然而它们皆非信徒"皈依"民间宗教的直接根源。宗教领域内的现象,归根结蒂还须从宗教领域自身说明,这就是民众对佛教、道教整体性失望,在他们看来,这两种正统宗教内部非常腐败,应该厌倦和唾弃。在当时,佛教、道教的社会声望或许已降至历史最低水平。史料笔记就此有大量记载,其中一些段落常为学者引用。

或许我们还需要补充来自宝卷的批评,它们常为史家所忽略。例如,《古佛当来下生弥勒出西宝卷》攻击僧道群体,"不肯持斋受戒,毁谤儒俗修行,饮酒吃肉,荤口礼忏"[2],以及"天下僧道,住的名山洞府,居于雕梁画栋,朱台漆椅,身穿绫罗纱缎绸衣,口吃不种粮食,受免良田,享清闲福。上背父母恩义,次别四恩不报。或奸骨肉亲人,或淫朋友良女,私通尼姑。杀生害命,不计其数。饮酒食肉,犯戒违法。亦为商贾,或做偷盗,又为医生,告状兴讼,趁奉官府,倚势欺人。行善全无,作恶无数"[3]。由上观之,僧道阶层的堕落让人瞠目结舌。

实际上,对僧道阶层的评价甚低,不是个别民间教派的偏见,而是一种共同和普遍的态度。例如,弘阳教的经卷中有类似的记载:"僧尼道俗是佛门,倚佛吃饭坏教人"、"为僧不守清规,倚佛吃饭,赖佛穿衣,过世受尽苦楚,打在胎生,变起黄牛"、"道人不守清规,十方施主钱粮

---

[1]　《古佛当来下生弥勒出西宝卷·军马出征品选第十一》。
[2]　《古佛当来下生弥勒出西宝卷·玉佛招请品选第四》。
[3]　《古佛当来下生弥勒出西宝卷·僧道受劫品选第五》。

错用,死后受尽苦楚,变起水牛"[1]。概言之,在民众的意识中,僧道既已出家,就应严守清规戒律,持斋修行,不得饮酒吃肉、荤口礼忏、养家活眷、嫖妇奸女,以及在衣食住行方面讲究奢侈排场。

在晚明时期,宗教俗世化潮流导致各种"反宗教"现象的出现,但问题的关键是应该如何认识和评价这些现象。今天的我们既要看到宗教本身的转变和新生,也不能对部分僧道群体堕落视而不见。然而作为身处临场情境的普通民众,他们没有能力追究现象背后的深层原因,他们所能做的,仅是拿着一把道德尺度来抨击眼中的善恶,包括僧道阶层。

宝卷里的民间记忆,有助于我们更真切地理解晚明历史情境。

第二节　道教诸面相

考察晚明民间宗教首先遭遇的问题是,它的兴起与正统宗教有何联系? 如果说它与道教更密切的话,那么它与正统宫观道教关系究竟怎样?[2] 为什么晚明是这一类教派创建的高峰时期,道教自身的发展为民间宗教的产生提供了哪些促发性条件? 要回答这些问题,我们必须超越那种仅仅关注正式道教,尤其仅限于其义理考察的研究习惯,重新审视明代道教的一些社会性面貌。

道教影响之于中国社会,以明清时期为深。明清也是道教社会功能发挥最显著的时期,道教的全幅面容都得以清晰呈现。作为汉民族固有宗教,道教本应在某种程度上占据中国人信仰生活的中心,但实际

---

[1] 《混元弘阳叹世真经·赞叹四众人造业品第十五》。
[2] 这种联系在很大程度上并非落实在组织上,而是宗教义理方面。

上并非如此。例如，唐代以前，道教主流走上层路线，迎合士大夫品味，极力渲染某种远离世俗、雅淡细腻、清虚高妙的文化情趣和审美倾向，这也自然影响其与下层普通民众的接触，甚至有刻意保持某种距离感的心理需求。[1] 然而事与愿违的是，当他们渴望加强上层影响力之时，却由于自身的宗教意识与佛教义理过分相似，在知识层面确有很大一部分袭自佛经，且宗教思想成熟度方面也处于下风，故笼罩在佛教阴影下。

　　然而宋元以后，相对于佛教的"衰歇"，道教却迎来思想创造最重要时期。首先，经历了唐末五代的沉潜，北宋时期，内丹学得到广泛的传播，在丹鼎修炼脉络中压倒了外丹学，茅山派、龙虎山天师道等传统符箓派也比较活跃，同时出现了神霄派这样革新派别。其次，南宋金元时期出现了诸多民众化的道教派别，如净明道、真大道、太一道、全真道等，逐渐占据道教发展主流。再次，道教俗世化特征更加明显，它的伦理学说更紧密地向儒家纲常靠拢，也出现了迎合世俗伦理的善书。最后，在神仙信仰方面，八仙等信仰在民间变得非常盛行。

　　对于明代，历来道教史的描述都把它归于道教走向衰落的时期。这一时期的道教典籍陈陈相因，大多是搬弄以前的道书，没有独创性的道教典籍出现。道士所言大多属于"老生常谈"。此外，明代道教史上找不到一位笼罩全局的思想家，道士中间没有出现王阳明那样影响一个时代学者，也没有出现佛教的"四大高僧"那样以毕生精力致力于宗教改革和复兴的虔诚教徒。这些都是事实。

　　然而从社会影响视角看，进入明代，道教各派别逐渐整合为正一道和全真道两系，正一道获得明政府扶持，社会影响也很大，全真道相对

---

[1]　参考葛兆光的系列论述，如《中国思想史》第二卷，复旦大学出版社，2000 年；《屈服史及其他：六朝隋唐道教的思想史研究》，三联书店，2003 年。

沉寂,然而在潜移默运中对民间修炼思潮的影响也愈益加深,武当道派里全真修炼法成分很多,也甚得朝廷之欢。至于社会层面的道教内容,以内丹修炼和斋教符咒为主体,所谓"奈何今之崇其教也,志羽化者事夫修炼,志锡福者事夫醮炼,志佑神者事夫符箓"[1],可见各派别分工甚是明晰。

相较于从前,明代道教最大特点是进一步俗世化与民间化。《太上感应篇》、《太微仙君功过格》、《文昌帝君阴骘文》等善书、功过格、阴骘文对社会各阶层的影响非常广泛,因而除去正统道观礼拜外,在家修行,在具体生活中体验道教也非常盛行。道教的各项斋醮符箓科范仪式深入民间,民间道士的驱邪捉妖、诵经礼忏行为也很常见。此外,一些知识分子对内丹学性命双修思想也非常感兴趣。

对于明代道教特色的研究,我们的目光应该从哲学思想和政府的崇黜,转向为对民众性的考察。虽说明代道教在宗教义理方面很少有创造性的理论成果,缺乏引人注目的思想体系和思想家,道教的社会形象也不佳,但这些缺点并不阻碍道教全面介入民众宗教生活的方方面面,也并不妨碍道教思想对其他思想体系——儒家、佛教产生深刻的影响。

柳存仁先生曾经告诫我们说,在研究明代道教史时,要注意分清"显著地"和"普遍地"这两层限制[2],他的结论是:"这三百年中道教虽不曾有过一个汇融贯通像南宋的朱熹,像明代正德、嘉靖间的王阳明那样伟大的思想界的人物来笼罩全局,做这一个时代的冠冕人物,然而在整个中国思想史中,道教的势力之大,道教空气弥漫笼罩于上下各阶

[1] 张宝:《平阳府霍州灵石县重修瑞云观记》,陈垣编:《道家金石略》,文物出版社,1998 年,第 1287 页。
[2] 柳存仁:《明儒与道教》,《和风堂文集》,上海古籍出版社,1991 年,第 809 页。

层、各方面,却没有比这三百年更浓厚更盛的了。"[1]认识到这一点,我们就可以理解,受道教影响的民间宗教结社的出现是一种必然。

下文将从斋醮、内丹、俗神信仰和道教的俗世化几个方面对明代道教在民间生活中的诸面相做一个概览,并探讨它们和民间宗教的联系。

一　斋醮

明代民间社会筹办斋醮道场非常盛行。溯其始,唐代民间已形成请道士作各类法事的传统,道士们出现在丧祭、吉凶的场合,替百姓建斋设醮,祈禳济度。两宋以后,道教斋醮行为相率成风。

在此我们可举"三官斋"为例。三官信仰甚至可追溯至五斗米道,即道教初创之时,通常认为,上元天官赐福,中元地官赦罪,下元地官解恶,因此每年正月、七月、十月的三元日都必须作斋醮活动。

唐宋以后,三官斋(一名三元斋)就已遍及民间。至明清时期,据许多地方志记载,几乎任何村落建庙都含三官庙、三官殿或三官堂,以正月十五、七月十五、十月十五为三官生日。此一风俗也反映在清代顾铁卿《清嘉录》里:"上元、中元、下元日为三官诞辰。俗以正、七、十月朔至望日嗜素者,谓之三官素。或以月之一、七、十日持斋,谓之花三官。遇三元日,士庶拈香,骈集于院观之有神像者。郡(吴郡)西七子山有三官行宫,释氏奉香火。至日,舆舫络绎,香湖尤盛。归持灯笼,上御'三官大帝'四字,红黑相间,悬于门首,云可解厄。或有以小杌插香供烛,一步一拜至山者,曰拜香。"[2]水乡泽国里的三官斋氛围最令人难忘。

---

　　[1]　柳存仁:《明儒与道教》,《和风堂文集》,上海古籍出版社,1991 年,第 814 页。
　　[2]　顾禄:《清嘉录》卷一,《笔记小说大观》,江苏广陵古籍刻印社,1983 年,第 23 册,第 113 页。

　　除三官斋,民众在日常生活中也常举办其他斋醮活动,恕不罗列于此。吾人当知,民众面对生老病死等人生现象,面对吉凶福厄等人生遭际,付钱请道士来家做法事能满足双方的需求。此外,在道教神灵诞辰日,民间也有做斋醮活动来庆祝的习俗。如顺天府宛平县"城东有古庙,祀东岳神,规模宏广,神像华丽。国朝岁时敕修,编有庙户守之。三月二十八日,俗呼为(神)降生之辰,设有国醮,费几百金。民间每年各随其地预集近邻为香会,月敛钱若干,掌之会头。至是盛设鼓乐幡幢,头戴方寸纸,名甲马,群迎以往,妇女会亦如之。是日行者塞路,呼佛声振地。甚有一步一拜者,曰拜香庙"[1]。信仰需求和社交需求的结合,在此展现得颇为明显。

　　小说里也频见民间斋醮活动的记载。《二刻拍案惊奇》曾记载有位商小姐听闻业已逝去的亲人在地狱受苦,"商议要设建一个醮坛",后来遂择一个日子,建启一场黄篆大醮,超拔商、贾两家亡过诸魂,做了七昼夜道场。[2]

　　斋醮以正一道最为擅长,该派以"张天师"为帜,不仅是明政府的正面扶植对象,社会影响力也最大。已被神化的历代"张天师",其神奇道法为民众所心醉神迷,此可见于宋濂的下述记载,他言四十二代张天师(张正常)进京时,"京城士庶,人求灵符者日以千百计。侍使不能给,闭关拒之,乃相率毁关而入。公叩齿集神,濡豪篆巨符,投朝天宫井中,人争汲之,须臾水皆竭",朱元璋还对张正常说,"卿乃祖天师,有功于国,所以家世与孔子并传,以迄于今。卿宜体之,以清静无为,辅予致

[1]　沈榜:《宛署杂记》卷十七,北京古籍出版社,1983 年,第 191 页。
[2]　凌濛初:《二刻拍案惊奇》卷二十,《贾廉访赝行府牒 商功父阴摄江巡》。

治,则予汝嘉"。[1] 政治权威和宗教权威在此时结成了紧密联盟。

　　然而明政府对道教及民间诸神的态度是双重的。一方面,朝廷严正祀典,详细列举哪些该祭祀,该在哪些日子祭祀,哪些又不应该祭祀,或者,把祭祀集中在固定数日内举行。另外一方面,政府也需要借助神灵的力量来"助教化",故不会一概禁绝民间祭祀活动。上述暧昧、模棱两可态度,推进了民间斋醮祭祀活动的愈演愈烈。石刻史料里可看到许多史例,如言"县境之观凡九,咸系属焉。其为皇家祈永年于是,为乡民御水旱于是,岁时禳灾厄、集福庆于是"[2]。此外如"青郡城坎地真武庙一区,东建三官大帝圣像,以为祈福禳灾之地,香火攸归之所。神明妥灵,四方仰赖。若遇水旱火疫,祷求必应,远近敬信,人人受福"[3]。

　　宋濂对此类现象有一个评论,他说道:"濂稽诸经,国有凶荒则索鬼神而祭之,士有疾病则行祷于五祀,先王必以神为可依,故建是祠祝之,制也。世之号为儒者,多指鬼神于茫昧,稍与语及之,弗以为诬,则斥以为惑,不几于悖经矣乎。"[4]这代表了上层知识人对民间神灵祭祀的容纳态度。

　　这类民间道场为草根民众喜闻乐见,但在士大夫群体里常遭冷遇,有言"今之学老子者,并忘其本而惟以祸福动人,则末流之弊也"[5]者,亦有人评论道:"今之道家,盖源于古之巫祝,与老子殊不相干,老

　　　　　　　　　　　　　　　　　　　　　　　

　　[1]　宋濂:《四十二代天师正一嗣教护国阐祖通诚崇道弘德大真人张公神道碑铭》,陈垣编:《道家金石略》,文物出版社,1998年,第1240页。

　　[2]　梁寅:《仙驭观记》,陈垣编:《道家金石略》,文物出版社,1998年,第1231页。

　　[3]　张谦:《重修真武庙三官像记》,陈垣编:《道家金石略》,文物出版社,1998年,第1277页。

　　[4]　宋濂:《赣州圣济庙灵迹碑》,陈垣编:《道家金石略》,文物出版社,1998年,第1231页。

　　[5]　王礼:《重修永丰观记》,陈垣编:《道家金石略》,文物出版社,1998年,第1229页。

子诚亦异端,然其为道,主于深根固蒂长生久视而已。《道德》五千言具在,于凡祈禳禜祷、经咒、符箓等事,初未有一言及之。而道家立教,乃推尊老子,置之三清之列,以为其教之所从出,不亦妄乎!古者用巫祝以事神,建其官,正其名,辨其物,盖诚有以通乎幽明之故,故专其职掌,俾常一其心志,以导迎二气之和,其义精矣。去古既远,精义浸失,而淫邪妖诞之说起。所谓经咒、符箓,大抵皆秦汉间方士所为,其泯灭而不传者,计亦多矣,而终莫之能绝也。今之所传,分明远祖张道陵,近宗林灵素辈。虽其用不出乎祈禳禜祷,然既已失其精义,则所以交神明者,率非其道,徒滋益人心之惑。而重为世之害尔。"[1]鄙夷之情溢于言表。

不仅民间的斋醮活动盛行,朝廷也参与进来,促进道教斋醮活动的进一步深入社会。世宗朱厚熜最热衷道教斋醮。在他的带动下,朝廷和地方官员竞事玄修。一些道教徒也投其所好,大办道场,撰写青词。其结果是,原先仅限于道教内部的宗教仪式,竟然一变成为半官方的祭祀仪式。该情况被许多道教史著作谈及,此处从略。

如此,藉着民间和官方两势力推动,道教斋醮方面的知识也能为民间宗教所吸收和改造。万历年间出现的弘阳教就特别注重坛醮,对筑坛诵经、持斋打醮这一套使用得非常熟练。弘阳教的经卷大部分属于在坛醮活动中使用的文本。它的宗教活动也大多借助斋醮来为民间百姓服务,如念经做会、出丧道场、逢节持斋、济度亡灵,等等。详见后文。

二　内丹修炼

我国思想文化在安史之乱前后出现重大转变,而诸多"唐宋变革"

---

[1]　李诩:《戒庵老人漫笔》卷六,中华书局,1982年,文物出版社,1998年,第241页。

的假说里,"思想的内向化"受到普遍认同。例如包弼德认为,从思想层面来说,唐代以前的学者们认为他们的行动根据存在于世代积累的传统中;但是到了宋朝以后,思想家们已经转而相信心(mind)的能力,藉此,可以对内蕴于自我与事物之中的道德品质获取正确的观念;而人们普遍接受的文化传统已经失去了它的权威性。[1]

道德理念这样,身体操作的技艺也是如此。

中国古代发明的操纵或规训身体的方法中,内丹学无疑要归于最耀眼的一类,而它正是产生于这样一个变迁的时代。并且,道教修证的内丹学转向,佛教里禅宗的兴起,以及新儒学在中唐时期的转捩,基本上属于思想的同步骤行动。不过在某种程度上,内丹修炼更倾向于把思想的一部分(意念)当作"物"来对待,让这种虚拟中的"物"在全身上下游走,幻想自己的肉体和精神相携而获自由。

内丹学是宋元以后道教修炼方法核心,有其悠久厚重的道门内修术基础,包括服气、导引、行气、胎息、存思等内容。对此,内丹学有其思想上的突破。丹客认为人的生命有"顺"和"逆"两种过程,所谓"顺则成人,逆则成仙"。这其实是中国宗教典型的"堕落与救赎"寓言之道教版本,详细地说,就是认为人人皆禀受先天真气,并借助于父精母血而出生,后来因为沾染上"酒色财气",导致精气衰落,精神疲劳,以致败亡。反之,如果以身体为炉鼎,以精气神为药物,循行人体一定的经络,经过漫长的炼养步骤,就可以使得精气神在体内结成金丹,"服"此金丹,即可成仙。

内丹学在宋代以后道教修炼方面的主导地位又可分为两个阶段:理论大发展的宋元时期,以及整个社会奔竞于内丹炉火的明清时期。

---

[1]　包弼德:《斯文:唐宋思想的转型》,刘宁译,江苏人民出版社,2001年,第3页。

从意识层面说,"内丹"理念的扩散,对儒家和佛教,以及整体社会文化氛围塑造,都产生不可抑制的影响。

宋元两代内丹学理论发展,既深入吸收了儒佛修心思想,又在"性命双修"原则引导下,多途径地探讨了从内修到成仙的可能性,最终促使内丹学成为一种细腻的身体操作术,且又门派林立。内丹学派别大致说来有张伯端、石泰、薛道光、白玉蟾"先命后性"的所谓"南派",王重阳、马钰、丘处机"先性后命"的所谓"北派",以及继之而起的、自称综合南北二派的李道纯"中"派,陆西星的"东派"和李涵虚的"西派"。自宋迄明,内丹典籍日渐繁多,功法门类日趋齐备,然支派虽众,思想雷同之处亦甚夥,大致北派以清净孤修为主,南派刘永年、翁葆光、陈致虚等人则以阴阳双修为本。

除文始派、青城派、三丰派等名目外,明代道教内丹修炼学主要由全真道承继,然而它在宫观道教层面也已经衰微。原因之一是朱元璋重视"斋醮济世"的正一道,对独善其身、避世修炼的全真道士的人生态度抱有偏见,政治上不再扶持。其二,全真道自身内丹修炼派系众多,甚至无名无姓,且逐渐缺少思想创造,毋论大思想家之出现了。

例外情况是武当道,该派颇受政府青睐,据说成祖靖难之役也借助了"真武之神"的威力,它从神权角度为成祖靖难赋予了合法性。借助真武大帝"修炼武当山,功成飞升"传说的由头,兼钦慕张三丰曾隐居于此,成祖在武当山大兴土木,广建真武庙,此山几乎成为全国道教修炼中心,"赴武当"成为走上道教修炼道路的代名词。对武当山的保护转换为对武当山修道者的保护,使得全真道士以及那些热衷于内丹术的人,有了一个没有打扰的清修世界。例如,成祖在武当山立碑,要求"各宫观有修炼之士,怡神葆真,抱一守素,外远身形,屏绝人事,习静之功,顷刻无间。一应往来浮浪之人,并不许生事喧聒,扰其静功,妨其办道。违者治以重罪。有至诚之士,慕蹑玄关,思超凡质,实心参真问道者,不在禁例。若道士不务本教,生事害群,伤坏祖风者,轻则即时谴责,逐出下山,重则具奏来闻,治以重罪"[1]。但是,武当山并非隶属于全真教,山居者也有正一派,因而不能视其为政府全力扶持全真教的证据。

我们更应看到,内丹学对民间社会和民间文化的影响是广泛而深入的。推究某种思想意识的影响力,最便捷的方式便是考察流行文化,明代则是戏曲和小说文字。就前者而言,明朱有燉《诚斋乐府》里有《八篇道情咏铅汞》,充满了丹炉、黄婆、红铅、白汞等内丹术语,以及对其神秘和神圣性的赞叹。[2] 甚至曾状元及第的康海也创作出《咏内丹铅汞》的散曲,以羡慕而又不知其所以然的口吻渲染河车、龙虎、抽添等概念。[3] 此外,戏剧作品里还有传奇《性天风月通玄妙记》十二出,亦铺排阴阳修炼之事。

就小说而言,《西游记》足以反映整个社会对内丹修炼的热衷,"道风炽盛"。在民间口传文学基础上,由文人加工整理的《西游记》,充斥道教内丹学内容,术语复杂难懂,但亦不出金公、木母、黄婆、婴儿、姹女、龙虎、坎离交媾、升降、三关、性命双修之类。此外,《西游记》部分章节还对内丹修炼过程进行细致描绘,并且这些修炼过程的描述与情节开展无甚关联,它们只能说明当时社会对内丹的兴趣,大量采用这些术语才能使自己显得"高端"。

在该书第十九回《云栈洞悟空收八戒 浮屠山玄奘受心经》,猪八

---

[1] 《太岳太和山圣旨碑》,陈垣编:《道家金石略》,文物出版社,1998 年,第1250 页。

[2] 谢伯阳编:《全明散曲》,齐鲁书社,1994 年,第278—279 页。

[3] 谢伯阳编:《全明散曲》,齐鲁书社,1994 年,第1168 页。

戒自述修炼成就,夸口"有缘立地拜为师,指示天关并地阙。得传九转大还丹,工夫昼夜无时辍。上至顶门泥丸宫,下至脚板涌泉穴。周流肾水入华池,丹田补得温温热。婴儿姹女配阴阳,铅汞相投分日月。离龙坎虎用调和,灵龟吸尽金乌血。三花聚顶得归根,五气朝元通透彻。功圆行满却飞升,天仙对对来迎接。朗然足下彩云生,身轻体健朝金阙。玉皇设宴会群仙,各分品级排班列"。看来,猪二哥之所以名列仙班,原来是因为内丹炼得好。内丹术语在《飞剑记》、《韩湘子全书》、《封神演义》等小说中也颇醒目。

上述作者并不关心这些术语是否可以获得解释,他所用心的乃是读者的兴趣。在各种权威主义时代,人们往往赞叹并对自己不明白的对象顶礼膜拜。寻师访友,遁入茅棚洞窟之中,进行艰苦的肉身修炼,期望着有朝一日功圆行满,飞赴瑶台盛宴,成为这一时期最典型的宗教妄想,对民众的吸引力也最大。

金丹思想的宗教意蕴非常复杂,通常说来,道教徒和普通民众重视它长生延命、突破凡圣生死界限之功能。笔者却认为,金丹思想的宗教指向(自我救赎)也甚为重要,它意味着不依靠外界的拯救,不需要任何物质条件,只需在自己的身体和心性里下苦功夫,就可以离开这个苦难的世界。正是这一点,对民间宗教意识有强烈影响。我们在嘉靖以后的民间宗教经卷里常见主张服食内丹以至于"脱壳飞天"、"赴蟠桃盛宴"的说教。甚至一些教派以修炼内丹作为自己的首要教义,例如历史面目模糊的金丹道,以及本书将要讨论的黄天道。

三　神灵信仰

神灵信仰顶戴自己创造出来的拟人精神对象物,本质属于宗教人类学分析范畴。对这一"大写的人"之哲学分析,窃以为尚未逸出恩格斯在《反杜林论》中的判断,他认为宗教本质上是"支配着人们日常生活的外部力量在人们头脑中的幻想的反映,在这种反映中,人间的力量采取了超人间的力量的形式"。神灵崇拜所追求的,是对人世间隐秘力量的寻觅,虽然他们实际上是不可能存在的。

将各种形状和色调的神灵淋漓尽致地、大批量地制造出来,道士们就此体现出罕能比肩的才华。道教神灵系统以"多神"和"兼容并包"为底色,除去"无生命物",例如树木或生活用具转化的神灵外,作为"扩大的人"形象的神灵,涵括从传说中的轩辕黄帝到现实生活里的孝子节妇,从天界的元始天尊到地面下的土地、十王无不尽有。对道教来说,敬神传统是一种本质性认同,它对神灵存在的忠诚信念,与佛教羞涩而不够圆融的"无神"论调截然相反:仿佛佛教主张"究竟空"和"慧解脱",就自然走向"无神"的宗教,实际远非如此。此处姑不赘言。

吸纳俗神信仰,是明代道教特色之一,它其实来自道教的主动接纳行为,接纳那些处于自身神灵系统外的俗神,因为后者的香火实在太旺盛了。这一点不同于中古时期,当时道教奋勇地批判各路民间神灵。排斥和接纳,充满了浓郁的象征性符号暴力内容。

考诸明代民间俗神信仰和道教诸神,可以发现其间存在"双向认同"和"双向改头换面"关系。一方面,部分道教神灵为百姓所虔信,如三清、玉皇大帝、三官、灶神、八仙、西王母、三茅真君、葛仙翁、张天师、许旌阳、张紫阳及萨真人等,皆有其群众基础,然而百姓在信仰上述道教神灵的时候,往往脱离或改造了他(她)在道教观念系统中的形象,或赋予其姓名,或编造其生涯故事。另外一方面,一些起自民间的俗神也被纳入道教的神灵系统,如文昌神、东岳大帝、碧霞元君(泰山娘娘)、四海龙王、真武大帝、二郎神、关圣帝君、妈祖(天妃娘娘/天后)。道教在吸纳这些民间神灵时,一个重要的改动是洗去他们身上的乡土气息，为之编写高贵的身世，这是一个很有意思的现象。另外，道教还为民间鬼神的升迁、奖惩拟定了条例，以便有章可循，这也是象征性暴力的一部分。

明代以后，道教常祀神灵和民间俗神崇拜往往重叠在一起。于是乎，政府和地方官员的提倡、民众渴望神灵保佑的宗教需求、道教对民众宗教市场的重视等各种因素的叠加，都促使社会上弥漫着浓重的神灵信仰氛围。

压制和扶持，构成政府对俗神信仰态度的跷跷板。弘治元年，尚书周洪谟等议废不应当祭祀的诸神祇，其中属于道教固有系统的，有老子、北极中天星主紫微大帝、雷声普化天尊、祖师三天扶教辅玄大法师真君、崇恩真君、隆恩真君、金阙上帝、玉阙上帝、神父圣帝、神母元君及金玉阙元君，属于道教吸收民间宗教神祇的，有大小青龙神、梓潼帝君、北极佑圣真君、东岳泰山之神、城隍之神。废弃的理由包括"稽之祀典，诚无所据"、"祈祷无应，不足崇奉"，来源于地方神灵却在全国崇奉（如梓潼帝君），以及神名混乱而应该整理（例如梓潼帝君又叫文昌帝君）。他认为"僭号宜革正，妄费亦宜节省"，"屡加封今号，亦宜削号罢祀"[1]。

然而"尊天礼神"的民间俗神崇拜传统又与自朱元璋始的政府立场息息相关。皇帝本人最先对神灵竭力信崇，如宋濂记太祖对民间神灵的态度时说"皇上既抚有方夏，修天地百神之祀，为生民祈福祥，弭灾疠"[2]。成祖朱棣有"朕惟凡有功德于国者，无间于幽冥，必有酬报之典"[3]的言论。嘉靖元年的《万寿宫重修记》上总体上表明了皇室

---

　　[1]　《明史》卷50，志第二十六，礼四，"诸神祠"条。中华书局《二十四史》（缩印本），1997年，第1306—1309页。

　　[2]　宋濂：《邓炼师神谷碑》，陈垣编：《道家金石略》，文物出版社，1998年，第1242页。

　　[3]　《御制真武庙碑》，陈垣编：《道家金石略》，文物出版社，1998年，第1250页。

态度:"洪惟我太祖御极之初,尊天礼神。四海宁谧,民物蕃阜。尝敕礼官,天下神□载在祀典与夫威灵丕著,能御灾捍患,能翊赞元化,能福佑家邦,能康济黎庶而倾圮颓废者,悉听兴举,岁时严饰祀事,用答灵贶。有司祗奉德音,鼎新壮观,俾天下人民咸遂祈祷之愿,诚皇上敛福锡民之盛典也。"[1]此类文字充分反映出官方的支持立场。

俗神崇祀景象日趋繁荣兴盛,这就是政府或扶持或压制、或宽松或收紧的暧昧及绥靖态度的必然结果。正所谓"夫名山大川,潜秘其神,而有道者司之以阐其灵,则祠祷鲜无不应者",及"乞灵于名山者,东岱岳,南武当,东茅峰,奔走士女,地无远近而岁无宁息"[2]。晚明也是个人类世界和神灵世界几乎面对面交流的时代。

而就晚明民间宗教而言,它的神灵信仰系统受道教和民俗神灵信仰影响,也是多神和兼容并包的:佛教的佛菩萨、道教天尊、儒家圣贤、民间神祇和平相处,共同为民众服务。此处姑且举一例,在西大乘教系统《泰山东岳十王宝卷》里,宣卷开始就要请各路神灵:"夫宣十王宝卷者,诚心定意,沐手焚香,顶礼诸天,普请过现未来罗汉圣僧、普天星斗、日月三光、顶上娘娘、王母娘娘、天妃娘娘、眼光娘娘、注生娘娘、送生娘娘、催生娘娘、瘢疹娘娘、东岳天齐、十帝阎罗。"[3]宣卷者请上述诸神"同来赴会",巧妙地加强了宗教仪式诡秘的神圣性。

四 世俗化,俗世化?

世俗化之名为今日汉语学界广泛接受,其实最初为基督教史研究

---

[1] 《万寿宫重修记》,陈垣编:《道家金石略》,文物出版社,1998 年,第 1275 页。

[2] 陈沂:《积金山庵碑》,陈垣编:《道家金石略》,文物出版社,1998 年,第 1280 页。

[3] 《泰山东岳十王宝卷》卷首。

所使用,用以指基督教里教权和政权的分离,直接体现为教会与国家各自治理领域的分化,政府开始了对原属教会权力范围领域,如司法、教育等展开争夺。自现代学术意义上的"宗教学"兴起后,世俗化就意味着传统对"实在"解释的全面崩溃,人们不再如以往那样相信基督教所言的"真实",此谓主观世界的世俗化,并与客观世界,即社会结构层面的世俗化相对应。客观世界的世俗化意味着宗教不再是民众精神生活中的高高在上者,它需要采取各种新的方法争取民众的信任,特别是对于一个多宗教存在的社会而言,各个宗教需要争先恐后地去吸引民众的注意力。

此处姑以笔者 2015—2016 年所居住的纽约皇后区雷哥公园为例,它是一个犹太社区,但是在不太大的居住范围内,散落着各种宗教的聚会场所,包括犹太教、新教、佛教等,在某些节日,经常有人在社区大道派发各自宗教的宣传手册,吸引各自的教徒。

然而笔者非常怀疑"世俗化"这个概念之于分析中国古代宗教的有效性。中国真的出现类似于欧洲社会的"宗教世俗化"问题吗? 这似乎难以成立。决定性因素是,中国宗教始终是皇权管理下的宗教,佛教和道教从未成为社会管理者。就佛教和道教自身的客观层面来说,在大部分时间内,它们的宣传策略也是向下发展的,在主观层面,它们也不断调适自身的宗教理念,不断以崭新的哲学论述自身思想的"真实性"。

笔者更倾向于"俗世化"这个概念,用以指代通常在王朝中后期发生的,宗教类教团逐渐沦落为世俗机构的历史,它包括教职向世俗职业逐渐转化,教徒大量向民间社会扩散,以及教徒世俗利益和欲望的炙热追求。趣味的是,教团"腐败"往往也成为俗世化程度的有效指标。

教团人数和宗教场所不可遏止地激增,意味着宗教制度本身成为世俗利益追求的凭借。起先,明政府制定了严格的宗教管制制度。其一,成立专业事务管理机构:洪武十五年在京设僧录司、道录司掌天下僧道;在外府州县设僧纲道纪等司分掌其事,俱选精通经典戒行端洁者为之。[1] 其二,对僧侣阶层进行职业化的分类:僧凡三等,曰禅,曰讲,曰教;道凡二等,曰全真,曰正一。[2] 其三,抬高民众出家门槛,设置一系列人的人身限制:凡僧道,府不得过四十人,州三十人,县二十人。民年非四十以上、女年非五十以上者,不得出家。二十八年,又令天下僧道赴京考试给牒,不通经典者黜之。[3] 其四,将僧道纳入户籍制度进行登记:朱元璋因寺院常隐囚徒逋卒,往往易其姓名为僧,游食四方,无以验其真伪,于是命僧录司造《周知文册》,自在京及在外府州县寺院僧名,以次编之,控制游方行脚僧。[4] 其五,宗教活动场所方面的限制:凡各府州县寺观,但存宽大者一所,并居之;[5]洪武六年十二月戊戌,时上以释老二教近代崇尚太过,徒众日盛,安坐而食蠹财耗民莫甚于此,乃令州府县只存大寺观一所,并其徒而处之,择有戒行者领其事,若请给度牒必考试精通经典者方许。[6] 其六,控制僧道人数的重要手段是对度牒数量的控制:永乐十六年十月,成祖以天下僧道多私簪剃,定制,愿为僧道者,府不过四十人,州不过三十人,县不过二十人,限年十四以上、二十以下,行邻里保勘无碍,然后得投寺观从师受业,俟五年后,诸经习熟,然后赴僧录司考试,果谙经典,始立法名,给与

---

[1]《太祖实录》卷176,洪武十八年十二月丁巳。

[2]《明史》卷74,志第五十,职官三,中华书局《二十四史》(缩印本),1997年,第1818页。

[3]《明史》卷74,志第五十,职官三,中华书局《二十四史》(缩印本),1997年,第1818页。

[4] 余继登:《典故纪闻》卷五,中华书局,1981年,第89页。

[5]《明史》卷74,志第五十,职官三,中华书局《二十四史》(缩印本),1997年,第1818页。

[6]《太祖实录》卷86,洪武六年十二月戊戌。

度牒,不通者,罢还为民。[1]

明初,政府对这些条文的贯彻比较严格,宗教愈制现象发现一例,纠正一例。如朱元璋以民家多女子为尼姑、女冠,故于洪武六年十二月戊戌下诏:"自今年四十以上者听,未及者不许。著为令。"[2]此外,洪武二十四年六月丁巳,朱元璋开始削减寺观数量:"自今天下僧道凡各府州县寺观虽多,但存其宽大可容众者一所,并而居之,毋杂处于外,与民相混,违者治以重罪,亲故相隐者流。"[3]洪武二十四年六月,太祖对于民有效瑜珈教称为善友、假张真人名私造符箓者,皆治以重罪。[4]政策的延续性还表现在宣德四年六月,申明妇女出家之禁。[5] 宣德十年十一月戊子,禁僧道私自簪剃,及妄言惑众者。[6]

但是由于道教俗世化压力逐渐加大,民众对道教所提供的宗教服务的需求也越来越多。这两方面原因迫使道教教团经常越出道教内部戒律和外部政府条文的限制,道士们自身也无法控制自己的行为。于是我们经常可以看到描绘道教腐败的记载。

僧道不断乞请政府大量增加度牒的数量,僧道阶层的这种呼吁贯穿着明朝始终。如弘治九年五月己酉,礼部给事中屈伸上言:"窃惟给度一事,前后言者已非一人,大意谓天下僧道额设不过三万有余,自成化二年以来,三次开度,已逾三十五万,正数之外,增至十倍,妨政害治,莫甚于此。"[7]正统五年二月,进士张谏言:"僧道之数,已有定额,近

[1]　余继登:《典故纪闻》卷七,中华书局,1981 年,第 135 页。
[2]　《太祖实录》卷 86,洪武六年十二月戊戌。
[3]　《太祖实录》卷 209,洪武二十四年六月丁巳。
[4]　《太祖实录》卷 209,洪武二十四年六月丁巳。
[5]　《宣宗实录》卷 55,宣德四年六月丁亥。
[6]　《英宗实录》卷 11,宣德十年十一月戊子。
[7]　《孝宗实录》卷 113,弘治九年五月己酉。

因希求请给,数千百众奄至京师,非寄迹寺观,即潜住民间,黄冠缁服,布满街市。"我们从张谏后文了解到当时是"饥馑之年"的事实,可以看到遁入道门逃荒也是原因之一。[1]

如果无法获得政府的正式教徒身份,那些急于出家的人就私自出家。永乐十六年:上以天下僧道多不通经典,而私簪剃,败辱教门。[2](宣德二年十二月庚午)行在礼部奏:"今天下僧道行童赴京请给度牒者,多系额外滥收,且不通经典者多,请如例悉遣归。"[3]

再者是生活作风问题。我国南宋以后的近世社会,民众与佛道的关系愈发密切。永乐五年五月,成祖说了以下的话:"世人于佛老竭力崇奉,而于奉先之礼简略者,盖溺于祸福之说,而昧其本也。"[4]正是民众和僧道的密切联系为他们通向世俗社会架起了牢固的桥梁。僧道阶层的腐化堕落实际上从南宋金元就开始了,对此,明政府最初还是力图整肃的,如洪武五年夏,诏曰:"僧道斋醮杂男女,恣饮食,有司严治之。"[5]永乐十年五月丙戌,成祖又谓礼部臣曰:"佛道二教本以清净利益群生,今天下僧道多不守戒律,民间修斋诵经,动辄较利厚薄,又无诚心,甚至饮酒食肉,游荡荒淫,略无顾忌。又有一种无知愚民,妄称道人,一概蛊惑,男女杂处无别,败坏风化。洪武中僧道不务祖风,及俗人行瑜珈法称火居道士者,俱有严禁。即揭榜申明,违者杀不赦。"[6]万历十三年正月壬辰,官员上奏:"迩年佛家、道家、白莲等教,各立期会,布金出米,举国如狂。"礼部题:"僧道之禁,节经言官建白,本部议复,

---

　　[1]　《英宗实录》卷64,正统五年二月壬午。
　　[2]　《太宗实录》卷205,永乐十六年十月癸卯。
　　[3]　《宣宗实录》卷34,宣德二年十二月庚午。
　　[4]　《太宗实录》卷67,永乐五年五月癸酉。
　　[5]　《明史》卷二,本纪第二,太祖二,中华书局《二十四史》(缩印本),1997年,第27页。
　　[6]　《太宗实录》卷128,永乐十五年五月丙戌。

不啻三令五申矣。而斋醮施舍，愈昌愈炽。岂尽左道之愚人，亦崇尚者之自愚耳。"[1]

僧道与世俗社会往来沟通在全社会层面铺展开来。就僧尼而言，不仅仅是士大夫阶层，连一般乡民也和僧侣阶层做起了邻居。而僧侣阶层则不仅是其领袖人物，连一般的出家人也和外界交好。僧道为平民日常生活丧葬等活动做起了各种服务。这些交往内容不再像唐宋那样仅限于诗文唱和之类，而是包含了大量的俗务。正可谓"古名贤多与僧徒往返，然必通禅理、有戒行、知文翰者方与之交。如今俗僧治家供役，酒色无赖，比常人尤甚。士大夫喜其应接殷勤，遂与相狎"[2]。在杭州，"若事佛之谨，则斋供僧徒，装塑神像，虽贫者不吝捐金，而富室祈祷忏悔，诵经说法，即千百金可以立致，不之计也"[3]。又云都人好游，妇女尤甚，而"所可恨者，向有戒坛之游，中涓以妓舍僧，浮棚满路，前僧未出，后僧倚候，平民偶一闯，群僧捶之且死"[4]。

其他的记载还有："嘉靖间，霍文敏公为南大宗伯，檄毁城内外诸淫祠，一时尼庵之拆毁者亡算。顾当时只行汰除，而不计尼之亡所归者，是以久而渐复营建，至今日而私创者，间闾间且比比矣。尼之富者，衣服绮罗，且盛饰香缨麝带之属，淫秽之声，尤腥人耳，而祠祭之法独亡以及之。余谓宜令地方报其居址名数，部置册籍，申饬厉禁，毋使滋蔓。至于讲经书法，男女混淆，昼夜丛沓，尤当禁戢。而迩年以来，僧道无端创为迎接观音等会，倾街动市，奔走如狂，亦非京邑所宜有也。"[5]

张宇初《道门十规》有许多关于道士管理方面的内容，涉及宫观制

[1] 《神宗实录》卷157，万历十三年正月壬辰。
[2] 叶权：《贤博编》，"尼庵"条，中华书局，1987年，第22页。
[3] 张瀚：《松窗梦语》卷之七，《风俗纪》，中华书局，1985年，第139—140页。
[4] 王士性：《广志绎》卷之二，"两都"条，中华书局，1981年，第18页。
[5] 顾起元：《客座赘语》卷之二，中华书局，1987年，第68页。

度、度牒制度,以及戒律、云水、斋醮等。谈到当时"郡邑道寮,仪范犹乖,纪纲不振",他痛恨某些道士"苟惟务虚名,奔逐声利,必求参当世显达为师,夸名眩世,不修香火,荒怠修持,佩法纵多,徒若商贾之负贩。箓职贵于高大,出处务于夸眩,耽肆酒食,矜伐怨欲,不异井巷巫觋之徒。未尝留念神明,辄夸符咒之验,呼偶诱类,第相鼓惑。甚则假以谢师犒将,徼索酒食,诚有误于叩祈,且深乖于教范。又辄妄为人师,以盲引瞽,内无功行,外结是非,探为大戒",并直言"毋贪富贵,毋嗜喧嚣,因而争相仿效,华衣美食,广厦细毡,昧公营私,出入骑乘,呵拥仆御,交接权势,以致教化不行,源污流浊,甚则耽迷声色,外饰内乖,不畏香火、神明、灵坛、古迹,私畜俗眷,秽亵神祇"等弊端。[1]

作为"晚明四大高僧"之一的云栖袾宏曾经痛心疾首地记录当时僧人所从事的事业,在《竹窗三笔》的"僧务杂术"条记载道:"僧又有作地理师者,作卜筮师者,作风鉴师者,作医药师者,作女科医药师者,作符水炉火烧炼师者,末法之弊极矣。"[2]

这令我们想起《大明律·礼律》的严厉规定:"凡师巫假借邪神、书符咒水、扶鸾祷圣,自号端公、太保、师婆,及妄称弥勒佛、白莲社、明尊教、白云宗等会,一应左道乱正之术,或隐藏图像,烧香集众,夜聚晓散,佯修善事。煽惑人民,为首者绞,为从者各杖一百,流三千里。"[3]可见,佛教和道教的俗世化与民间宗教的兴起,的确有着千丝万缕的联系。

撤去堕落、败坏等价值观方面的言辞批判,我们看到如下事实:明代道教俗世化已迷途忘返。

---

[1] 张宇初:《道门十规》,《道藏》第 32 册,第 150 页。
[2] 云栖袾宏:《竹窗三笔》。
[3] 《大明律》,怀效锋点校,法律出版社,1999 年,第 89 页。

第三节　道 教 在 民 间

道教产生于本土,是中国民众信仰意识经深层积淀后产物,这意味着从其诞生之日起,就理当应和社会大众,尤其是底层民众的精神需求。虽然某些时期,例如魏晋,道教曾试图摆脱自己的草根形象,隔断底层信仰意识带来的乡野气息,并努力成为社会上层或知识精英的宠爱对象,但是这种尝试往往也导致了其自身活力的衰竭。因而在史学界普遍认同的"唐宋变革"时期,道教终于又返回民间本位,而回到民众宗教意识的道教才能为大众所诚心接受。故宋代以来的道教史,实际上是道教不断回归民间社会的历史。对这一时段道教发展的知识学审视也是如此,近世学者关于"民众道教"、"民间道教"或"民俗道教"的提法,也从学术角度揭明了"道教"和"民间"的密切而又复杂的关系,于明代尤其如此。

一　道教的性格

凡宗教皆自有其特质,也是该宗教不可化约的部分。例如,佛教有"三法印",许多人以其作为判断一种思想是否为"佛说"的根本依据,这当然是有问题的。"修齐治平"对儒家而言也类乎此,也为儒者所尊奉不违。与儒家和佛教一样,道教也有其特质及根本旨归,笔者且称之为"道教性"。

自产生以来,道教的气质也处于变化中。就其主流而言,魏晋六朝道教基本上属于上层把玩的对象,弥漫着老庄道家洒脱飘逸自由的精神,以及贵族专有的享受性修炼氛围。宋元以后道教气质更草根、更大众化一些。

道教的性格主要有四个方面。其一，道教重炼养以求长生，这一点是"道教性"的主要标志，为佛教等其他世界宗教所无。其二，道教的神灵系统有极大的增容性，在其初创时，神灵多从古代神灵崇拜风俗中移植，此后又大量吸收民间俗神和杂神，因为在民间神灵信仰体系中，树神、水神、瘟神大量存在，即使在道教产生后，民间神灵的兴起也与道教神灵系统的扩张几乎同步进行，故俗神和杂神的众多也是道教独有的特色。其三，道士登门为民众做宗教服务，逐渐形成悠久传统，如驱邪治病、安宅消灾、预测吉凶、超度亡灵等。民众请道士做斋醮祭神仪式，求神消灾降福，斋醮科仪的发达是佛教等其他宗教无法相比的。我们知道，佛教也有水陆法会、放焰口、施食、斋会，但这些佛教仪轨和道教相比就简单、固定得多，《大藏经》中的佛教仪礼经典也只占极少一部分，且多有遗佚。按照朱熹的说法，这些还是佛教向道教"偷师学来"的。其四，道教法术众多，这些法术有很强的巫术色彩。有趣的是，巫术、法术传统对佛教也产生了影响。佛教传入后，其底层传播策略也加强了佛教这方面的内容，以至被认为是黄老道术的一种。

综上所述，我们似乎可以把重炼养长生、重杂神俗神、重斋醮礼仪、重道术济生这四点看作是道教的"道教性"的主要内容。虽然说佛教尤其是明清时代的中国佛教也具有上述一些内容，但是从资源占用程度，以及上述内容在佛教、道教中的比例来看，显然无法与道教相比。这也从另一个角度证明了，道教比佛教在接触民众生活方面有着天然的优势。

二　中国根柢

在世界诸宗教中，道教最使人迷惑。道教的神灵众多，从天到地，从身外到身内，都是神灵存在的处所；它的法术众多，有斋醮、烧炼、内丹、符咒、房中、招劾等等。这些多神崇拜和巫教色彩浓厚的法术彰显出道教的特色——积极地去解决人们的生存苦恼,满足人们生存欲望的需要。道教有五彩斑斓的宗教面相,这在学者看来不啻"乱花渐欲迷人眼"。实际上也可以认为道教的特点是"杂"。

道教"杂"的特点,似乎显得道教理论颇有些粗糙,但从另外一个方面看,这正好说明道教运用多种宗教手段迎合民众需要。士大夫乐观"清静自守",注重精神超越的道教学说,拒绝"驳杂"、"鄙俗"的道教方术,然而庶民百姓恰恰欢迎"驳杂"、"鄙俗"的道教,对"清静自守"的士大夫道教不感兴趣,一正一反,可以见得道教和民众宗教意识的亲密关系。

理论主张系统严整,理论家主张清晰,反感驳杂。从学术思想规范来看待道教,历史上的儒者和学问家多有讥评。马端临说:"道家之术,杂而多端,先儒之论备矣。盖清净一说也,炼养一说也,服食又一说也,符箓又一说也。"[1]四库馆臣说:"后世神怪之迹多附于道家,道家亦自矜其异,如《神仙传》《道教灵验记》是也。要其本始,则主于清净自持,而济以坚忍之力,以柔制刚,以退为进,故《申子》《韩子》流为刑名之学,而《阴符经》可通于兵。其后长生之说与神仙家合为一,而服饵、导引人之。房中一家,近于神仙者,亦入之。鸿宝有书,烧炼人之。张鲁立教,符箓人之。北魏寇谦之等,又以斋醮、章咒人之。"[2]对于道藏所收书之杂,四库馆臣指出,《道藏》"所列诸书,多捃拾以足卷帙",其中很大一部分应掘出收入到易、地理、儒家、墨家、医家、名家、法家、纵横家、兵家、杂家、小说家、术数家或别集内。四库馆臣评论道:

---

[1] 马端临:《文献通考》卷二百二十五,《道藏书目》按语,《文渊阁四库全书》,第610册。

[2] 《四库全书总目提要》卷146,子部五十六,道家类总论。

"虽配隶或有未安,门目或有改易,然总无以为道家言者。今一概收载,殊为牵强。盖二氏之书,往往假借附会,以自尊其教,不足深诘。"[1]

《四库提要》和《文献通考》在我国古代知识人中间影响甚巨,故元明以来,批评道学之杂、道藏之乱的声音不绝如缕。陈撄宁说:"时贤震于《文献通考》为九通之一,夙负盛名。《通考》既诮道家杂而多端,而《四库提要》一书,又是治目录学者之金科玉律,其言更可与《通考》互相印证。"[2]

《文献通考》还引胡致堂、陈后山、苏东坡的评论,将道教划分为"本"和"末"两端。作者认为道教的"本"是老庄学说和黄老之学,而那些零零杂杂的方术内容是其"末",道教的"本"是士大夫阶层所欣赏的,它以清静无为为宗,以虚物应物为用,以慈俭不争为行,道教的"末"包括炼养、服食、符箓、飞仙变化、祈祷醮祭等等,如认为"飞仙变化之术,黄庭大洞之法,太上天真木公金母之号,延康赤明龙汉开皇之纪,天皇太一紫微北极之祀,下至于丹药奇技符箓"是"小数","符咒法箓、捕使鬼神,皆老氏所不道"。作者还认为,后世的道教发展,不复宗八十一篇之旨,而"从方士言,乃有飞仙变化之术,丹药符箓之技,祷祈醮祭之法,沉沦鬼蜮之论",以这些方技为基础的道教是"谬悠之甚"、"邪诞之甚"。

然而,儒者指认的这些"谬悠之甚"、"邪诞之甚"的内容恰恰是道教的精华所在,并被佛教和儒教所借用推行。朱熹关于"佛家偷得老子好处,后来道家只偷得佛家不好处。比如道家有个宝藏,被佛家偷去,后来道家却只取得佛道瓦砾"的名言为人所熟知。其实,佛教吸收

---

[1]　《四库全书总目提要》卷147,子部五十七,道家类,"道藏目录详注"条。
[2]　陈撄宁:《论〈四库提要〉不识道家学术之全体》,《道教与养生》,华文出版社,1989年,第4页。

道教的主要是这些在民间做法事的仪轨,济拔幽途或祈求希福都是道教的强项。对此,马端临评论道:"释流见道家科教之有是说也,乃从而效之,以其所谓诸佛菩萨者,美其名曰无量寿,曰消灾炽盛,曰救苦救难,而以为所求必得,所祷必应,且佛氏所谓悲悯众生而为之导师者,不过欲其脱离三业而跻之十地,除去无明而纳之真如,忏悔于既往,觉悟于方来,以其成佛道耳。祸福之司,非其任也。彼方以空寂为贤,则岂复预灾祥吉凶之事?以色相为妄,则岂复歆供养香乳之奉?乃盛作庄严,仆仆亟拜,以希福利……祈祷之具于科教者,道家为优,释氏强欲效之,则只见其荒诞不切矣。"[1]这是极有见地的洞察。佛教传入中国,遇到的最大问题是如何因应民众的宗教趣味和宗教意识,它的高深的佛学理论在士大夫阶层中很有市场,下层民众却难以适应。于是佛教大量汲取道教科仪,使自己在民间扎下了根。此外,唐宋以来的国家祭祀仪礼也吸纳了不少道教内容。

道教是中国固有文化的基础和重要组成部分,鲁迅尝言"中国根柢全在道教"[2],这可以从思想史角度来理解。道教在产生和发展过程中,既吸收了中国大量传统文化,又渗透到意识形态的许多领域中,对我国的政治经济、哲学思想、文学艺术和古代科技以及民族心理、社会习俗等各个方面都曾发生过深刻的影响,在中国传统文化中有着极为重要的历史地位,不研究道教,就很难全面地了解中国的历史。[3]

其实,鲁迅语还可以从道教是中国民众宗教意识的核心来理解。因为道教是求生的宗教,而非求死的宗教,并且它的求生方法异常丰

---

[1] 马端临:《文献通考》卷二百二十五,《文渊阁四库全书》第610册。

[2] 鲁迅:《致许寿裳》,1918年8月20日,《鲁迅书信集》上卷,人民文学出版社,1976年,第18页。

[3] 卿希泰:《试论"中国根柢全在道教"》,《道家文化新探》,四川人民出版社,1988年,第28页。

富,根植于民众乐生畏死的心理,迎合一般民众的感情需要,它的人间性成为人们现实生活的补充,也与民众宗教意识的特征,包括淡漠的宗教情绪、功利的性格、多神崇拜、生死观、鬼的信仰、神秘心理相呼应。道教的禁咒画符、占卜、驱鬼镇妖等道术也满足一般民众对福寿长生的愿望。而鄙俗的方术巫仪,则强化了民众固有的神秘心理和低级的宗教情绪,具有很大的吸引力,在祭神祭鬼、祭拜占卜中,民众更容易获得精神上的慰藉和满足。道教是多神教,它满足民众有求必应的宗教心理以及现实世界的各种功利目的。神无论大小、善恶、高贵卑微皆具有影响力,具有特定的职能,这是毋庸置疑的。此外,道教的医药更受人们的普遍欢迎,可以说,道教的鬼神信仰和巫医方术相结合,影响民众社会,形成道教的世俗性。在各类道教斋醮仪式中,书写着道教为了拯救民生苦难而创造的宗教救度手段……请光破狱、血湖救度、扬幡招魂、度三途五苦、摄招诊疗等等。道士们用呼告神灵、召颏鬼役等宗教的慰藉手段,为庶民解决现实生活的苦痛,为他们清除先祖在地狱所受的苦刑,为他们的未来谋求福利。

从道教的发展看,道教容留、提炼、整理了殷周以来大量民间信仰的内容,形成经典文本,有些构成道教理论的主体部分。对民众宗教活动来说,这些经典理论和文本取予便捷,能更好达到服务于民众的目的。从这点看,道教是民众信仰的发现者和整理者。

原始道教即吸收了民间的巫祝信仰、方仙道、神灵崇拜和各种修炼方术形成的。五斗米道是"鬼道",擅长"符水治病"。"太平道"也以治病为吸引下层百姓的主要手段。此外,道教产生以前的各类民间信仰如东王公西王母信仰、泰山治鬼的信仰、城隍土地的信仰、社神祀神的信仰也被初创时期的道教纳入自己的理论体系中。南北朝隋唐时期的道教致力于整理斋醮仪式,此类撰述在道教经书里占据多半数量,写作也是为了更好地服务于民众的宗教需要。宋元以来,各类民俗神灵信仰纳入道教的理论体系中,如八仙人物、真武大帝、玉皇大帝、碧霞元君、关帝等等。它们不仅在首府通衢有大的庙宇,也星罗棋布在广大乡村,路陌田间、集市渡口都是这些民俗神的容迹之处。道教人物形象深入到民间,创教未久的全真教是一个例子。"王害风"、"全真七子"、"马员外"等等成为很多剧目的内容,这些剧目从都市演到农村,使全真新道教为广大民众所熟悉和认知。道教与民间神灵信仰具有一种同生共长的关系。

日本学者也侧重于从中国民众宗教精神角度来理解道教。葛兆光介绍道:"当他们换个尺度来看待中国宗教的实际意义时,他们就意识到应当更贴近更深入地观察中国的社会,于是这时在中国生活影响深远的道教的研究就被人们重视起来。……例如宫川尚志《六朝史研究》(宗教篇)就指出,'中国宗教中,从宇宙主义的共同渊源里产生了儒道二家,它们与外来宗教佛教相结合,形成中国的三教合一的体系。总的说来,中国人对三教都相信,但是当他是道教信徒时,在他的心目中,道教就是中国文化的中心。道教支配着士大夫的私人生活及民众的全部生活,它是与儒教之公开性的正统宗教并列而存在的'。"[1]

洼德忠也表达了类似的看法,认为要了解中国和中国人,最有效的手段是研究中国固有的道教。因为道教是充分反映部分中国人的宗教意识或精神生活的宗教,一是道教源于各种各样的民间信仰,而这些民间信仰的中心,是从古至今在中国人中有广泛影响的万物有灵论;二是道教吸收了中国各个时期人们崇拜的众多之神;三是由于道教产生于民众之中,因此它具备满足人们要求的特点和内容。……因此可以说,

[1]　葛兆光:《日本的中国道教研究印象记》,《葛兆光自选集》,广西师大出版社,1997年,第194—195页。

道教是产生于生活本身,因而与生活有着千丝万缕联系的宗教。

通过了解道教的目的、内容、特点诸因素,可以从一个侧面弄清古今中国社会、人民的意识、感情、愿望等等。[1] 窪德忠还说:"道教成了充分反映部分中国人的宗教意识或精神生活的宗教,换言之,道教是在人们的生活中产生,与生活密切相关的宗教……因此我认为通过就我所知的道教的目的、内容、性格等的解说,能够从一个侧面了解古代中国社会、中国人的观念以及他们的内心世界。"[2] 这些评论的确是平和而又恰当的。

三 双系统

教派、教团形式的宗教有上层和下层之分,佛教和道教属于上层,民间宗教属于下层,上层排斥和压制下层,自然会受到来自下层的抵抗和批判,这样就构成了中国宗教双系统长期发展的历史。

检索道教史可以发现,虽然道教具有明显的世俗性和民间性,道教自身却把自己从民间宗教范畴中清晰地区分出来。道教一贯对民间宗教持严厉的批评态度——这种批评的激烈程度甚至超过佛教,因为佛教经常指责道教的民间信仰本质。其中一个可能是道教史编写、道教经典的结集处处都体现了官方立场的缘故。道教的零散教团众多且有历史。而佛教则很少有不知名字的教团。

但是道教和民间宗教的相互关系又非常密切,它表现为道教不断地从民众生活中吸纳多种神灵信仰、咒术色彩浓重的道术以及重视现世生活情趣的宗教态度,成熟形态的道教也从斋醮科仪、内丹修炼等方面对民间宗教施加影响,因而可以说"中国的民间宗教与道教有着同

---

[1] 窪德忠:《道教入门》,萧坤华译,四川人民出版社,1996年,第23页。
[2] 同上,第46页。

生共长的连体关系"。在特定的历史时期,如汉魏、金元、晚明直至整个清代,道教和民间宗教职业者实际上是共同参与民众的宗教活动的。然而在大部分时间内,道士与儒家学者、佛教徒一样严厉批评民间宗教。

道教史和民间宗教史皆肇端于汉末的五斗米道和太平道,它们是我国本土诞生的早期宗教团体。究其原因,乃是两汉神学化的经礼学和民间流行的巫鬼方技结合而转化成的宗教形式。根据相关的宗教史资料,早期道教也曾试图将自己从民间信仰中区分出来,例如五斗米道摒弃祭祀求福的民间信仰习惯:"天之正法,不在祭醮祷祠也。道故禁祭醮祷祠,与之重罚。"这和汉朝官吏持续进行的"毁坏房祀"的信仰整肃运动是相配合的。具体考察五斗米道和太平道,我们发现它们有一些共同的特征,这就是活动于下层民众间的宗教传播方式,通俗的伦理教戒和神灵信仰。但是早期道教更多的是吸收传统民间巫鬼神信仰内容。如五斗米道吸取了巫教中的禁咒、厌胜、解除、役使鬼神、驱鬼治病成分。

索安(Anna Seidel)认为,汉武帝独尊儒术之后,道家代表的传统开始退出官方,其传统影响了基层农民……早期道教徒的信仰和实践就属于在野文人阶层(乡村耆老、巫师、主持丧葬仪式的专职人员)。太平道中的阴阳五行、符水咒语、向神忏悔也是民间巫术的一类。早期道经《太平经》也是"多巫觋之语"。这是它们最基本的特征,也表现了民间宗教的一些本质属性:民间宗教的巫医行为方式如符咒治病、招神劾鬼,民间教团组织形式,如五斗米道的"二十四治"、"十九靖庐",太平道的"三十六方"的民间宗教授受组织;多神崇拜中神的职能化,神灵信仰的功利色彩。早期道教教团缺乏一套完整的道教理论构建,极易与民间宗教信仰活动相混合。汉魏道教或称为原始道教,或称之民间道教、农民道教,而实际上皆属于民间宗教范畴。三国魏晋时期的李家道、帛家道、干君道、清水道,亦皆有民间色彩。[1]

　　葛洪从道教的宗教理论、宗教情感、宗教修持、修道目标等方面对民间宗教展开了批评。将民间宗教和葛洪提倡的神仙道教对比后可以发现:民间宗教缺少严密的形而上的道教教理教义,没有道论的支撑,因而只具有散漫的形而下层面的特征,而葛洪的神仙道教有完整的道论和神仙理论体系,在形而上的理论层面很完整;民间道教没有对各式各样的道术作前后统贯抉择和安排,一般持功利的态度,而葛洪的神仙道教使各种道术如金丹术、房中术、存思术、服气术等成为一个序列,区别于民间宗教唯功利的态度;民间宗教活动多是集体参加、场面热烈、情绪高昂,充分表达民众的生活态度和情感需求,而葛洪的神仙道教提倡隐遁清修的个人修炼生活方式,排斥"狂欢"式教徒纠集活动;民间宗教多有盲目崇拜各种神灵的现象,一般是多神并立,而葛洪的神仙道教持理性主义的神灵观,反对"淫祀";百姓的民间宗教活动多有服务现实生存的目标,如治病、消灾、致福等,而葛洪的神仙道教虽也不反对,但把终极追求定位在称仙得道、超越现实上面。

　　葛洪指责民间宗教缺乏理论基础,民间造神运动的虚妄不实。汉晋民间宗教作为民间社会自发的宗教文化形式,一方面受到古代自然宗教的影响,是它的遗留物,同时又是佛教、道教和儒教思想向下层民众渗透,经由下层民众理解和实践后的结果。然而在漫长的发展过程中缺少宗教学者的反思性介入,使得民间宗教表现为杂多的神灵崇拜和非理性的巫术施行。民间宗教在理论素养上和葛洪的神仙道教有很大的差距,或者说它只注重祭祀礼仪而排斥义理构造。葛洪说:"俗人

---

　　[1]　索安:《西方道教研究编年史》,吕鹏志、陈平等译,中华书局,2002 年,第21 页。

不能识其太初之本,而修其流淫之末。"这是批评民间宗教舍本逐末,这里的"本",葛洪认为是他的"道"论和"玄"论。"末"指的是频繁的祭祀求福活动,还包括贯穿祭祀的巫祝唱歌、跳舞和"血祭"等。

此外,在葛洪的神仙理论体系中,"道"是无名无相,不属有无的。而民间宗教充斥多且杂的神灵信仰。因为民间宗教的功利取向,故只求实际的福利,并因此产生了许多职能神,如保护城池的城隍和地区守护神土地等。对于这种杂多的神灵信仰,葛洪认为都是不真实的和虚设的,将有违于对无形无相的道的认识。

葛洪还批评了民间宗教的狂热信仰情绪,认为他们不能清心寡欲、扶正祛邪。因为真正的宗教信仰者应是"淡漠恬愉,不染不移,养其心以无欲,颐其神以粹素,扫涤诱慕,收之以正"。然而凡夫"不能守真,无杜遏之检括,爱嗜好之摇夺,驰骋流遁,有迷无返,情感物而外起,智接事而旁溢,诱于可欲,而天理灭矣,惑乎见闻,而纯一迁矣。心受制于奢玩,情浊乱于波荡"。中国民间宗教信仰多追求祭祀等仪式的铺张、供品的丰富、情绪的激动。葛洪认为这不仅浪费了他们本就不多的物质财产,而且有损于精神的清明。

葛洪还批评民间宗教颠倒因果,将人生祸福、身体健康问题系之于神灵的错误态度。他说:"若乃精灵困于烦扰,荣卫消于役用,煎熬形气,刻削天和,劳逸过度,而碎首以请命,变起膏肓,而祭祷以求痊,当风卧湿,而谢罪于灵祇,饮食失节,而委祸于鬼魅。"实际上,把自身的疾病归于神灵的惩戒是民间宗教的一大特色,这也是自古至今民间宗教传教者、民间巫师神婆借请神治病收买人心的一个主要行为。葛洪对此是严厉批评的。此外,巫术治病,"不务药石之救"、"疾病危急,唯所不闻,闻辄修为,损费不訾,富室竭其财储,贫人假举倍息"。生病不吃药物,自身命运不依靠自身的努力来获得,他认为这将导致民众精神委顿,财产穷罄。

对于帝王扶植民间神道信仰,葛洪也表达出不满。他列举"楚之灵王,躬自为巫"、"汉之广陵,敬奉李须"、"孝武尤信鬼神,咸秩无文"、"孙主贵侍华向",但是这些国主均不能依此止兵、灭叛、长生、延命。相反,对于帝王的压制民间宗教的行动,如第五公除妖道、宋庐江罢绝山祭、文翁破水灵之庙、魏武禁淫祀之俗等,葛洪给以极高的评价。借着对这一相对立的现象揭示,葛洪表明了这样一个观点:民间宗教对于国家的治乱兴衰是无足轻重的。

对那些叛乱性的道教教团,葛洪更主张镇压。张角的黄巾起义是我国历史上最早的利用宗教思想来开展农民战争的起义。"张角黄巾之乱"也是历代统治者对民间教团的一个代称。考察黄巾起义这类反叛性民间宗教教团,我们不仅要关注它们反抗压迫、追求平等的一面,也要看到由于起义者普遍素质不高,又贪图安逸享受,加之破坏力极强,因而也存在制造社会动乱、腐化堕落这些违背起义初衷的一面。葛洪指出起义者的一些缺陷:敛财欲望强烈以至侈服玉食;纵肆奢淫以至妓妾盈室、管弦成列;起义组织也成为政府罪犯的逋逃薮。就葛洪而言,把太平道等叛乱性教团从道教中驱逐出去是建立神仙道教合法性的重要条件。

我们注意到,索安把民间宗教和道教的区别归纳为四个对立:世代相袭的祭司职位和萨满式的自我任命;经书传授和口头宣讲;精英意识的有无;宗教要素的确定性和散漫的宗教信仰。[1] 笔者认为,这种观点更多是描述性的。

不仅道教如此,实际上,佛教在民间化、俗世化过程中也与民间宗

---

[1] 索安:《西方道教研究编年史》,吕鹏志、陈平等译,中华书局,2002 年,第 89—90 页。

教产生复杂的纠缠,而这种纠缠在许多情况下是经由道教因素介入实现的。

中国近世民间宗教肇端于白莲教。白莲教渊源于佛教净土宗,由南宋高宗绍兴年间(1133年左右)茅子元创立的白云宗发展而来。茅子元创立佛教结社,号"白莲忏堂",自命为"白莲导师"。他号召教徒皈依三宝、受持五戒、称念阿弥陀佛五声,编成《白莲晨朝忏仪》和《圆融四土三观选佛图》,并立"普、觉、妙、道",为定名之宗,叫人同念弥陀以期往生净土佛国。虽被佛教界视为异端,但白莲忏堂确实与佛教有着紧密的联系。

史至元代中期,白莲忏堂遍布各地,所谓"历都过邑无不有所谓白莲堂者,聚徒多至千百,少不下百人,更少犹数十,栋宇宏丽,像设严整,乃至与梵宫道殿匹敌,盖诚盛矣"[1]。但就在这时,白莲宗开始援道入释,作为佛教正统派文本的《庐山莲宗宝鉴》抨击道:"今有一等不究佛理之人,却将道门修养法冒滥莲宗,妄说气是主人,教人般精运气,劳其筋骨,枉用身心,甘受苦辛,终无所济。尝观道门张紫阳说,精气神者,先天地之元精、元气、元神也。元精非淫泆之精,元气非呼吸之气,元神非念虑之神。痴人不晓此意,唤瓮作钟眼,既不明理,亦不达矫。诱他清信之士,一向在臭皮袋上造作,昧却一真佛性,妄言此是修行,可悲也哉!"[2]来自佛教典籍的上述记载,为我们留下了早期白莲忏堂修炼说的资料。

白莲宗的教徒还把道教内丹修炼的原理和佛教教义相配合,如说

---

[1] 刘壎:《莲社万缘堂记》,杨讷编:《元代白莲教资料汇编》,中华书局,1989年。

[2] 普度编:《庐山莲宗宝鉴》卷第十,《念佛正论》,《大正藏》T47诸宗部四,p. 344. 3。

"精是佛宝,气是法宝,神是僧宝",以及"性是牛车,心是羊车,意是鹿车","人身有夹脊双关,作曹溪一派","以秘精是无漏者"。白莲宗教徒如此的使用道教功夫修炼佛法,无怪佛教内部痛心疾首了,正是在前述《庐山莲宗宝鉴》里,普度说道:"此是妖精鬼怪、夜聚晓散、吃菜事魔之徒,非是莲宗之弟子。比年以来,多有此样,扇动人家清信男女,不觉不知,鼓入魔道。"[1]

可以说明,普度在这里的批驳对象主要是"白莲教",而白莲教这一源于佛教的异端教派正在不断地向道教靠拢。但我们不能说白莲教就是民间道教,因为白莲教的教义中佛教成分还是占据大部分的。

正德年间创立的明代第一个民间教派罗教,主要受到禅宗心性学的影响。"罗教及其《五部六册》所展示的中国民间宗教特旨及其发展途径,为我们重新认识和评价中国民间宗教的地位和作用提供了宝贵的经验。"罗祖宗教思想有三个特色:圆通性、过渡性和民间性。罗教思想和佛学的关系,无论就其深契佛禅之缘起性空的无相之法,及心即佛的本来面目,明心见性的无修无证,任性逍遥的纵横自在诸论,还是就其富有特色的真空家乡,无极圣祖,宇宙观和本体论,永断轮回诸见,都属于纯正的佛教义理范畴。罗教的无修无证、纵横自在的修行论是直接建立在其"无相之法"和"本来面目"这一直接道源于佛教禅学尤其是后期南禅的虚空观的基础之上的,这使得罗祖的修行论具有了强烈的南禅和后期禅之意味。

但是由于罗梦鸿出生在三教合一思潮极为兴盛的明代,他就不能不受到道教思维方法的影响。这种道教的影响可以是直接的,如直接援引道教典籍,也可以是间接的,如通过宋明理学这个中介。

---

[1]　普度编:《庐山莲宗宝鉴》卷第十,《念佛正论》,《大正藏》T47 诸宗部四,p. 349. 2—p. 349. 3。

　　然而,罗梦鸿在对待三教合一这一思潮的时候,却依然本着以佛为主的原则。[1] 例如罗教《五部六册》里的最高神灵是"无极圣祖"或"无极圣母"。但这里的"无极圣祖"或"无极圣母"并不是一个道教的神仙,而是佛教意义上"本来面目"、"真空妙有"的代名词。此外,罗教的最高哲学范畴"太虚空"、"无极"也是道教里常见的,如罗祖曾言"本性相连太虚空,本性就是无极身"[2],所谓"无极身"就是"真身":"这真身,生天地,能生男女;这真身,生阴阳,五谷能生;这真身,生水火,春秋能变;这真身,生地狱,调制众生。"[3]

　　无论是"虚空"还是"太虚空",都是佛教本体范畴"真空"、"本性"的代名词。有的学者认为,道教对罗教的影响很深,特别是在本体论、创世说以及神灵观方面。[4] 当罗祖使用的术语如"无为境"、"无为法"、"无为大道"时,把道教的"道"与佛教的"禅"一体化,融而为一。罗教创造的另外一些概念"家乡"、"老母",在很大程度上依靠了道教的催生。

　　玄鼓教(一作悬鼓教)是明代下层流行的一个民间佛教教派。由于文献的缺佚,我们现在已经不能详知玄鼓教的教义。但可以推论,玄鼓教是早在明朝中期就已经存在的佛教异端,其中可能渗入了道教的"观想"、"静坐"等内容。《五部六册》批评玄鼓教云:"玄鼓教指日月为是父母,凡所相皆虚妄永下无间。瞅日月眼花了正是地狱,牵连的不自在不得安稳。瞅的你眼花了甘受辛苦,拜日月为父母扑了顽空。"[5]

----

　　[1]　徐小跃:《罗教·佛教·禅学——罗教与〈五部六册〉揭秘》,江苏人民出版社,1999 年,第 218 页。
　　[2]　《正信除疑无修证自在宝卷·舍身发愿度人品第十一》。
　　[3]　《苦功悟道卷·道无修证品第十五》。
　　[4]　韩秉方:《道教与罗教》,《道教研究》第一辑,四川人民出版社,1994 年。
　　[5]　《正信除疑无修证自在宝卷·弥勒教邪气品第十九》。

关于玄鼓教，另外两段介绍见于弘阳教的《明心经》："明心经说一个明心，指何物为明心？见物留经也为明心。说一个留经，何处取出经来？祖祖都说无字真经，无有间断。若踏着实地，生死也无。有说在悬鼓教当做是无字真经，说在小身。差之毫厘，失之千里。"[1]又言："妙妙玄玄皆通道，谈玄说妙度众生。有人当做悬鼓教，说在小身尽不通。"[2]

这里的"小身"是指自己的"心"。玄鼓教教徒在"日落西山"时观想自己的"心"如同下山的太阳，渐渐止息，归于寂静。弘阳教认为自己的"明心"区别于玄鼓教的"观心"。罗教认为玄鼓教的"拜日月"是执相修行。

罗教还批评玄鼓教"出阳神"、"定时刻回"的内丹修炼术，所谓"执着游方，拜五台，归名山，心外求法，无有是处。执着临危，定时刻回，心外求法，又堕沉沦。执着禅定解脱，修入神通有为之法，终不成就。执着出阳神有为法，有阴有阳，终不成就。执着成佛成仙，有为之法，终不成就"[3]。

明代中期以后大多数教派的大多数经卷均大量吸收道教的内丹修炼功法，把内丹修炼的长生宗旨和教派的教义紧密地结合起来。明代中期兴起的罗教，从其《五部六册》中可以看出，主要是吸收和转化了禅学的精神而创建自身教义的。道教因素虽然存在，但没有多少比例。所以此时的民间宗教教理一方面是白莲教的传统说法——三佛三劫、弥勒佛降世等等，另一方面是罗教的禅学思想。无怪乎一些早期研究著作把民间宗教统称为"民间佛教"了![4] 到了明代中后期，民间宗

---

[1]　《弘阳悟道明心经下·讨无字真经品第三》。
[2]　《弘阳悟道明心经下·讨无字真经品第三》。
[3]　《破邪显证钥匙卷下·破大道本无一物好心二字品第二十三》。
[4]　如欧大年的早期著作原题作《中国民间佛教教派研究》，中文版则改为"中国民间宗教教派研究"。

教里的道教因素就呈现出压倒性态势。道教教义的许多因素改头换面，成为民间宗教的教义。以上我们讨论的"道教性"的四个方面（重炼养长生、重杂神俗神、重斋醮礼仪、重道术济生）就在民间宗教那里获得了新的转化形式。

概而言之，道教与民间宗教有非常密切的关系。然而，当我们在描述"民间宗教"时，要避免将其简单等同于佛教或道教的派生物，命名曰"民间道教"或"民间佛教"等。民间宗教是独立的宗教系统，与佛道以及它们的民俗化、民间化形态也有截然区别。

四 羞涩的命名

在此，我们将围绕中日道教学界中两个流行概念"民间道教"、"民众道教"进行讨论，然后将指出，当我们讨论那些明显带有道教思想成分的民间教团时，"民间宗教"或许是更适宜的概念。

在国内，"民间道教"这一术语在不同阶段的道教研究者那里有不同的含义。早期是从阶级意识角度，近期是从文化素养角度来进行的划分。王明先生曾经把早期原始道教（太平道、五斗米道）和魏晋南北朝时期的底层道教信仰称为"民间道教"，同时的汤用彤、杨宽也持相同的看法。王明先生以马克思理论为凭借，提出了一套系统的道教史研究方法，在专著《道家道教思想研究》和《农民起义所称的李弘和弥勒》等论文中，以及其为胡孚琛《魏晋神仙道教》和卿希泰主编的《中国道教史》序言中都贯彻了这种方法论。

这尤其表现在《中国道教史》第一卷序言里。在这篇序言里，王明先生首先用"民间道教"和"贵族道教"这一对概念非常清晰地勾勒出从东汉到南北朝的道教史，他认为，汉末太平道和五斗米道开始主要在民间活动，是典型的民间道教，《太平经》的思想和太平道、五斗米道的社会政治活动都是和封建统治者对抗的。五斗米道部属被曹操迁至魏国地界时，原来的五斗米道起了分化，或潜伏于民间，或转向上层传播。晋代一些地方的农民起义，仍然利用民间道教作号召。民间道教受阻之日，便是上层官方贵族的神仙道教兴起之时。葛洪反对民间道教，是为了维护门阀地主阶级的封建统治。南北朝时期孙恩、卢循、李弘起义显示了民间道教的存在，但在南北朝时期，民间道教的大势是趋于尾声。

可以看出，王明先生的围绕"民间道教"论述的道教史是带着浓重时代痕迹的论述，其中贯彻着马克思主义哲学两条路线斗争的指导思想。问题是，《太平经》、五斗米道的道教思想大概不能说完全代表民间立场，葛洪的思想学说也非常复杂，他对民间宗教信仰的批评主要是从理性角度提出来的，他反对民众丧家毁身来表达自己的宗教虔诚，而且葛洪对当时的贵族生活也是强烈批评的。更重要的是，王明先生的"民间道教"概念的理论价值可以概括为，教首利用宗教工具反抗封建剥削，仅仅具有政治上的目的。他没有阐明"民间道教"在文化上、宗教上的价值。实际上，后者对道教来说似乎更具有探讨的场地。

二十世纪80—90年代开创了宗教的"文化研究"阶段，道教研究中的代表著作是葛兆光的《道教与中国文化》和《文史知识》编辑部编写的《道教与传统文化》，后者广泛涉猎了科技、文学、地理、音乐、碑刻、医药等多门学科，以专家介绍为特色，前者把道教对宇宙、社会、人的理论与道教的神谱结构、斋醮、祝咒、符箓、健身术、炼丹术等仪式方法当作一个整体来介绍，并在书中提出了"士大夫道教"和"民间道教"这两种不同的道教形态。

葛兆光看到中国尤其是在唐宋以后的宗教信仰者中，有文化人与平民及部分贵族两个文化类型。他认为：在中国，与其说分属不同宗教的信仰者在思想文化行为上的差异大，还不如说分属不同文化修养类型的人在修养文化行为上的差异大。一个中国古代人在人生情趣、生活方式与知识系统上既可以认同儒家,也可以认同道教,还可以认同佛教,这些都无所谓,但是文人却不能认同平民的宗教信仰和生活方式。士大夫对下层道教活动中表现出来的迷狂的宗教情绪、虔诚的偶像崇拜、粗陋的巫仪方术的态度是厌恶和鄙夷,对道教中所蕴含的人生哲理与生活情趣,清静虚明的心理状态、健康长寿的心理状态以及怡然自乐的生活状态非常向往。它们既是唐宋以来道教的主流哲学,也是"士大夫道教"的主要内容。与此相对应的是"民间道教",道教在世俗社会—俗文化中产生影响的,则是宗教特有的鬼神观念、宗教伦理信条及仪式方法。此外,作者后来又反省道:"这当中,一是受到历史进化论的影响,常常有一种很机械的价值判断在其中起着秩序清理的作用,二是受到环境决定论的影响,宗教史似乎总是在被一种外在的视角所观察,不大考虑宗教史内在思路的演进。"[1]

　　日本学者的一个重要贡献是关于"成立道教"和"民众道教"的区分。早期的道教学者橘朴细心观察了中国人的生活和信仰之间的关系,感受到中国人信仰的中心是道教。因此他认为要了解中国首先必须了解道教。道教中并存着理论部分和通俗部分,理论部分属于道士、学者的研究范畴,与一般人的信仰毫无关系。因此他认为,有必要对民间流行的和通俗的道教式信仰、行为、思想等等确定一个总名称,使之相对于"理论的道教",即中国学者喜欢钻研的"哲学的道教",或者宗教家作为本职修行的"道士的道教"。后来吉冈义丰把它称之为"民众道教",于是,"民众道教"一词逐渐作为学术用语被学术界和研究者接受。

---

　　[1]　葛兆光:《中国(大陆)宗教史研究的百年回顾》,《屈服史及其他:六朝隋唐道教的思想史研究》,三联书店,2003年,第209页。

日本学者对这个问题的总体看法表现在以下两本书里。其一，《道教》三卷本，当把中国文化的两大体系儒教和道教相对比时，可以发现前者是从国家、王朝的官僚和读书人的立场出发的说教，后者是"民"，即农民和民众的一般信仰，是由神信仰结成的农民或民众的集团结社，及王朝认可的教团。当把农民或民众的社会集团作为主体来考虑的时候，称之为"民众道教"。民众道教在东汉末兴起。宋代以后开始了所谓"民众道教"时代。这一时代为农民或民众社会地位的提高所证明，推动了三教合一的文化运动，为社会、文化、历史的各种条件所支撑。"民众道教"一词是日本道教研究者创造的概念。加上社会史的见解，可以说"民众道教"在宋代以后得到了发展。宋代以后民众道教的代表性现象是具有三教合一内容的全真教、真大道教、太一教及净明忠孝教，以及赞同善书和宝卷的三教合一的集团、民众结社等。

其二，在《道教事典》中，"道教"词条是这样说的："道教的划分，其中一个是教会道教、教团道教、成立道教、道观道教，另外一个是民众道教、民俗道教、民间道教。前者是以道观为中心而进宗教活动的道教，后者是道观以外的道教。"[1]

日本学者认为"民众道教"的具体表现为宋代以后民众道教的代表性现象是具有三教合一内容的全真教、真大道教、太一教及净明忠孝教，以及赞同善书和宝卷的三教合一的集团、民众结社等，这样就把民间神灵信仰、明清民间宗教都归于"民众道教"的范围。这种分类法的缺点是很明显的，因为许多宝卷都具有很强佛教色彩，而以它们为根本经典的宗教结社和集团即宝卷流派宗教中，有罗教、圆顿教、西大乘教

---

[1]　酒井忠夫等编：《道教事典》,（东京）平河出版社,1994年,第443页。

等。所以不能把民间宗教结社统归为"民间道教"。泽田瑞穗更进一步说明道：岂止不能把这些宗教结社或秘密结社作为民众道教对待，连民众道教都应当否定。[1]

窪德忠对这种划分提出了诘难，他认为：第一，民间的信仰不限于道教，也包含民众儒教、民众佛教之类的内容，所以称之为民众道教未必恰当。第二，当皇帝和知识分子也具有这种信仰的时候，就不能称之为民众道教。故而，他不想使用民众说教的名称，而仅称之为民间信仰。[2] 固然，基于民间信仰的杂糅性特征，皮相上看，我们既然可以称之为"民间道教"，当然也可以称之为"民间佛教"。但是民间信仰具有"道教性"是无容否认的事实。虽然许多民间信仰的忠信者自认为是佛教徒，他们对神灵也常以佛号、菩萨号称之，但这时的神灵无非是改变外表的俗神而已。从严格的佛教教理来看，佛教教团把民间信仰纳入佛教信仰范畴是难以接受的。而道教因其固有的民众信仰特质，这一点对于道教似乎就顺理成章。

在介绍中日道教以及民间宗教学界对"民间道教"和"民众道教"两个概念的阐述史之后，最后谈一下笔者对这个问题的认识。无论是王明先生的把汉晋底层道教称为"民间道教"，还是葛兆光先生从俗文化角度提出的"民间道教"两个概念，都指向了某种形式的道教形态，它既是底层民众宗教信仰的一部分，在文化上也和受到官方支持、为士大夫阶层所欣赏的道教有相当大的距离。至于日本学者提出的"民众道教"概念，我们一方面要防止它的外延过于宽泛，也要吸纳他们对于民间道教结社的基本认识，这就是以编写、宣唱宝卷为主要特征。

---

[1]　泽田瑞穗：《中国民间信仰》，（东京）中上千里夫工作舍，1982 年，代序。
[2]　福井康顺等：《道教》第一卷，上海古籍出版社，1990 年，第 103 页。

近年来,我们对民间道教这个概念有更深一步的理解,但仍然着重从政治性、文化性方面来说明。无论如何,这标示着某种程度的学术进步。然而胡孚琛在《中华道教大辞典》的"民间道教"条中是这样写的:"民间流俗道士组成的道派和异端道首在民间布道组成的独立道团,统称之为民间道教。民间道教在封建专制政权的高压下往往以秘密会社的形式出现,甚至发动反抗朝廷的农民战争,被政府斥为'妖道'予以镇压。实际上,早期道教的五斗米道、太平道都是以民间道教的形式创立的,不过后来天师道获得朝廷承认,成为正统道教,其他民间道教均被称为'邪教'。因之,后来人们把官方道教之外的各种道派,统称为民间道教。民间道教和受到官方支持的士族道教是对立的。民间道教一般为符水道教,和追求长生久视的神仙道教也不相同。"[1]

读完这个词条,笔者却倍加困惑。文中提到了"邪教"之称呼,则民间道教的历史应该从汉末到明末清初以后。但是明清的民间道教何尝不追求长生! 至于说到"官方道教",笔者不知所指为何,《诸宗宗派总簿》上列出的八十六种小道派大多数不为官方所闻,它们是否也算"民间道教"? 金元政府承认之前的全真道是否是"民间道教"?

我们难以接受"民间道教"的提法,因为许多原先被认为是民间道教的派别,其实都属于民间宗教的范畴,它们不是道教的自然延伸,从概念逻辑角度看,也不宜再使用"民间道教"概念。

第四节　民间宗教的兴起

思想文化领域内的新事物,它的产生定有其特定的文化环境,否

---

[1] 胡孚琛主编:《中华道教大辞典》,中国社会科学出版社,1995 年,第 46 页。

则不仅无法产生,更不能作为崭新的事物产生,晚明民间宗教教派的繁盛有其特别的文化氛围,它们构成我们近距离考察民间宗教的一个远景。

一　氛围

晚明时期,民间宗教竞起,有无为道、黄天道、弘阳教、大乘教等诸名目,它们虽然在某些方面还保留以前白莲教的某些特点,但在基本面上已经和官方以前严厉禁止的"白莲教"、"黄巾妖贼"、"弥勒教"大不相同了。它们不再同于"烧香聚会",而是有更多的思想内容。它们在教义上大量吸收正统宗教的教义,它们也反对白莲教等传统"左道"组织。

通过各种途径,晚明民间宗教吸收了大量原来普通乡民接触不到的宗教知识。晚明民间文化的巨大发展是很重要的原因,在其中,民间文化人付出了很大努力,他们"不仅充当了上下层文化的中间人,而且对于民间文化的总结与推动起到了相当关键的作用。一方面是上层文化不断向通俗化发展,一方面又是民间文化的不断提炼与提高,因此明中叶以后的民间文化实际上已不能再笼统地称之为下层文化了"[1]。文化分层日趋复杂,如果考虑到"当时还有相当数量的文盲和文化水准极低的半文盲的话,那么至少作为文化传播中间人的人数是大大增加了。而且这些文化传播的中间人,有相当数量者代表了下层社会。从明中叶以后的材料看,下层社会中的文化人不为少数"[2]。文化普及所带来的民间知识层次的提升,这方面的史料,时人记载有"后生小

---

[1]　商传:《明代文化志》,上海人民出版社,1998 年,第 28—29 页。
[2]　商传:《明代文化志》,上海人民出版社,1998 年,第 177—190 页。

子,无不读书"[1],"虽十家村落,亦有讽读之声"[2]等等。

下层知识人的增加也带来了知识的大众传播时期。借助于小说、戏曲等大众传播媒介,底层民众也逐渐了解到原来属于士大夫阶层的那部分"雅文化"。小说的流行,大概是正统前后,叶盛有如下记录:"今书坊相传射利之徒伪为小说杂书……农工商贩,抄写绘画,家畜而人有之;痴騃女妇,尤所酷好,好事者因目为《女通鉴》,有以也。甚者晋王休征、宋吕文穆、王龟龄诸名贤,至百态诬讪,作为戏剧,以为佐酒乐客之具。有官者不以为禁,士大夫不以为非;或者以为警世之风,而忍为推波助澜者,亦有之矣。"[3]

《水东日记》关于戏文的记载只限于官宦家庭,对于民间的演剧活动尚付阙如。我们可以从《迎神赛社礼节传簿》中看到民间演剧的情况。《迎神赛社礼节传簿》是八十年代在山西潞城发现的记载明代嘉靖前后乡村演戏礼节的文本。在这个珍贵文本里,有许多涉及宗教内容的剧目,如《齐王乐·鬼子母揭钵》、《五岳朝后土》、《习达太子游四门》、《二仙行道老子开御》、《王母娘娘蟠桃会》、《炽盛光佛降九曜》、《二十八宿朝三清》、《唐僧西天取经》、《八仙过海》、《二十八宿闹天宫》、《青铁刘氏游地狱》、《钟馗显圣》、《目连救母》、《八仙庆寿》、《许真君点化》、《土地堂》等等[4]。

市民与传统的农民在文化兴趣上有许多雷同之处:他们虽不愿对

［1］　张岱:《嫏嬛文集》卷一,《夜航船序》,《夜航船(附:嫏嬛文集)》,巴蜀书社,1998年。
［2］　王世贞:《弇州山人四部稿》卷六一,《赠程君五十寿序》,《文渊阁四库全书》,第1279册。
［3］　叶盛:《水东日记》卷二十一,《小说戏文》,中华书局,1980年,第213—214页。
［4］　《中华戏曲》第3辑,1987年。

朝廷规范的官方祭祀活动表示尊敬,却与农民一样,对民间的宗教祭祀活动表示出极大的兴趣,佛道信仰以及民间诸神信仰在这些人中仍然十分流行;他们对儒家经典虽无多少好感,却对流传于民间的戏曲、小说乃至民歌兴味盎然,对梁山泊众绿林好汉肃然起敬,对关云长这样的忠义人物也顶礼膜拜。[1]

明代新兴民间宗教大量采用佛教、道教概念术语,还与明代的宗教俗世化趋势有关系。许多流浪在民间的出家人给当地的乡民带来了宗教知识。对此,孔飞力概括道:"在帝制晚期的中国,大多数礼仪职事人员同西方神职人员的区别在于,他们不从属于任何一个教会。他们也并不全都以从事礼仪活动作为一种'职业'或以此来排斥其他的各种追求。就那些从广义上被认为是'佛教徒'的人而言,其中有很多新参加者居于佛门内外之间,并不是完全的佛门弟子,而且除非他们接受正式的剃度,大概也永远不会成为真正的佛门弟子。大多数'和尚'并不居住在规矩严密的正式的大寺庙中,而是住在地处普通社区,或位于普通社区附近的小庙中。至于大体上遵循道教传统的'道士'们,他们大多数既不以自己的全部时间从事这一活动,也不居住在任何一类道观中。许多'和尚'与'道士'只在自己村中三教九流兼容并蓄的庙宇中从事职事活动,而并不从属于专一的佛寺或道观。

孔飞力还认为,比起另一些人来,一些僧人道士所过生活受到的控制要严密得多。在人数甚少、素养甚高的僧道上层人士与广大未受过多少训练的'和尚道士'之间,差别是巨大的。在官方文件中,常用'僧'、'尼'或'道'等词,来简称一大批形形色色,通过衣着、剃光了的头以及行为举止来表明自己从属于某种主要宗教的人们。对官员们来

---

［1］　陈宝良:《飘摇的传统——明代城市生活长卷》,湖南出版社,1996 年,第 27 页。

说,他们不得不作出这样的区分,而我们却不能对此仅从字面上来看待。在旧中国,‘僧道’与‘俗人’之间的差别远远没有西方‘僧侣’与‘平民’之间的差别那么明显。"[1]

民间也请和尚、道士举行"佛事"。在民间教派兴起的"赵北燕南"地区,民间的佛道活动以及俗神信仰非常盛行,主要有以下几类。其一,民俗神信仰,即淫祀风行,所谓"旧尚奢侈,信巫鬼,重淫祀"、"曲周民多殷富,近商奢糜,信巫鬼,重淫祀"、"俗尚祈祷,信鬼神"。我们认识到,明代道教的一大特点是俗神信仰的流行,在城市和乡村有大量的俗神庙宇,例如关公庙、真武庙、碧霞元君庙、东岳庙、三官庙、二郎庙、龙王庙。民间小庙之多,以至于修志者"类以淫昏之鬼,袭明神之号,如是者甚众。惑世干典,法不备书"[2]。其二,僧道介入丧礼,所谓"又有僧道追荐,作乐暖丧之弊"[3]、"有丧之家,僧道并用,倡优杂进"[4]。其三,乡社赛神活动频繁,所谓"凡遇春祈秋报之时,乡人醵钱谷,共具牲醴品物,盛张鼓乐,扮杂剧于各村所有神庙前。先日晚,谓之暖神。次日正赛,分献牲,乐人装对戏。迎盘祭毕,将奉神酒酤"[5]。其四,庙会活动影响巨大,所谓"国初未有,自正德之初始有此俗。先期货物果集,酒肆罗列,男女入庙烧香,以求福利"。其五,乡村里形成"把斋看经"习俗,所谓"迩年以来,民俗渐有看卷把斋以为来生计者,乘夜而聚,男女混杂,转相纠引,愚民多有被所惑。其党日多,有司时或禁止,未尽解散"[6]、"人好把三官斋,正月、七月、十月,诵经

[1]　孔飞力:《叫魂——1768年中国妖术大恐慌》,上海三联书店,1999年,第52页,注释2。
[2]　嘉靖《宁国府志》卷之九,"禋祀志"。
[3]　嘉靖《许州志》卷之七,"典礼志"。
[4]　嘉靖《鄢陵志》卷之四,"风俗"。
[5]　嘉靖《广平府志》卷之十六,"风俗志"。
[6]　嘉靖《广平府志》卷之十六,"风俗志"。

食素。亦有从白莲教者,远近私习,以避时禁"[1]。其六,民众积极参与巫术活动,所谓"河间之民,愚夫愚妇多信师巫邪术,或听其写神,或托以告斗,或设生坛"[2];其七,民间集会也有所活跃,所谓"凡入会讲习者,情好最厚,不与常同"。

民俗神灵信仰为民间教派的兴起构筑了浓厚的宗教氛围。民间教派观念里面也有大量民众宗教意识内容。

二　诸教派的涌现

罗教以后的民间宗教里,道教代替佛教成为影响民间宗教最大的正统宗教类型。虽然禅学也不乏转化为民众信仰的品格,但佛教禅学那种热衷于竟谈高深妙理的趣味也许不适合广大的乡村野老、妇孺百姓。也许还因为道教对俗世化社会的适应能力超过了佛教,其多神崇拜的传统,利用道术解决现实问题的精神,更契合老百姓的心理。再加上世宗连续数十年崇信道教、推广道教的缘故,社会上弥漫的道教风气也很快反映到民间宗教的宝卷中来。因而嘉靖以后,几乎所有民间宗教教派都或多或少受到道教的影响。

从教派宝卷中我们可以看到,晚明时期是民间宗教团体蜂起的年代。一部民间宗教经卷曾以贬斥的口吻透露出那个时候就有许多民间修炼团体,所谓"广有诸邪宗门,假名引道,虚投教典,各立三乘,非知古佛原来真性,执相修行,堕于沉沦苦海而未归源"[3]。在此,笔者梳理出如下数个道教色彩明显的教派作简单介绍。

其一是药师教。在明代中后期产生的民间教派中,药师教在时间

---

[1]　嘉靖《尉氏县志》卷之一,"风土类","风俗"条。
[2]　嘉靖《河间府志》卷之七,"风土志"。
[3]　《普明如来无为了义宝卷》上卷卷首。

上居于领先地位。药师教的经典是《药师本愿功德宝卷》，该部宝卷受道教思想影响很大，道教色彩浓厚。由于我们无法从史料中得知以《药师本愿功德宝卷》为本经的这一教派的确切名称，宝卷内容里没有反映，所以暂且以宝卷之名称之。但是它属于一个成型的教派是毋庸置疑的，因为在宝卷中，讲经人曾有言"衲子再三说正宗，明知故为不依从"[1]。

药师教的创立，很可能在正德年间。在民间宗教研究领域中，一般认为黄天道是最早创立的道教性教派。但是我们看到《药师本愿功德宝卷》目前所知最早的版本是明嘉靖二十二年京师李家铺刊折本，上有"长乐郑振铎西缔藏书"，为郑振铎的藏书。宝卷的行世时间比黄天道教祖普明"吐经"早了十五年。[2] 而药师教的创立比它的经卷出版年代还要早。

药师教主张"长生"，"证无生再不轮转，续长生永证金刚"，"龙华三会愿相逢，八十亿劫，同转长生"[3]。《药师本愿功德宝卷》在修证方法上主要受道教内丹学的影响。该教派对金丹十分痴迷，认为大千世界都是以金丹为本，所谓"一粒金丹，收来放去，万物总包含"。

该经卷认为金丹是祖先流传下来救世度人的神奇药物，说："妙药恒顺众生，盘古三皇立世，采取诸精，合成一粒金丹。至玄至妙，能救众生之苦难，此药最圣通灵，救四生，能除百病，周转法界，普运乾坤。诸佛子，认得这丸妙药么。""一粒金丹，美味真全。波罗密为丸，铅汞引

---

[1]　《药师本愿功德宝卷·因达罗大将分第品二十七》。
[2]　根据黄天道宝卷《普静如来钥匙佛宝卷》的追忆："普明佛，戊午年，通传大道。壬戌年，功行满，早去归宫。"《普静如来钥匙佛宝卷·钥匙佛如来开蕴空妙法分第十六》，马西沙、韩秉方：《中国民间宗教史》，第414页。
[3]　《药师本愿功德宝卷》卷首。

子,水火熬煎,慈悲一片,信利牢坚,若人肯服,撒手立人天。"[1]可以看出,药师教主张在修证过程中既要修性,也要修命。同时借助为善行等外功。"炼成金丹宝炉,锻成一物,不堕三途,永证在无生地。"[2]

其二是金丹道,又名皇极道。该教派的主要经典是《皇极金丹九莲正信皈真还乡宝卷》。该卷成于嘉靖年间,现存明刊折本,其大致内容如下文所言:"祖师说,众贤良,听吾分便。今得遇,皇极道,皆是前生。"[3]"祖师穿巧透天阔,无始以来度娑婆。变化多名,称无量佛。金丹道,金丹道,度众生,出奈河。出奈河,断业根,不堕幽冥。灵光迥出太虚空,灵山参见无生母。"[4]"无人醒悟西来意,空吵吵,乱胡觅,旁门小法成何济,金丹圣道岂非轻。"[5]在该部宝卷的第七品中透露了宝卷操作的年代。白云山清风洞一个清风真人问道:"混沌至今多少年?"祖师答道:"亘古亘今年深远,直至皇明戊午中。"根据《还乡宝卷》的两种版本年代,戊午应是指弘治十一年(1498)。[6]

金丹道最主要的特色也是弥布道教内丹修炼色彩,正所谓:"修行不论行住坐卧,天门常开,地户永闭,专意观息,神不外游,气不耗散。久久锻炼,自然心空。心空发朗,体挂虚空。久而行之,自然金丹成就,见性明心。忽然醒悟,认的元性从何而来,往何而去。脱离生死,返本皈源。"[7]《还乡宝卷》中说:"祖师传,无为法,金丹大道。普天下,贤良子,用意听闻。初进道,访修行,迷踪失路。问明师,求下落,去路来

[1] 《药师本愿功德宝卷·药王菩萨分第品十八》。
[2] 《药师本愿功德宝卷·无尽意菩萨分第品十六》。
[3] 《皇极金丹九莲正信皈真还乡宝卷·祖师赞未来佛号忏悔品第二十四》。
[4] 《皇极金丹九莲正信皈真还乡宝卷·无为谈道作歌品第二十一》。
[5] 《皇极金丹九莲正信皈真还乡宝卷·无为谈道品第五》。
[6] 此处年代的考证从欧阳恩良,见连立昌、秦宝琦:《中国秘密社会·元明教门》,谭松林主编:《中国秘密社会》,福建人民出版社,2002年,第235页。
[7] 《皇极金丹九莲正信皈真还乡宝卷·无量天真显道品第十三》。

踪。有祖师，传一步，无为大道。天门开，地户闭，养气存神。收水火，炼阴阳，乾坤颠倒。龙虎盘，坎离会，四相调停。铅为阳，汞为阴，婴儿姹女。神为性，气为命，性命双行。上行道，泥丸宫，顶门尽处。下行到，涌泉穴，那个知闻。心火降，肾水升，巍巍不动。黄舍宫，匹配了，修炼身心。戊己土，养刀圭，离虚坎满。五气朝，三华聚，收入皇庭。黄庭宫，炼多时，阴阳既济。炼虚无，生白雪，内外身空。身心空，无一物，金丹出现。自然间，光皎皎，体透玲珑。下苦功，只等道，功圆行满。待时来，脱凡躯，圣性皈真。先去的，众贤良，云宫等候。聚贤宫，久等候，万法同宗。赴龙华，天仓会，三佛聚会。"其目的是"劝大众，守玄门，真心不退。赴龙华，登九品，相伴无生"[1]。真是荟萃了令人目眩神迷的复杂内丹修炼术语。

此外，金丹道受到道教影响的另外一个表现，是采纳了部分道教符箓授受和组织形式。宋元以前，符箓道法是道教的主流。金元之际，全真道内丹兴起，但擅长符箓之正一道仍在南方与之对峙。直至明清，重符箓的正一道和主内丹的全真道一直分统着道教。符箓术之发展史实与道教的历史相始终，从宗教授受角度而言的符箓，它的含义是通过在本教派内部密授，从而作为入道凭信和道阶的标志。得到符箓是成为正式弟子的起点。道教的《正一修真略仪》中说："箓以检劾三界官属，御运元元，统握群品，鉴骘罪福，考明过功，善恶轻重，记于简籍。"是箓为行使道法和监察道士的一种手段。《皇极金丹九莲正信皈真还乡宝卷》也借用了这种手段。在宝卷中，世尊老母派遣弥陀佛下界度凡，预先给了他"十件大事"，混元册、皈家表文、九莲图、投词誓状，明暗查号[2]，其后"而时弥陀教主领定天佛牒文，玉皇敕令、老母丹书、诸仙

[1]《皇极金丹九莲正信皈真还乡宝卷·无为谈道作歌品第二十一》。
[2]《皇极金丹九莲正信皈真还乡宝卷·弥陀领法临凡品第三》。

圣宝,降临凡世"[1]。

其三是收圆教。收圆教的本经是《佛说皇极结果宝卷》。现存明万历刊本。本卷由北京大学图书馆的学者路工先生私人收藏,诚为不易。1991年3月16日,李世瑜先生查访到这本宝卷。十月,来访的欧大年和李世瑜两先生共同将这部宝卷定名为《佛说皇极结果宝卷》。然而,这卷上结尾处所题"宣德五年(1430)孟春吉日刻行",很可能系作伪。因为该部宝卷收录了罗教专用的部分术语和概念。而罗教的宝卷问世还要等到八十年以后。笔者以为,该书应定名为《收圆宝卷》,此乃依据宝卷的自称,如卷上开始时说"收圆宝卷有一十五品,品品而分假分真,返本真宗"[2],又说"圆圆一部收圆卷,永转三极","伏以收圆宝卷,乃古佛妙法初传,返本真宗"[3]。

该宝卷的中心思想是"收圆":"三世佛都来下世,佛菩萨同来修治。分生在州城县府,票散在村乡内,做提头度世迷。选上乘做祖极。不怕他邪宗口巧,无牌号谁招对。经收圆打伙同修,呵,十步圆做祖师。"[4]这使它从卷首到卷尾弥漫着宗教救赎色彩:"祖家留,玄妙偈,真心习念,亲指开,无生路,永续长生。"[5]它对生命的理解也贯穿到内丹修炼中,如"人生落草出胎元,灵气相投是本元。灵来投气归身内,十五成人长七山。再答修行治后相,八水通流真气全。十步圆答修大道,十牌十号证金仙"[6],以及"真天真地,真元真气。真正祖初下收圆,普摄着灵元一聚,炼黄芽祖极,炼黄芽祖极,当来天地。有缘听

[1]　《皇极金丹九莲正信皈真还乡宝卷·弥陀临凡演教品第四》。
[2]　《佛说皇极结果宝卷》卷首。
[3]　《佛说皇极结果宝卷·总了收圆品第十四》。
[4]　《佛说皇极结果宝卷·总了收圆品第十四》。
[5]　《佛说皇极结果宝卷·四时香火真诚品第四》。
[6]　《佛说皇极结果宝卷·大曜生米品第十一》。

信,无分不依"[1]。

其四是黄天道。黄天道是嘉靖年间创立的一个民间教派大宗。它的教义特点是受到道教内丹学影响甚大。其创教人李宾(道号普明)自述生平时说:"戊午年,受尽苦,丹书来召。大开门,传妙法,说破虚空。"[2]又说:"癸丑年,遇真传,说破玄关,卯西之功。"从《佛说利生了义宝卷》可知,李宾是在道教内丹学的引导下走向修炼道路的。在黄天道早期的几部宝卷中都在宣讲各种内丹修炼方法,描述内丹修炼过程。如《普明如来无为了义宝卷》:"有缘有分,得遇黄天圣道,传与四句无为。时时清净,持诵真经,躲离生门死户。昼夜采取先经。锻炼天地骨髓,诸佛之命根。古佛传留心印真诀,扫万法居本空,顿悟混源祖气。"[3]在它的其他几部宝卷中,也反复宣讲道教内丹学。值得注意的是,黄天道发展到后期,为了吸引教徒,也开始注重斋醮道场仪式。流传下来的经卷有《普静如来真金宝忏》。[4]

关于黄天道,清初著名学者颜元曾有著名评论:"世间愚民,信奉妖邪,各立教门,焚香聚众者,固皆俗鄙无足道。然既称门头,乱言法道,群男女废业而胡行,诱惑良民,甚至山野里比皆遍,则其为害亦不小矣。愚民何知,不过不晓念佛看经之为非,不知左道惑众之犯律,妄谓修善而为之耳。若不急急唤醒,恐他日奸人因以起事,则黄巾、白莲之祸恐即在今日之'皇门'、'九门'等会"。他直言"我直隶隆庆、万历前风俗醇美,信邪者少。自万历末年添出个'皇天道',如今大行,京师府县以至穷乡山僻都有。其法,尊螺蚌为祖,每日望太阳参拜,似仙家吐

---

[1]　《佛说皇极结果宝卷・玄关大道品第七》。
[2]　《佛说利生了义宝卷》。
[3]　《普明如来无为了义宝卷》卷首。
[4]　马西沙、韩秉方:《中国民间宗教史》,上海人民出版社,1992年,第462页。

纳采炼之术,却又说受胜为'目连僧',口中念佛,是殆仙佛参杂之教也。其中殊无好奇尚怪,聪明隐僻,大可乱世的人,不过几个庄家汉,信一二胡诌乱讲之人,当就好事做,不知犯王法,乱人道,得罪神明,亦不可不唤醒他。"[1]颜元的评论代表了儒家知识精英对民间宗教的立场。

其五是弘阳教。弘阳教是万历年间创立的教派,这一时期正是民间教派竞相成立的时期。弘阳教教主韩太湖自述早年修行经历,看见"顶圣说法遍地,人人都说家乡,无数诸佛"。他先到了徐州,听说了"云真临凡","传口诀,按四季,烧钱化纸",韩太湖认为,成佛作祖,岂用金银?之后,韩太湖又遇到了另外一个教门"元皇母",这个教门倡导"云城里,十二关口。说三关,九口上,去对合同。讨合同,对宝号,又用钱买",韩太湖认为,这也不是"正道"。三个月之后,他在河南又碰到一位王师傅,"在河南,孙门上,遇着真人。都说那,王师傅,深知道理。说他是,释迦佛,转下天宫","通大道,贯晓修行,单讲明心见性,指点方寸,要见本来面目,自己身光,涅槃之路,讲一个大道根元"[2]。

弘阳教的特色是受到道教斋醮仪式影响很深。弘阳教充分利用了民众对现实福利的渴望这一宗教心理。通过诵经作会、治病疗疾、丧葬发送等仪式深入到乡民的日常生活领域。关于弘阳教的道场仪式,我们将在下文作集中分析。这里要交代的是弘阳教的内丹学。弘阳教更侧重于斋醮道场仪式,但也把内丹放到十分重要的地位,其经卷中有几部涉及内丹修炼。

在《弘阳显性结果宝卷》和《弘阳后续天华宝卷》中,则详细说明了弘阳教的"十步功行":第一步,端然见性;第二步,左右逢源;第三步,

---

[1]　颜元:《四存编·存人编》卷二,上海古籍出版社,2000年,第181—188页。
[2]　《弘阳苦功悟道经·良南楚地访虚无云门行脚品第十》。

出玄关妙理;第四步,要见如来意;第五步,乃是真金色;第六步,颠来倒,倒来颠,觑地观天论青黄;第七步,天花满面飞,满眼天花飞散乱,无边快乐在其中;第八步,东现体西怜;第九步,诸佛现全身;第十步,现天阔,红藕开时闻水香,小涅槃妙理,真传实授,实参实见,又明前三后四,那里包裹虚空。《弘阳悟道明心经》里表明教徒的日常宗教活动是打坐修行,《弘阳悟道明心经下·指金灯金炉作偈品第四》中说:"持斋戒律学打坐,配如香炉倾净灰。上下玄空无一物,内里消息自家知。剪断金灯金炉偈,借假修真念阿弥。"《弘阳悟道明心经》还将人的身体和天地山川五湖四海配对,体现了天人合一的观念,而内丹修炼也存在于其中:"一身大道收剪断,实为性命细搜寻。"[1]

其六是长生教,又名玄顿教。该教派经卷《古佛当来下圣弥勒出西宝卷》中,有言:"古佛普度皇胎子女,归投儒教,替天行化,修学长生性理,持斋戒杀放生,学做好人。紧定置立法门,男女长寿都可成佛,富贵和平,不种有收。"[2]像这样将儒教(儒教道)、置立门、玄顿教、长生教等名称连起使用的情形,在该部宝卷中还有许多。应该说,我们无法确知这支教派的创始人和它的发展情况,这可能和它的隐瞒情况有关。在该派宝卷中有称:"弥勒佛化身度众……行至姑苏虎丘山上千人石边坐定,偶遇众姓人等问曰,请问老先生贵乡何处? 姓甚名谁。佛曰,家住庆云地,姓性名化,年八十一岁。"这是一种很模糊的交代。

《大圣弥勒化度宝卷》的年代,据经上说是明万历二十二年,"玄顿教原有十句道偈,八句真言,四句妙偈,三指玄关,十步初工,三乘妙法,一十二部法宝,九九玄妙八十一层口诀,一十六句心法,十步全工。此

[1]　《弘阳悟道明心经下·讲一身大道譬如天地品第九》。
[2]　《古佛当来下生弥勒出西宝卷·指点末后品选第十七》。

乃俱是佛祖真言,须要口口相传,切不可动笔而抄"[1]。可以看出,这些隐秘不现的指诀应该归于内丹修炼的一类。

《古佛当来下生弥勒出西宝卷》是一部批评现实的宗教经卷,但其中也倡导了炼金丹的方法。如《悟真香》词:"悟真香,四时进火炼金丹。十二时中常不断,时刻参悟觉玄关。采铅投汞水火和,一轮明月照千江。天地得,知人长,人自修持寿无疆。"又如《四时香》词:"四时香,抽添火候接时光。子午卯酉周天数,迷人不识实悲伤。"[2]

该宝卷还以弥勒佛化身为性化度众,行走至姑苏虎丘山上千人石边的发言,阐发了"天人一理"的修道观:"混元一气分三才为天地人,人与天地原一体,天地与人本同春。天是一大天,人是一小天。天有日月星,人有精气神。天有阴阳转运,人有呼吸往来。天有日月循环,人有水火升降。……人能收心息念,则天地清气造化自然归于人身,故《清净经》云:人能常清净,天地悉皆归也。"[3]该卷又唱道:"人人有条出生路,可惜迷人不信因。不死长生是老君,炼骉烧丹作营生。妙骉炼就臣舍利,普传口诀度迷人。铅汞金丹老君传,不费工夫不费银。识得个中玄妙处,便是世间修道人。"[4]

除此,该卷又论及"性命"之说,称:"弥勒佛说,性是本来真面目,命即须从根上来。性怕心使,命怕身欲。身不欲则命无生死,心不使则性不轮回。命是假,性是真。真不离假假不离真。今生错过,后世难逢。此身失了身和命,万劫千生何处寻。"值得注意的是,该宝卷还有反对"双修"的思想,言:"修行要断离恩爱,阴阳和合哄迷人。休信邪

---

[1]《大圣弥勒化度宝卷·化度烧香忏悔送佛品分第十二》。
[2]《古佛当来下生弥勒出西宝卷·玉佛授记品选第三》。
[3]《大圣弥勒化度宝卷·化度皇胎阐发先天品分第一》。
[4]《大圣弥勒化度宝卷·化度皇胎阐发先天品分第一》。

师来煽惑,陷入地狱落火城。男女各要断淫欲,断淫惜气养精神。淫身淫心都炼断,再传口诀断淫根。"[1]

其七是一炷香教。在某种程度上,一炷香教是俗世化的道教派别,说它是道教派别,这是因为一炷香教的创始人董计升本身就是一个道教徒。此外,一炷香教没有任何政治目的,也没有卷入任何政治运动。以其平和的特征而长期在下层民众间流传。琦善的奏折提到,山东历城县四五个道士,依该县郑家码头的三官庙为据点,习一炷香教。"人其教者,每日早晚在家烧香磕头,朔望聚集围坐,敲击鱼鼓,诵经念佛,挨次编唱佛歌、经偈,名曰道场。如遇目不识丁之人,不能诵念佛经编唱歌劫,即令跪香一炷,以冀消灾免难。其平时为人医治疾病,系令向北磕头,诉述病人生平罪过,给与短香一炷,教令对香常跪。"[2]

从中可以看到一炷香教有如下几个特色。第一,以道教的宫观为宗教场所,道士的加入使得一炷香教以一种貌似道教的身份出现于民间。第二,存在极具道教色彩的"跪香首过"仪式。马西沙认为这种行为是道教修炼的一种,信仰者跪一炷香,实际在修炼一种静功,类似于道家内丹学的"筑基"。[3] 笔者认为,"跪香首过"不仅仅具有内丹修炼色彩,它也是道教的一种忏悔仪式。早期的五斗米道曾对教徒实行的"服符饮水首过"的做法,就是治病和忏悔相结合的道教仪式。一炷香教的"跪香首过"和五斗米道的"服符首过"都是面向普通民众的一种简易的传教方式,让他们在享受治病这种现实的福利时,不知不觉地接受一种宗教教义。第三,注重道场仪式。或初一或十五,他们围坐一处,烧香磕头,敲击鱼鼓,诵经念佛。此外,一炷香教每年还建醮祈福,

---

[1]　《大圣弥勒化度宝卷·化度衢州人中性命品分第三》。
[2]　《朱批奏折》,道光三年十二月十五日,琦善奏折。
[3]　马西沙、韩秉方:《中国民间宗教史》,上海人民出版社,1992年,第920页。

这是一种常规化的频繁举行的群体性的宗教活动。第四,挨次编唱佛歌、经偈,名曰道场。据记载,一炷香教经常念叨的佛歌有《劝世歌词》、《十劝歌词》、《唱说好话》、《好话歌》、《父母恩本应赞念》、《清真德和乐消散福量宽》等等。第五,一炷香教没有自己的经卷,大多借用道教的经卷来宣讲,如《三官经》、《十王经》等。

其八是圆顿教。该教创立者是明末清初时期张姓人("弓长祖"),弓长没有亲自撰写圆顿教的经卷,现存圆顿教经卷大部分是其李姓弟子("木人")所写。在圆顿教的主要经卷《古佛天真考证龙华宝经》中,宣扬"五样龙华会",其中,"人身中龙华会"说:"人身中龙华三会者,却是精气神也……若是性命和合,打成一片。金木相柄,水火既济。坎离交宫,炼的五气朝元,三华聚顶。有甲木龙性来助道。三性圆明,万法皈一,收源结果,结成龙华,这便是人身中有个龙华三会也。"[1]圆顿教里也有教派中常见的"十步修行"的提法,里面几乎全是内丹学的内容:"头一步修行,恰定玉诀,开闭存守;第二步修行,先天一气,穿透中宫;第三步修行,卷起竹帘,回光返照;第四步修行,西牛望月,海底捞明;第五步修行,泥牛翻海,直上昆仑;第六步修行,圆明殿内,性命交宫;第七步修行,响亮一声,开关展窍;第八步修行,都斗宫中,显现缘神;第九步修行,空王殿里,转大法轮;第十步修行,放去收来,亲到家中。"[2]我们注意到,圆顿教还实行一种"芦伯点杖"的方法,其法是在静室中,师父用芦苇在教徒的三个丹田部位点一下,之后传授内丹学的要点。

其九是西大乘教。这是一支依靠皇家寺庙皇姑寺创立的民间教派,它由京西保明寺(即皇姑寺)尼姑归圆于隆庆五年(1571)所创。归

---

[1] 《古佛天真考证龙华宝经》卷首。
[2] 《古佛天真考证龙华宝经·弓长领法品第五》。

圆建立的这个教派在义理上受到佛教和罗教影响甚大。并按照《五部六册》的先例，把自己的经卷也称为"大乘教五部经"。在西大乘教的经卷中，核心思想是追求"无为法"，认为"色相皆空"、"意识俱幻"。然而即使在这样一支佛教禅学色彩浓厚的经卷里，也能找到道教的内容。如《泰山东岳十王宝卷》中谈到了内丹，教导民众贫富贵贱皆由命，不如"打坐学参禅"[1]，它包括哪些内容呢，无非是"大门紧闭寻出路，周天缠度上下盘。开关展窍用火候，前三关来后三关。三关九窍开通了，滚出云门天外天"[2]。该宝卷还载有《得道还源歌》和《了道歌》，号召"劝大众，仔细听，听我从头说分明"，并以形象的词语描述了内丹修炼的全过程："修行不离先天气，调理地水共火风。双凤山里往里转，全要死手下叮咛。端的正来照得准，咬住刚牙冲一冲。先开六叶连肝肺，当人坐在七銮宫。婴儿姹女答查号，运动明月共清风。捉住青龙共白虎，往下运到紫阳宫。通开九河共下稍，到了汞泉往上升。背走连成二十四，三关九窍尽开通。昆仑开条出身路，灵光起在半虚空。赴会只在极乐国，佛榜挂号了了名。相伴吕祖同欢乐，八十一劫续长生。"[3]即使用正统道教的修炼观点来看，这儿的描述也是相当复杂和精密的。

---

[1]　按：该宝卷传统上一般归之黄天道，实际上它是一部西大乘教的经卷。例如在第五品中就大加颂扬吕尼（吕祖）道："开山吕祖根基深，原是南海观世音。想当初，观世音托化吕祖，显神通在口外先救当今主，回朝封吕祖皇姑御妹，住护国保明寺直到如今。吕祖师成正觉还了本位，后立下众头领普化善人。"

[2]　《泰山东岳十王宝卷·超出三界分第八》。

[3]　《泰山东岳十王宝卷·吕祖立地基分第五》。

第二章　基本观念

本章开始考察那些属于基本宗教观念的内容,试图为晚明民间宗教勾勒出大致的宗教意识的轮廓。

第一节　本觉思想

治中国思想史或哲学史者,往往把过多时间和精力花在那些常见概念上,本体论是其中之一。然而实际上,魏晋以后人们对本体论的兴趣,大部分已经转移到本觉思想上来,这是我们在中国哲学后期发展史上很难看到炙热的本体论探讨的原因。

一　从精英到草根

笔者在这里要讨论一种名为"本觉"的思想模式,它不仅是中国佛学的基本观念,它同样影响了民间宗教,以一种奇异的方式为民间教派所使用,其结果是,中国宗教本觉论呈现了新的形式。

民间宗教本觉观念的来源,依然要追溯到大传统。一般认为,魏晋玄学开创了中国哲学的本体论时代。王弼注《老》、向秀(郭象)解《庄》,或以"无",或以"独化"之"玄冥之境"作为宇宙的本体。[1] 佛

―――――――

[1] 部分学者认为郭象关于万物"独化"于"玄冥之境"之说乃是消融了本体论思想的观点。

教般若学以"空"、"不真空"作为世界的本体,这是一种以哲学范畴作为世界本体的思想。东晋时期的竺道生提出"一切众生皆有佛性"的重要思想,他以般若实相义会通涅槃佛性论,认为非有非无之实相既是世界的最高本质,也是可以借此修成佛道的"佛性"。人之本性和世界的本性二者可以合而为一,是非常符合中国本土思维习惯的。

南北朝出现了一部据说是"伪经"的佛学翻译作品《大乘起信论》。《大乘起信论》的创见是其所说的"一心"和"二门"说。"一心"指的是"真如"、"无妄真心","二门"指的即"心真如门"、"心生灭门":"依一心法,有二种门。云何为二? 一者心真如门,二者心生灭门,是二种门皆各总摄一切法。"[1]《大乘起信论》立论的基础是真如(真心)这个真如(真心)的另外一种说法就是"众生心"。所说"真如"的含义是:"一者如实空,以能究竟显实故;二者如实不空,以有自体,具足无漏性功德故。所言空者,从本已来一切染法不相应故,谓离一切法差别之相,以无虚妄心念故。"[2]应该说,该经提出的"众生心"虽名"众生",指的仍然是人的精神的抽象本质。该经又提出"无明"说。"无明"与"本性"是何种关系呢?《起信论》言:"如是众生自性清净心,因无明风动,心与无明俱无形相,不相舍离。而心非动性,若无明灭,相续则灭,智性不坏故。"[3]《大乘起信论》的真心(众生心/众生自性清净心)说、无明说、二门说、性觉说,都在中国哲学思想史上留下深刻的影响。后来慧能禅学即是进一步发挥它的思维模式,从而成为影响中国最大的佛教学说。

几乎与佛教的佛性论同时,道教的义理也在进行相似的转化。道

---

[1] 《大乘起信论》,《大正藏》T32 论集部,p. 576. 1。
[2] 同上,p. 576. 1。
[3] 同上,p. 576. 3。

性说的提出是一个标志。认为一切有情皆含有道性,道性与众生本性是一致的,是一种"真无妙有"的存在。要恢复道性,必须经过刻苦的修炼和智慧的解脱。道性说的提出为道教修炼奠定了坚实的哲学依据。修道就是修炼自身本有的道性,成道就是全身心地复归于道。修道的过程就是逐渐去除尘世的污染,去除酒色财气等一些和道性相违的东西。宋明理学借鉴了道教和佛教的相关思想,也提出了天地之性、气质之性等关于人性的理论,理学家对这些问题的讨论也反映出本觉思维模式。

综上所述,传统的儒佛道三教至少在明代以前已经建立了完整的关于人之天性的各种学说。由于这些学说在义理架构上非常相似,所以对于普通知识分子和底层民众来说可以并行不碍。明代的王阳明的"良知"说是受到明代以前三教思潮共同影响的产物。而时人也是这样理解的:"阳明先生拈出'良知'以示人,真可谓扩前圣所未发。盖此'良知',即孔子所谓'愚夫愚妇皆可与知'者,即孟子所谓'赤子之心',即佛氏所谓'本来面目',即《中庸》所谓'性',即佛氏所谓'见性成佛'。乃得于禀受之初,从胞胎中带来,一毫不假于外,故其功夫最为切近。"[1]

二　罗教的纵横自在

正德年间创立的明代第一个民间教派罗教,主要受到禅宗心性学的影响。"罗教及其《五部六册》所展示的中国民间宗教特旨及其发展途径,为我们重新认识和评价中国民间宗教的地位和作用提供了宝贵的经验。"罗祖宗教思想有三个特色:圆通性、过渡性和民间性。罗教

---

[1]　何良俊:《四友斋丛说》卷之四,"经四",中华书局,1959年,第30—32页。

思想和佛学的关系,无论就其深契佛禅之缘起性空的无相之法,及心即佛的本来面目,明心见性的无修无证,任性逍遥的纵横自在诸论,还是就其富有特色的真空家乡,无极圣祖,宇宙观和本体论,永断轮回诸见,都属于纯正的佛教义理范畴。

罗教的无修无证、纵横自在的修行论是直接建立在其"无相之法"和"本来面目"这一直接道源于佛教禅学尤其是后期南禅的虚空观的基础之上的,这使得罗祖的修行论具有了强烈的南禅和后期禅之意味。此外,罗教还大量引用佛教本觉系经典如《圆觉经》《楞严经》及各种语录、传灯录。这些史料都表明,罗梦鸿在对待三教合一这一思潮的时候,却依然本着以佛为主的原则。而其引用佛教最多的地方,就是其本觉思维方式。

罗教创始人罗梦鸿经历了长期的修行,方获得"解脱",其修行的方式,看起来很像佛教中本觉思想基础上的修行,最终体悟了这样一个真空和妙有结合的真心:"诸藏经,挑出来,都要明心。我悟道,请诸经,来作证见。证得我,明晃晃,万法皆空。十三年,不曾住,昼夜参道。亮堂堂,无一物,独自为尊。"[1]

真心是众生的"本来面目":未曾初分天地,先有本来面目。本来的面目从旷大无量劫。先有本来面目,永劫长存。[2]

这个"真心"把佛教所有内容统摄了,内在化了。在真心的笼罩下,"佛法僧"三宝内在化、心性化了,三宝就是修行者心中的主人公。此外,真心也是心中的灵山和本来面目。

真心还是"虚空"。无论是"虚空"还是"太虚空",都是佛教本体范畴"真空"、"本性"的代名词。有的学者认为,道教对罗教的影响很深,

---

［1］《破邪显证钥匙卷上·破悟道末后一着品第三》。
［2］《巍巍不动太山深根结果宝卷·先有本来面目后有天地品第六》。

特别是在本体论、创世说以及神灵观方面。[1] 当罗祖使用的术语如"无为境"、"无为法"、"无为大道"时,把道教的"道"与佛教的"禅"一体化,融而为一。本觉之体又是法身:"法身常住无生死,法身常住永不灭。诸行无常生灭法,诸相有灭身安乐。如来亦是主人公,永断生死无量乐。"[2]经卷又言:"未从初分一个身,法身无边一体空。法身普覆大千界,法身普覆人心中。本性就是诸佛祖,诸佛菩萨一体身。本性就是诸佛境,一体同观显神通。佛在灵山莫远求,三宝只在人心头。凡所有相皆虚妄,离了诸相现金身。"[3]

　　本觉的实体又有神灵的特性。它转换成罗教所崇拜的"无极圣祖"或"无极圣母"。例如,罗教《五部六册》里的最高神灵是"无极圣祖"或"无极圣母"。但这里的"无极圣祖"或"无极圣母"是佛教意义上"本来面目"、"真空妙有"的代名词。如罗祖说:"本性相连太虚空,本性就是无极身。"[4]本觉之体又是万物本根。在罗教看来,这个本觉之体不仅是精神修养的终极目标,也是世界本根、本体,可以生成万物:"太虚空,无名号,神通广大。太虚空生男女,能治乾坤……这真身,生天地,能生男女;这真身,生阴阳,五谷能生;这真身,生水火,春秋能变;这真身,生地狱,调制众生。"[5]

　　在修行观上,罗教主张要证得这种真心法性,关键就是"无执",所以在罗教的经典中大谈"不执着":"不执有,不执无,当人就是真空法性。"[6]有的时候,罗教用"无"字来代替不执着的精神,经里讲到,要

［1］　韩秉方:《道教与罗教》,《道教研究》第一辑,四川人民出版社,1994年。
［2］　《叹世无为卷·身为苦本品第十六》。
［3］　《破邪显证钥匙卷上·破三宝神通品第五》。
［4］　《正信除疑无修证自在宝卷·舍身发愿度人品第十一》。
［5］　《苦功悟道卷·道无修证品第十五》。
［6］　《苦功悟道卷·撒手承当品第十一》。

"无"修证、生死、事物、禅定、僧俗、人佛、凡圣、善恶、阎君、斋戒、经书、阳神、阴阳、出家在家、刀山地狱、东土西方、无念无想、三教、仙人等等。罗梦鸿认为,执着妄念、工夫、念头、踪迹、来去、临危、时刻、在家、出家等观念都是"生死路",都不能获得解脱。

在修证所证果位方面,在罗教看来,修行的境界就是智慧"觉悟"的境界。对于修证达到的境界,罗教宣称那是一个非常美满、充满四方的极乐世界:"我今参到这一步,才得纵横自在,里外透彻,打成一片,无内无外,无东无西,无南无北,无上无下,纵横自在。行住坐卧,明明朗朗。一段光明,到临危,四大分张,难描难画。任意纵横,山河石壁,不能隔碍。东西南北,四维上下,一体同观,十三年苦功,才得透彻,才得省悟。"[1]

三 黄天道的家乡寓言

晚明民间道派自然受到儒佛道正统思想的影响。当它们建构自身的理论体系的时候,很自然地把三教关于人之天性的理论融会进来。从而使道派的本体论呈现出三教合一的色彩和品质。由于金丹修炼在道派中一向居于中心地位。它们往往在论金丹之性的时候阐述这种人之本性论。故而,金丹之性即是人之本性,亦即天地之本体。知人、知道、修道即是发掘这种人之本性。

黄天道最早对这个问题作出了回答。黄天道信奉真空、无生和混源、无为。真空和无生原是佛教教理,混源和无为是道家道教思想,黄天道把它们混合起来,组成自己经卷中的绝对精神、绝对真理。这里面既有佛教涅槃的含义,又是先于宇宙存在于万物之中的永恒核心,它们

---

[1] 《苦功悟道卷·达本还原品第十三》。

还隐约地包含着宋明理学和阳明心学良知的思想含义。[1]《普明宝卷》中有如下语句:"一点圆空性,初始至如今。若识如来体,月照海底明。"[2]这是《普明宝卷》起首的一句诗,把宇宙的本性称为"圆空性"和"如来体",是借用佛道二教的术语。黄天道认为这个"圆空性"和"如来体"的异名还有"万物之祖气"和"一点真阳"乃至直接称为"佛性",是宇宙的"起处根源"、"清净法身"、"真空境界"、"普明大道场"、"万物之祖气"、"古佛灵气"、"法身":"万物之祖气,千变万化,救度众生。光明普照,昼夜常明,但凡动融,草木丛林皆赖一点真阳,养济四生,照破十方,灌满恒沙世界。"[3]经卷又言:"天地为善,阴阳相合。能生万物,但凡动融,都在天地腹内所生。万物都通古佛灵气。"[4]

"万物之祖气"、"古佛灵气"、"一点真阳"是说明人类万物和宇宙本体、本性之间的血缘性密切关系。把宇宙本体论和化生论结合了起来。形象说法是认为万物都是"天地腹内所生",所谓"本来清净法身,亦无垢秽染污,无形无体。金刚不坏之身,劫火不能损坏,乃为舍利坚固之子,只在混源一气所生。分于二仪三才四相五行六爻七政八卦,天地不离九转,修仙不离九世。此是天之性也,地之气也,人之魂也。若人悟得三性圆明,混同一体,本无分别,真金还矿,才是长生不死之法"[5]。宝卷使用的"佛性"、"清净法身"、"舍利子"、"金刚不坏之身"、"真空境界"、"无为生前理"都是借自佛教的用语。佛性指向成道的可能性。在佛教里将自性真如净法界,称为法身。"清净法身"在黄

---

[1]　喻松青:《民间秘密宗教经卷研究》,(台北)联经出版事业公司,1994年,第144页。

[2]　《普明如来无为了义宝卷》卷上,经前序。

[3]　《普明如来无为了义宝卷·释迦牟尼如来分第一》。

[4]　《普明如来无为了义宝卷·善游步如来分第三十二》。

[5]　《普明如来无为了义宝卷·无垢如来分第十一》。

天道这里指谓法体的清净自然,是修仙乃至长生不老的归趣。

黄天道把佛教的说法和道教式的修炼长生结合了起来,称"去也去也往西方,都归普明大道场"[1]。"普明大道场"的提法无异于认为西方世界是黄天道一家的"天国"。在黄天道的后续宝卷中也可以见到类似的说法,如言:"先说天一气根源。先天者,乃为无极心也。无始以来,无生有,能生万物,说是先天,即是无生之母。水银汲散,大小圆都,一心能化百千万亿,皆从神旺气足,聚精饱满,各生万物之形……不是先天能变化,日月三光哪里来……不是先天能变化,一切万物哪里来。"[2]

"先天"和"后天"是由道教内丹修炼中"先天气"和"后天气"演变而来。宋明理学里也常说先天和后天来说明人的道德本原和后天的气禀之性的关系。道派里把"先天"上升为一个神格范畴,认为它就是无生老母,是无极之心。由它化生世界万物。这也是宇宙化生论和本体论相结合的一个例子。

其他一些教派也有类似的说法,如收圆教宝卷里也言"蠢动含灵通佛性,为人何不早归根"[3],及"人人都有真如性,万相总现一天真"[4]。

民间教派既然提出人人具有这一先天觉性,必然要说明为何世人无法认识这个觉性。这就是所谓的"染污"说。简单说来,就是因为"无明",因为贪恋酒色财气,身外贪求——染污,从而把这一先天觉性遮蔽掉了。于是便苦串轮回,六道周转,不得出期。这是佛道二教和宋

---

[1]　《普明如来无为了义宝卷·普明无为了义如来分第三十六》。
[2]　《普静如来钥匙佛宝卷·钥匙佛如来开先天分第二十五》。
[3]　《药师本愿功德宝卷》卷上。
[4]　《药师本愿功德宝卷》卷上。

明理学的惯常说法在民间道派里的表现形式。道派认为,世界的真实相状、天赋真心和人之本性由于世人(皇胎儿女)不加爱惜,不守一性之真,染污了自己的一段灵光,从而迷散灵山,苦恋阎浮,不肯回家。如下说法在宝卷里随处可见:"自从灵山失散,在于阎浮世界,东土苦海娑婆。贪恋尘世之苦,妄上生妄,无足无厌。不守一性之真,身外贪求,染污自己灵光,不得出期,串轮回无休无歇。"[1]"言大地群迷,妄认假相为自根本,失其本来真面目。而归源,流浪娑婆坠落苦海,出窍入壳,转转不觉。"[2]

此"真性"、"佛性"、"先天一性"又是炼丹之根据。民间道派的内丹修炼即是要练出这个"性"。而炼丹的目标便是凭借金丹的威力"归家"、"归根":"说无垢如来本来清净法身,亦无垢秽染污。……此是天之性也,地之气也,人之魂也。若人悟得三性圆明,混同一体,本无分别,真金还矿,才是长生不死之法。"[3]"归家"和"归根"的途径是"借假修仙":"一性为真脱胎换体,躲离凡缘,与古佛混同一体,本无分别,乃是金刚不坏之体。天地山河都有毁坏,凡世之境,人活一世,似水上浮沤。只是古佛一点灵光,常劫不坏,无断无灭,清净之体,一无染污。"[4]

所谓"借假修仙"就是在假和之肉身的基质上锤炼自身的真性,而此真性则本来自教派所尊之诸佛诸祖,亦即众人的本原家乡,因各种原因堕落于阎浮世界,不得出期。而众人所视为真实之人生和世界不过为水上浮沤等不坚之物,加入教派,习炼金丹仙法乃是借假修真,使本

[1]《普明如来无为了义宝卷·离垢如来分第十二》。
[2]《药师本愿功德宝卷》卷首。
[3]《普明如来无为了义宝卷·无垢如来分第十一》。
[4]《普明如来无为了义宝卷·宝莲华善住娑罗树王如来分第三十五》。

原真性归复显露,同时加之以性命双修,最后脱壳成仙。

四　炼养修辞术

在民间宗教修炼思想中,"本觉"也构成了修证的基础。

在全真道的内丹学传统中,修炼步骤多从修性入手,先明心见性然后再进行炼精、炼气、炼神等命功修炼,所以明心见性是北宗修炼的首务。王重阳说:"经云:心生则性灭,心灭则性现也。心灭者是宝。经云:诸贤先求明心。心本是道,道即是心,心外无道,道外无心也。"[1]张伯端以下的南宗号称先修命、后修命。然而性命修炼之间也是贯穿融合的。例如在筑基阶段,南宗以炼命为主,然而,入手功夫也大谈修性。

那么,道教性功(也即"修性")究竟有哪些内容呢?笔者认为,宋元明之后道教的"三教合一"主要体现在内丹学的性功上,也就是说,它总汇了儒释道三教的心性修养论乃至人生观。在根本归趣上,儒家伦理色彩浓厚的修身养性、佛教悟彻本空的明心见性、道教操作性的识心炼性,都是一致的。因而,元明以来道教内丹学之性功就不仅仅包含道教系统的讲法(清净、守一),还包括佛道戒律和儒家伦理内容(修身)、认识世界的空性和人之真性等内容广泛的方面。我们可以将之分为筑基开始之前的"炼己"和筑基以后正式修炼过程中的"性功"两个方面。

"炼己"在道教中指的含义是"苦行其当行之事曰炼,熟行其当行之事曰炼,绝禁其不当为之事亦曰炼,精进励志而求其必成亦曰炼,割

---

[1]《重阳真人授丹阳二十四诀》,《道藏》第25册,第808页。

绝贪爱而不留余爱亦曰炼,禁止旧习而全不染亦曰炼"[1]。综合起来看,道教炼己包括了不间断地进行修炼的行为和决心,树立精进励志的志愿,绝弃贪爱、名利、妻子、珍贵异物、田宅,戒除淫、杀、盗、贪心、善心、恶心、欺心等等。炼丹过程中的"性功"主要是体度无为、虚静、自然的心态,把握好炼药的火候、温养圣胎的方法等等。全真派南宗认为,炼丹过程中,性功的分量逐渐加深,如在筑基、炼精化气阶段,命功多于性功;而在炼气化神、炼神还虚阶段,性功多于命功;特别是炼神还虚阶段,纯粹是"无为"功夫,其过程包括乳哺、温养、出神、还虚等等。而全真派北宗认为,性功在炼丹过程中是一直占据主要地位的。

接下来我们看看黄天道的"性功"包含哪些内容,在进行正式炼丹之前要做好如下身心调整工作:

其一,树立坚定的求道愿念和勇往直前的决心,发誓舍弃现实的轮转人生,"超出三界",求取教派的"无上之道"或"长生路",回到自己真正的"家乡"。宝卷中经常提及"舍凡情,发弘誓,超出三界"[2],或"偈内有,长生路,修要退步。精进心,常勇猛,功上加功"[3],以及"决烈丈夫,自有冲天志气。性力为主,忽时返照回光,对天早发弘誓大愿,愿舍凡身,求无上之道"[4]。以上就是民间宗教倡导的"舍凡身,还本乡"[5]路径。

其二,需要加入道派组织,受持三皈五戒。宝卷里提到要以清净之

---

　　[1]　伍守阳:《天仙正理直论增注·炼己直论第五》,《伍柳法脉》,中国人民大学出版社,1990年,第91页。
　　[2]　《普明如来无为了义宝卷》卷上经前序。
　　[3]　《普明如来无为了义宝卷·宝光如来分第三》。
　　[4]　《普明如来无为了义宝卷·精进军如来分第五》。
　　[5]　《普明如来无为了义宝卷·红焰帝幢王如来分第二十九》。

心"受三皈,和五戒"、"虔诚保守长生道,五戒精研待岁年"[1]。

其三,要树立正确的认识,包括对人类本性、人生终始和世界本质的认识。关于对人类本性的认识,张伯端的《悟真篇》里面说得好:"人人自有长生药,自是迷徒枉把抛。"[2]《普明宝卷》中也要求教徒要"识如来体",所谓"一点圆空性,初始至如今。若识如来体,月照海底明"[3]。

从正统道教观点看,现实人生是不可能完满,所以需要道士勤奋努力,修炼内丹以求成仙,以下是张伯端一段著名的话:"不求大道出迷途,纵负贤才岂丈夫。百岁光阴石火烁,一生身世水泡浮。只贪利禄求荣显,不觉形容暗悴枯。试问堆金等山岳,无常买得不来无?人生虽有百年期,寿夭穷通莫预知。昨日街头方走马,今朝棺内已眠尸。妻财抛下非君有,罪业将行难自欺。大药不求争得遇,遇之不炼是愚痴。"[4]民间宗教宝卷中也有类似观点:"人活一世,不知生从何来,死归何往。拱高嫉妒,贪爱五欲邪淫。不知尘轮苦报。一世光阴刹那之间,丧尽一点真灵。首无所归。生老病死,阳尽阴灭,受地狱之苦。四生六道,若失人身,怎躲轮回业网。各劝贤人,趁有身有相,借假修真。得无上之道。"[5]

其四,保持心灵清净。丹家认为包括收心、守一、止念、入静等内容。民间宗教宝卷屡屡提到要保持心灵清净、自然无念,如言"真空境界,时时清净。无形无影,杳杳冥冥,忽有忽无。无相光中,有真实之

[1]《普明如来无为了义宝卷·清净施如来分第十五》。

[2] 张伯端撰,王沐浅解:《悟真篇浅解》,中华书局,1990年,第11页。

[3]《普明如来无为了义宝卷》卷上经前序。

[4] 张伯端撰,王沐浅解:《悟真篇浅解》,中华书局,1990年,第1页。

[5]《普明如来无为了义宝卷·宝月如来分第十》。

相,有相形体,非是真言"[1],以及"本来无一念,寒潭彻底清"[2]。他们还认为"人人只要心清净,浮云退尽光明显。照得恒沙彻底清"[3]。

此外,修炼过程中的性功,指的是在内丹修炼的全过程要坚持性命双修的原则,这里的性功主要指坚持"无为"、"清净"的心理状态,如言"万物之祖气,千变万化,救度众生。光明普照,昼夜常明,但凡动融,草木丛林皆赖一点真阳,养济四生,照破十方,灌满恒沙世界"[4],及"无为妙用,我说得无为妙用。善男女同共发心,把万法休要谈论。坐卧处采取先经,采取先经,莲花台,人人都有分"[5]。

在修行观上,民间宗教明显地受到儒释道的影响,但又多有变化。明代正德年间新兴民间教派罗教的经卷《五部六册》倡导无修无证、自在纵横,这源于慧能创立的南禅以及后期禅宗,但比后者更加浅明易懂,更加贴近民众生活场景。如他把修证境界通俗化表述,说"当人就是真空法性"、"认得自己是天堂西方"、"我是真空,娘是我,我是娘"、"无修无证是天堂"、"自己原是真净土"。明代后期的民间教派修行论则更多受到道教内丹术的影响。在它们的"宝卷"中充斥着铅汞、水火、龙虎、坎离、性命双修等术语。

"十步修行"是许多教派奉行的内丹修炼法,在圆顿教的《龙华宝经》中,从第一步"恰定玉诀,开闭存守"到第十步"放去归来,亲到家中",包括了道教内炼中的"筑基"、"炼精化气"、"炼气化神"、"炼神化虚"等各个阶段。相对于道教内丹学的隐秘朦胧、模棱两可,民间教派的内丹功法更易为文化知识较少的教民所掌握。更重要的是两者之间

[1]　《普明如来无为了义宝卷·清净如来分第十四》。
[2]　《普明如来无为了义宝卷·光德如来分第二十一》。
[3]　《普明如来无为了义宝卷·红焰帝幢王如来分第二十九》。
[4]　《普明如来无为了义宝卷·释迦牟尼如来分第一》。
[5]　《普明如来无为了义宝卷·功德华如来分第二十四》。

在修行目标上的差异：道教内丹功法主要追求个人的解脱成仙，而民间教派的教徒们则藉此实现他们从尘世的"集体大逃亡"，和"无生老母"、"子母相见"。

笔者认为，考察历史上的民间宗教吸收正统宗教的教义，把民间宗教中流行的观念和它们在佛教、道教、基督教原始含义，以及在中国宗教哲学发展史上的"变义"区别开来，注重于探讨它在民间宗教中是如何理解的，在思想构架中处于何种地位，这种地位和它们在正统宗教思想构架中所处的位置有哪些不同。这种不同反映了那些值得深思东西。我们只有了解了民间宗教观念是怎样"混合"正统宗教观念的，才能切实了解到民间宗教的信众的内心世界，以及他们对佛教、道教等正统宗教的接受立场和理解方式。

第二节　宇 宙 创 生 论

宇宙观和本体论是人类所面临的终极问题，也是一个哲学理论框架的最高问题。我们所处的世界是如何演变而来的？万物本原是什么？纷杂的现象背后有没有一个至上的存在？这些就是哲学宇宙观和本体论所要解决或试图回答的问题。中国哲学史上关于世界和人类起源的思考，一开始就是以宇宙化生论（宇宙生成论/宇宙创生论）的形式存在。这种宇宙化生论发展到汉代达到高峰，各种关于宇宙起源的说法莫衷一是。东汉末年兴起的道教性教团吸收了先秦至两汉的宇宙起源说，使之成为道教宇宙论的主体。在此后的时间内，道教把太上老君创世说和宇宙起源论结合起来，此可见于《太上老君开天经》。而在正统思想内，发展到了魏晋时期，本体论（本性论）开始取代化生论成为哲学家讨论的主要问题。之后，南北朝时期的一部佛学著作《大乘起信论》的"真妄和合心论"揭开了用"人性本体"取代魏晋玄学以"无"、"有"等抽象范畴作为宇宙本体的观念之风。此风下及隋唐宋元,到了明清时期,哲学家的口中就只有"人性本体"这种见解了。

　　然而,在民间社会,关于人类和宇宙起源的神话仍然保存在文献、口传资料和仍然存在的原始部族社会里,并不时地被民间的说书人和唱戏者所引用,这也许是老百姓更喜欢听那些故事性的神话的缘故吧。民间宗教对上述问题的回答既不同于儒佛道三教,也不是毫无特点地照抄流俗,而是遵循着便利教义的原则对各种思想体系进行了取舍,形成了具有自身特点的宇宙和本体学说。民间宗教是一种正统和民间思想结合的形态,这使它一方面吸收了儒释道精英哲学的本性论和宇宙论,同时也采纳了老百姓非常熟悉的一些创世神话的基本模式。道派的宇宙观和本体论兼取了历史上关于宇宙起源和宇宙化生的各种学说,我们在其中既可以找到传统儒道哲学的宇宙论的影子,也可以找到作为民间神话传说的宇宙起源神话。

一　道教生成论

　　"生"是中国早期哲学的主导思想,"生生不息"是哲人们对世界根性的认识。"化生"、"创生"、"生育"这种可能是母系氏族的思维反应流传下来,成为一个哲学原型。传统哲学中的儒道两家都讲重视"生"。《礼记》中说:"天地之道,可一言而尽也。其为物不二,则其生物不测。天地之道,博也,厚也,高也,明也,悠也,久也。"[1]《道德经》也说:"道生一,一生二,二生三,三生万物。万物负阴而抱阳,冲气以为和。"[2]《周易》卦象中的"衍生"图式反映了人们对于宇宙万物演变的

---

[1]　《礼记·中庸》,《十三经注疏》,第 1633 页。
[2]　《老子·四十二章》,朱谦之《老子校释》,中华书局,1984 年,第 74—175 页。

思想。宇宙生成论在汉代发展到了高峰。

　　很明显,创立于东汉时期的道教吸收了当时盛行的宇宙生成论。道教的创世观在《云笈七签》卷二《混元混洞开辟劫运部》以及其中所收的《太上老君开天经》中有比较完整的体现。[1] 它把"混元"、"空洞"、"混沌"、"混洞"看作宇宙初始的四个阶段:"混元"的特征是"混沌之前,元气之始也","混元"时存在的只有"至精之元气";"空洞"时为元气之发生过程,所谓"三气混沌,生乎太虚而立洞,因洞而立无,因无而生有,因有而立空。空无之化,虚生自然";"混沌"时的情状是"厥中为虚,厥外惟无,浩浩荡荡,不可名也";"混洞"时为道教至尊神灵元始天尊诞生之时,他是"万物之初始"。

　　"劫运"主要阐解宇宙运动的过程,这种过程是以"劫"的始终为单位的。《太上老君开天经》讲述道教的宇宙变迁神话最为条理化。按照该经的说法,宇宙的最初可用一个"无"字来概括,"无天无地,无阴无阳,无日无月,无晶无光,无东无西"等等,在其后"惟吾老君,犹处空玄寂寥之处,玄虚之中,视之不见,听之不闻。若言有,不见其形,若言无,万物从之而生"。在后文中,在混元、太初、太始、太素、九宫等世纪中,太上老君不断降临世间,创造世界万物。

　　道经《太上老君开天经》认为,不仅物质层面的存在,而且一切道德伦理等精神性的存在,都是后生的。从上文中,我们还可以推知道教创世纪的几个一般性观念:首先,认为宇宙之初是一片虚无空寂,其中或有元气存在;其二,宇宙的化生主要是秉承自然运行法则的,其中没有神灵力量的左右;其三,道教之神灵如元始天尊、太上老君并没有驾驭宇宙为己所用的绝对性意义,而是和宇宙一起创造万物的灵性存在;

---

　　[1]　《云笈七签》卷二,《混元混洞开辟劫运部》,华夏出版社,1996年,第6—10页。

其四,总的说来,这是一个"从无生有"的过程。总之,在道教宇宙论里,自然法则和神灵法则共同参与到创造人类和世界万物的过程中,在后文中我们将会揭明,这个特点也反映到教派的宇宙观之中。

二　宝卷里宇宙创生神话

明代民间宗教的早期宝卷——罗教的《五部六册》对宇宙本体和人类本性的认识是圆融合一的。罗祖在解决人类本性和宇宙本体问题的时候借鉴了佛教禅宗的说法,人人都有的"本来面目"就是宇宙的本体"虚空"、"太虚空",本(性)心相连太虚空,本来面目无一物。他所提出的"无极圣祖"是一种拟人化的说法,它不是别有一物的形而上者,不是生成一切万物的本始者。反对将本体对象化、外在化、实体化是罗祖宇宙观和本体论的特质。[1] 在此后的民间宗教义理发展道路上,没有一个教派的关于本体论的教理在思想的圆融性、深刻性上及得上罗教。

但是,民间宗教的宇宙观和本体论在思想的复杂性和糅合性上确有自己的特色。在其中,道教哲学观念、宗教思想影响的痕迹最为明显。具体来说,民间道派的宇宙本体论主要体现在它对天地万物的初始状况和演化的说明,对至尊神灵在万物创生过程中作用的说明,以及对人类由来的说明。下面即从这三个方面阐述民间道派的宇宙观和本体论。

虽然对宇宙之初的描述各不相同,但是把宇宙的起始归结为一种虚无寂寥的存在是民间宗教的共同说法,一部早期宝卷中对民间教派的批评透露出如此信息。在收圆教的宝卷中说:"如今末劫年来,修善之人专以巧言令色,不知三灾一混,以(已)无天地世界。那里有经书

---

[1]　徐小跃:《罗教·佛教·禅学——罗教与〈五部六册〉揭秘》,江苏人民出版社,1999 年,第 172 页。

文字,何人记数,倚着他口巧心灵,专说那威音王以前无极生太极,一生二,仪发三真。鸡卵前后迷混,后人不知根本始末源流。"[1]也就是说,把宇宙起始归于"无极",宇宙的发展依循着"化生"的模式,是明代中叶以来民间宗教中比较常见的见解。

收圆教之后的民间道派,其宝卷中依然采取这种做法。如黄天道的宝卷中说:"混源中,原无一相。昆仑山,不动摇,闷闷昏昏。"[2]黄天道还把它称作是"真空境界",这明显是从罗教的教义脱化而来。"真空境界"不仅是宇宙的起始状况,也是黄天道内丹修行的目标和归宿。把真空境界当作宇宙本源的说法在此后的民间道派中似乎很少见,这是否意味着随着时间的推移,民间道派受罗教思维方式的影响越来越小?黄天道的具体说法是:"真空境界,时时清净。无形无影,杳杳冥冥,忽有忽无。无相光中,有真实之相,有相形体,非是真言。"[3]

在黄天道的后续宝卷中,对宇宙起初究竟如何演化的解释就更加详细了,如言:"鸡卵乾坤,威音以前者,无极生根本,昆仑上下生一块混源之石,三万六千倾(顷)大,内生一卵,名叫混源一气。外白里青,青者,青气为天,白气为日,浊气化地。卵中生黄,哺出鸡,显出青红黄白黑,而分五气……五气而生,一杳生二仪,二仪生三才,三才生四象,四象生五行,五行生六爻,六爻生七政,七政生八卦,八卦生九宫,九宫生十千,乃从混源一气而生。"[4]所谓无极太极、混源一气、清浊天地、二仪三才四象八卦之类,是传统宇宙化生论的常见词汇,不仅如此,这部宝卷里还吸收了诸如民间流行的鸡卵乾坤等神话传说。

---

[1]　《佛说皇极结果宝卷》卷首。
[2]　《普明如来无为了义宝卷·善游步如来分第三十二》。
[3]　《普明如来无为了义宝卷·清净如来分第十四》。
[4]　《普静如来钥匙佛宝卷·钥匙佛如来开威音分第二十八》。

　　弘阳教是万历年间创立的教派,教主韩太湖对宇宙起源的解释很明显参照了以前的说法:"无天无地,虚空在前。"[1]又言:"混沌初分雾腾腾,无天无地一虚空。无有一物一汪水,先有鸿濛后滋濛。"[2]

　　韩太湖认为,宇宙之演化图式是:混沌—虚空—鸿濛—滋濛。这仍然是一个从无生有的模式。其中,"鸿濛"和"滋濛"两个概念可能是借用自罗教的《五部六册》。[3] 长生教、金丹道的说法最为干脆,言"无始以来,混沌乾坤。无天无地,杳杳冥冥"[4],或"想当初混源一气之时,那有天地佛祖,那有一切万物"[5]。

　　圆顿教是明末清初诞生的教派,由于晚出,因而具备对当时各家教理教义进行整合的可能。所以它的宝卷中讲述宇宙起源最为详尽,也最为系统,说:"经云:却说混沌初分者,混者不辨清浊,沌者以无上下,初者元初一守,分者初分杳冥,不分南北与西东,这便是混沌初分也。想当初,自从初分以来,尔时混元一气之中,杳杳冥冥,氤氤氲氲,清清湛湛,尘尘刹刹,清净本原,碻碻家乡,一物所无,纤尘不染,一尘不立,寸丝皆无,不辨清浊,雾气漫漫,混沌五千四十八载。先天真气受返以无,上下一片,寒光凝结。以后先天真气具足,一尘妄动,聚气成形,气中生极,圆光初现,从无中生有。自从无始以来,本无佛无祖,无阴无阳,无天无地,无日无月,无上无下,无东无西,无南无北,无春无秋,无寒无暑,无男无女,本无一物。"[6]

　　从"混沌初分"到"一尘妄动"类似于《大乘起信论》中所阐述的

----

[1]　《混元弘阳临凡飘高经·无天无地混沌虚空品第一》。
[2]　《混元弘阳临凡飘高经·无天无地混沌虚空品第一》。
[3]　宋军:《清代弘阳教研究》,社会科学文献出版社,2002 年,第 138 页。
[4]　《古佛当来下生弥勒出西宝卷》卷首。
[5]　《皇极金丹九莲正信皈真还乡宝卷·无为祖师明真品第十四》。
[6]　《古佛天真考证龙华宝经·混沌初分品第一》。

"自性清净心"和"无明风动"二者的关系。而从无生有、聚气成形则明显带有道教宇宙生成论的色彩。

道派关于宇宙化生的另一个特色,是把各自的至尊神灵也糅合进来,进而显示各教派的神圣起源。收圆教的教义是三佛说和云盘都斗宫说。认为"三佛治世"、"五祖当极"是根源于"混元之根",而这些佛、祖居住的云盘都斗宫是绝对无上的,因而不可毁坏、不可消弭。如果有所毁坏,那么就没有安天立地的依据了,这对他们来说是不可思议的:"盖闻三佛治世,乃混元一气之根;五祖当极,是先天鸿濛之续。……灯灯相续传千载,祖祖相传万古留。"[1] 又言:"天地万物都有败坏,止只有云盘都斗不动,云盘都斗在有毁坏,可着谁安天立地。"[2] 黄天道受到罗教的影响,把世界的本原归结为"真空境界",又用一些摹状词如"昆仑山"来指代它,而三教三世佛等神灵体系也从"真空境界"中安天立地,产生万物:"把昆山,分两半,走了当人。上按他,七分清,为了天像。下按着,三分浊,地气真灵。一个性,化三形,分成三教。三世佛,同九转,过度交宫。"[3]

在黄天道的后续宝卷中,在创世过程中,几乎把三教神灵如诸天尊、诸佛、诸祖和民间神话传说都囊括进来,其中有元始天尊、无极之母、女娲伏羲、燃灯佛、释迦佛、弥勒佛等形象。

弘阳教的至尊神是混元老祖,又称南无最乘至真老祖,又叫无极老祖,而他的小名叫南无阿弥陀,而在制造万物这个伟大的工程中,燃灯佛、东极扶桑太阳星君、西极广寒太阴星君、中极日月燃灯如来也加入进来:"无天无地,虚空在前。先有不动虚空,后有一祖出世。什么祖?

---

[1] 《佛说皇极结果宝卷》卷首。
[2] 《佛说皇极结果宝卷》卷首。
[3] 《普明如来无为了义宝卷·善游步如来分第三十二》。

祖是混元祖,宗是老祖宗,佛是治世老天。混元老祖坐在阿罗国,佛过去天,佛又是无极老祖。想无天无地,一人治世。先有鸿濛化现,后有滋濛混沌。先有鸿濛,后有滋濛。滋濛长大,结为元卵,又叫做天地玄黄。玄黄迸破,才现出治世天佛,宗祖出世。清气为天,浊气为地。一生二,二生三,三生万物。诸般都是老祖留下。"[1]又言:"尔时南无最乘至真老祖,号乃混元一气。虚无混沌,不分天地,一片虚空,未有日月星辰,不辨青黄赤黑,本显无相至真大道。一生道二,二生三真,三生万物。卦分阴阳,初分二气,天地三才,四相运转,五行功用。清气为天,浊气为地,一天一地,配就乾坤。三明四暗,所长灵苗,道分人相,普运十方万类。恒河众生,有生有死,有恶有善,有长有短,有富有贫,寿命不同。"[2]

　　金丹道的至尊神也有多种说法,在创世中称为三佛化现,又说五祖当极,又有无当真空圣祖。而经卷的开始部分则是古佛圣祖(又叫作世尊老母)讲述创造世界的始终,可知古佛圣祖也是世界的创造者。而在第七品中,有个清风道人向无为祖师请教有关天地开辟的道理,无为祖师说:"先生请坐,听吾分讲:三佛化现诸真相,五祖当极置斗星。混沌未分元一气,真空出现定浮沉。清浊判断生天地,阴阳交感产乾坤。三才四相生八卦,五行颠倒化人伦。……三教师真内中分。天皇地皇人皇氏,伏羲轩辕共神农。佛留生老病死苦,儒留仁义礼智信。道留金木水火土,三教原本是一根。"[3]该宝卷的第十四品种也有类似的言语:"无当真空圣祖将真空元气久久锻炼。无中生有,一生二,二生三,各立号名。"[4]

---

[1] 《混元弘阳临凡飘高经・无天无地混沌虚空品第一》。
[2] 《销释混元无上大道玄妙真经》。
[3] 《皇极金丹九莲正信皈真还乡宝卷・元人问道品第七》。
[4] 《皇极金丹九莲正信皈真还乡宝卷・无为祖师明真品第十四》。

综合以上两段话,我们认为这就是金丹道神灵参与下的宇宙创生模式,简单总结如下:混沌之气(真空)—清浊二气(阴阳)—天地人三才和四象(五行八卦)—三教三皇。金丹道的宇宙观既有佛教的真空宇宙观因素,又和中国传统的天道观有密切的联系。它把真空、气、理、精、阴阳、五行、八卦配成一体,形成自身的特色宇宙观。它和中国传统的道教的天道观有一个基本的共同点,即它们都具有宇宙起源的流动的观念——宇宙的形成并没有一个永恒固定的主宰,而是在流动、变化和含混中形成的。[1]

长生道则认为,先天一气结为混源石一块,崩出无生老母。无生老母自我繁衍,又派三皇五帝掌管云盘,差诸神菩萨临凡住世。我们知道,"先天一气"的概念是道教内丹学中所常谈,而长生教也主张通过内丹修炼达到长生成仙的目的。那么,把"先天一气"上升为宇宙本体论要素的做法则是把内丹学和宇宙本体论结合起来的尝试。

这种倾向在圆顿教的宝卷里也存在,反映了内丹修炼在民间道派里占据越来越重要的位置。如言:"先天一气,结成混元石一块。三万六千顷大,有红白气二道,常放五色毫光。石崩两半,化出无生老母。乃是先天一气合成婚姻,日月星辰,三皇五帝掌管五盘,化生万物。才立人伦大道。遣差诸神菩萨临凡助世。"[2]又言:"古佛治世,初始至今,灯灯相续,祖祖传经。打开混沌,劈破鸿濛。取出先天一气,运行阴阳变化。二气成形,三才治世,天地人伦,东西南北,四相分明,五行配合,万物发生。六爻凶吉。三阳三阴,七政周转,昼夜运行。八方八卦,定立乾坤。九宫立命,诸佛安身。十气具足,变化无穷。生佛生祖,先

_____

[1] 喻松青:《民间秘密宗教经卷研究》,(台北)联经出版事业公司,1994年,第229页。
[2] 《古佛当来下生弥勒出西宝卷》卷首。

天为根。生天生地,日月照临。产生男女,鼓舞乾坤。"[1]

《龙华宝经》的第一品首先说明混沌、真空之中无极天真古佛化现天地乾坤世界的道理。天真古佛"能置万物",而万物之产生又是凭借先天一气而生。先天一气和天真古佛相互配合创造世界的模式是圆顿教的一大特色:"圆明觉海,澄清之后,清浊分判。从真空中炼出一段金光,结光成体,聚气成形。光光刹刹,利利分明。化出一尊无(极)天真古佛来。乃是宝网交罗,光腾朗耀,变化多般。却是真空化现,能置万物。先天一气而生,气能生云,云能生雨,雨能生土,土能生石,石能生火,火能生光,光中化佛,一体皆同。一佛出世,化化无穷。古佛立世,直至如今。"[2]

值得注意的是,民间道派为了提升人类为"万灵之长"、"天地之秀"的地位,把人类的诞生直接追溯到至尊神灵那里。道教从无生有的宇宙化生模式在圆顿教等教派里有另外一种解释,圆顿教把"从无生有"这种模式用来说明人类的由来,它认为无是先天,有是后天。先天是无极,是真空,是天真古佛,是无生老母。无生老母产下女娲伏羲,他们是人类的始祖。他们生下九十六亿"皇胎儿",这九十六亿"皇胎儿"因此都是"佛星":"想当初混元一气之时,乃是一元复出,一气而生,一光所化,光中化佛。本无名相,号曰无极无形。无者乃是先天,有者乃是后天。从无中生有,无者佛也,乃是无极古佛所产先天。此先天者真空也,后天者天真。天者空也,真者气也,真气无生。无生为母,所产阴阳,本无名相,起名叫做女娲伏羲,乃是人能之祖。"[3]

人类的由来,是古佛化现的说法在金丹道那里也有类似的说明,只不过神灵形象换为道教的元始天尊(又叫无极之母):"自无始以来,元

[1]《古佛天真考证龙华宝经》元集卷首。
[2]《古佛天真考证龙华宝经·混沌初分品第一》。
[3]《古佛天真考证龙华宝经·古佛乾坤品第二》。

始天尊立世，即是无极之母。无极转化，威音以前，空性以后，混沌初分，赤白气两道，无日月三光，女娲伏羲治世。三皇五帝呈神农，掌立五谷，天地万物有生，立人根者，女娲伏羲也。兄妹辊磨成亲，乃是凉宗员外张第一，一娘生九种，等等各别有口，立于家眷；后次分居，立于百姓家中，支于千门万户，三千七百八十余年。至今灯灯相续，祖祖相传，一父枝叶无改变。……钥匙开开天地宝卷，细说原因。只说三世转化，不论一姓为根。元始一气，灵宝道德，三身本无二心，燃灯释迦弥勒，三佛本无二根，众生当初无你我，本是一姓之生。众生不信此样，实景衣圆样祖根，百家姓内分门户，各家立碑安祖坟，父母生下多少子，长大个个分门户，一家就分你我，比前今古相同。"[1]

在这个神话体系中，道教的"一气化三清"，佛教的"三佛三际"，中国传统的伏羲女娲、三皇五帝的传说，都被并入一个创世神话里。其基本的图式是"先天一气化现"的理论。[2]

第三节　末　世　论

各宗教神学政治理论里，末世论均是重要一环，它同样是民间宗教的主导性观念。民间宗教的"末世论"本也来自正统宗教，它吸收了佛教、道教、摩尼教、三阶教等正统宗教的素材。[3] 区别在于，民间宗教

---

[1]　《普静如来钥匙佛宝卷·钥匙佛如来开人根分第二十三》。

[2]　曹新宇、宋军等：《清代教门》，《中国秘密社会》第3卷，福建人民出版社，2002年，第266页。

[3]　马西沙和喻松青等国内学者认为民间宗教的"末世论"是受到佛教和道教的影响。详马西沙、韩秉方合著：《中国民间宗教史》，上海人民出版社，1992年，第65页；喻松青：《明清白莲教研究》，四川人民出版社，1987年，第92页。铃木中正认为，民间宗教的"末法思想"还受到三阶教、摩尼教思想影响。详铃木中正编：《千年王国民众运动の研究》，东京大学出版社，1982年，第75—81页。

末世论被赋予了更多的现实性成分,往往极度渲染末世光景的恐怖气氛。而在描绘现实的苦难生涯之后,民间宗教家随之会号召自己的宗教共同体紧迫地、奇迹般地、一次性地改变所处的社会现实。[1] 民间宗教末世论以"劫变"观念为主要表现形式,故我们也把末世论和劫变观总称为"末劫"观。研究民间宗教的末劫观,一方面要认识到它是对现实的无情否定,对现实社会政治秩序的不承认,另一方面,它也体现出对一个虚幻世界的渴盼。

一　跨宗教考察

在西方基督教语境中,末世论又称做千禧年、千年王国论(millennium/millenarianism)。基督教认为人类最终要面临"最后审判",在那个时期,基督再次降临,现实社会将变成一个灾难的世界。基督再度降临时意味着人类历史的结束,人类进入永恒之中。那是一个更完美的境界基督教《圣经》认为,末世将至,天国将进行一场"大收割",敌视基督的将要被除去、消灭,人类将要分成善人和恶人接受赏赐和惩罚,旧的世界将要毁灭。

《圣经》中还叙述了末世来临的一些征兆,如好讥诮者不相信、不法事件增多、有火焰从天上降下等等。面对这种变故,基督徒应该儆醒、勤劳做工、心存盼望、过圣洁生活、等候永生。所谓的"千禧年"就是基督消灭敌基督之后要在地上掌权一千年,在这段时间内,基督要和复活了的圣徒一同作王。末世审判之后,信主的人经过审判得以上天堂,不信主的要沦落于地狱,失去一切有意义的事物。有一种说法认为,民间宗教的末世论信仰是欧洲古代宗教的"千年王国"思想,经过

---

[1]　三石善吉:《中国の千年王国》,东京大学出版会,1991年,第23页,"千年王国の指标"。

摩尼教等教传播到中国,后来被白莲教所吸收而形成的。[1] 不过提出者没有更多的证据表明这种文化传播的可能性,姑备一说。

实际上,中国本土思想中也有类似的观念。劫,在我国典籍中最初有"劫持"、"迫胁"等义,所谓"人欲去,以力胁止"[2]。其引申义有灾难的含义。转注为夺取之义。如《说文解字》说"以力去曰劫",如《荀子修身》说"劫之以师友",这里的劫就是"夺去"的意思。中国思想背景中的"劫"和"末世"首先投降的是对"天堂"或美好世界的向往。

欧大年指出,在中国人的思想和宗教中,天堂信仰有着悠久的历史,其中有一些是倾向于来世的,而大部分则关心的是此岸世界重建的理想。[3] 在马王堆出土的帛画上,上层的天界有主神,以及金乌、扶桑、蟾蜍与龙,中层世界是墓主及其仆从,下层世界是两条大鱼和巨人擎举大地。帛画上的上层世界昭显出汉代中国人对天堂世界的向往。一些考古出土的汉代铭文语句也透露出这种意思,如对于神仙世界的企盼:"千秋万岁","与天相寿,与地相长","尚方作镜真大巧,上有仙人不知老,渴饮玉泉饥食枣,浮游天下遨四海,翡(飞)回名山采芝草"。[4]

儒家有一种观念,认为人类的美好世界存在于过去,此即《礼记·礼运》篇所谓的"大道之行"、"礼运"(礼治的运行)。孔子说:"大道之行也,与三代之英,丘未之逮也,而有志焉。"孙希旦解说道,大道之行,谓五帝时也。三代之英,即下言禹汤文武成王周公是也。孔子登高远

---

[1] 濮文起主编:《中国民间秘密宗教辞典》,四川辞书出版社,1996 年,第407 页。

[2] 朱骏声:《说文通训定声》,中华书局,1984 年,第 151 页。

[3] 欧大年:《中国民间宗教教派研究》,刘心勇等译,上海古籍出版社,1993 年,第 166 页。

[4] 转引自葛兆光:《中国思想史》第 1 卷,复旦大学出版社,1998 年,第 331 页。

眺,有感于鲁国的衰微,而思得位行道,以返唐虞三代之治也。[1]

　　那么,孔子的理想世界是何种面目呢?《礼记·礼运》:"大道之行也,天下为公,选贤与能,讲信修睦。故人不独亲其亲,不独子其子,是老有所终,壮有所用,幼有所长,鳏寡孤独废疾者皆有所养。男有分,女有归。"儒家提出的理想社会构想是以对远古之世追忆的方式进行的。这种向后看的政治思维方式的着眼点是改良现实社会。但是对于广大民众而言,这种向后看的政治期盼不符合他们的思维特点。《墨子》一书中也有对理想世界的虚拟,认为现实的政治状况是不良政治,"天下治乱,至若禽兽然"[2],应该遵循"天意"所拟定的政治道德秩序,"当天意而不可不顺,顺天意者,兼相爱,交相利,必得赏;反天意者,别相恶,交相贼,必得罚"[3],因为天的意志是"欲人之有力相营,有道相教,有财相分也"[4]。

　　"劫"在佛教义理中是个非常重要的概念。梵语 kalpa,原为古代印度婆罗门教极大时限之时间单位。婆罗门教认为世界应经历无数劫,人类道德亦日趋低落,若争斗时结束即为劫末,世界即将毁灭。佛教沿之,而视之为不可计算之长大年月。佛教对于"时间"之观念,以劫为基础,来说明世界生成与毁灭之过程。有关劫之分类,诸经论有各种说法。《法苑珠林》起首就讨论了劫的名义及其主要内容:"夫劫者,盖是纪时之名,犹年号耳。"[5](《法苑珠林》劫量篇第一说,劫灾有二,一小二大。接着讨论了小三灾,分六个部分讨论了末世的疫病、刀兵、饥馑等灾难的表征。第二大三灾,讨论了宇宙"成、住、坏、空"。)

---

　　[1]　孙希旦:《礼记集解》卷二十一,中华书局点校本,1989年,第581—582页。
　　[2]　《墨子·尚同上》,吴毓江:《墨子校注》上,中华书局,1993年,第109页。
　　[3]　《墨子·天志上》,吴毓江:《墨子校注》上,中华书局,1993年,第294页。
　　[4]　《墨子·天志中》,吴毓江:《墨子校注》上,中华书局,1993年,第303页。
　　[5]　《法苑珠林》卷一,《大正藏》T53事汇部上,p.269.3。

　　在佛教的宇宙论中,一个世界之成立、持续、破坏,又转变为另一世界之成立、持续、破坏,其过程可分为成、住、坏、空四时期,称为四劫。在住劫时,战争、疾病、饥饿这样的"小三灾"发生。坏劫时,器世间坏,有火、水、风等三灾,称为大三灾,以别于前说之小三灾。

　　"三世"说也来源自佛教。三世,又作三际,世为迁流义,乃过去世(过去、前世、前生、前际)、现在世(现在、现世、现生、中际)与未来世(未来、来世、来生、当来、后际)之总称。佛教中围绕着"三世"这个概念有多种说法。如"三世因果",认为过去之业因招感之现在果报,此种三世因果应报之理即称三世因果;如"三世佛"的概念,认为出现于三世之佛,则称三世诸佛。在佛教成立的当时,释迦牟尼佛称为现在佛,在释迦牟尼佛以前的一切佛称为过去佛,在释迦牟尼佛以后成佛的称为未来佛。三世诸佛,统指出现于三世的一切佛。

　　《隋书·经籍志》卷三十五论三世、三佛之说,可以代表中国人对佛教三世说的理解。其文云:"天地之外,四维上下,更有天地,亦无终极,然皆有成有败。一成一败,谓之一劫。自此天地已前,则有无量劫矣。每劫必有诸佛得道,出世教化,其数不同。今此劫中,当有千佛。自初至于释迦,已七佛矣。其次当有弥勒出世,必经三会,演说法藏,开度众生。……每佛灭度,遗法相传,有正、象、末三等淳醨之异。年岁远近,亦各不同。末法已后,众生愚钝,无复佛教,而业行转恶,年寿渐短,经数百千载间,乃至朝生夕死。然后有大水、大火、大风之灾,一切除去之,而更立生人,又归淳朴,谓之小劫。每一小劫,则一佛出世。"这代表了儒生立场上的认知。

　　三阶教是佛教流派之一种。佛教按"时"、"处"、"机"(指人)分为三阶:以第一阶为正法时期,"处"为佛国,其"机"唯有佛菩萨,所修持者为大乘一乘佛法;第二阶为像法时期,"处"为五浊诸恶世界,"机"为凡圣混杂,流行大小乘(三乘)佛法;第三阶为末法时期,"处"为五浊诸恶世界,然人皆邪解邪行。信行以为当时已进入第三阶之末法,人仅为第三阶之不持戒失正见者而已,若依据第一阶之一乘、第二阶之三乘等别法来修行,实甚困难,故必须依第三阶之普法,归依一切三宝,断除一切恶,修持一切善,始易有成。此即三阶宗之根本主张。

摩尼教的有关思想也对民间宗教末世论有重要的影响。摩尼教又称末尼教、牟尼教、明教、明尊教,为三世纪时波斯人摩尼糅合古代波斯之琐罗亚斯德教(又称祆教)及基督教、佛教思想而成立之宗教。摩尼教的根本教义是"二宗三际"说。二宗指的是光明和黑暗;"三际"指的是初际、中际和后际,代表着过去世、现在世和未来世。摩尼教约于六至七世纪传入我国新疆地区,复由新疆传入漠北之回纥,而盛行于该地。唐代宗大历三年(768),应回纥之请,于江淮等地建立摩尼寺。唐武宗会昌五年(845)灭佛时,摩尼教亦遭严重打击,转而成为秘密宗教,并吸收道教及民间信仰,从而改称明教。明教因相信黑暗就要过去,光明即将来临,故敢于造反,屡有反政府之举。自北宋末年起,浙江、江西、安徽等地,皆曾发生明教造反之事。其后明教又与弥勒教、白莲社相结合,而演变成明代末年之白莲教。明教一词至清代虽已不复见于文献,但"明王"出世之说及三世的观念仍然流传于民间。

民间宗教的末劫思想更受到道教末世论的影响,此点尚未有学者进行探讨。

虽然道教的终末论吸取了佛教的部分内容,例如关于理想佛国的描绘、圣君开太平盛世等,但道教也有自身的特色,例如劫灾本身有净化伦理秩序的功用、种民种臣得到拯救等思想。笔者认为,比起具有浓厚南亚风土色彩的佛教终末论,道教的终末论更适合中国传统思考方式。东晋时期的上清派、灵宝派、葛氏道派都已经形成了完备的关于劫灾的思想。我们可以从属于上清派的《真诰·甄命授》，属于灵宝派的《女青鬼律》，属于葛氏道派的《灵宝赤书五篇真文》和《太上洞玄灵宝赤书玉诀妙经》中，看到道教传统上关于劫灾思想的一般性论述。道教的劫灾思想吸收了中国传统思想中的部分内容如刘歆《三统历》的内容和佛教"劫"的观念。[1]

《太平经》里提出一种神仙世界的设想，认为在那个世界里，"行仰善，与天地四时五行合信，诸神相爱，有知相教，有奇文异策相与见，空缺相荐相保，有小有异言相谏正，有珍奇相遗，共进于天神"[2]。这种神仙境界无疑是道教内部对美好的未来世界形象化。《太平经》还认为如果国家治理混乱，上天将会予以谴告："帝王其治不和，水旱无常，盗贼数起……民皆上呼天，县官治乖乱，失节无常，万物失伤，上感动苍天，三光勃乱多变，列星乱行，故与至道可以救之者也。"[3]

《太上洞渊神咒经》是阐述道教劫灾观和末世论最重要的经典。《太上洞渊神咒经》的序中，杜光庭所谓"西晋之末，中原罹乱"，饥馑既至，瘟疫流行，点出了该部道经创作的历史背景。[4] 道士王纂常以阴功济物。全书以六十甲子言劫运循环，大劫降至，治王不整，人民呼嗟，风雨不时，五谷不熟。叛乱背理之事常见。《太上洞渊神咒经》通过"道言"向民众许诺，在未来的时代中，"当来真君"来临时，他们对生活状况改变的要求将会实现，理想天国将建立起来，这个天国将由圣贤、仙人和道士治理。欧大年认为："渴望由集政治与宗教角色于一身的

---

[1]　小林正美：《六朝道教史研究》，四川人民出版社，2000年，第388页。
[2]　王明编：《太平经合校》，中华书局，1960年，第538—539页。
[3]　王明编：《太平经合校》，中华书局，1960年，第23页。
[4]　《太上洞渊神咒经》，《道藏》第6册，第1页。

领袖建立理想世界,这是教派末世思想背景的一个重要方面。"[1]道教内部认为,在不久的将来,世界会发生巨大的变化,导致灾难频现,天地崩坏,所有的恶人都要死去,只有道德上的尊贵者(种民和种臣)才得以保存,劫灾之后也会新出现太平盛世的圣君。"妖氛自灭,兵革不兴,君臣有道,龙德相扶,天下太平,恒居禄位。"[2]

王悬河编《三洞珠囊·劫数品》引《上清三天正法经》,把天地的运行分为大小劫,"天圆十二网,地方十二纪"当天运转三千六百周,地转动三千三百度时,阴盛阳消,此时谓之小劫。而"天运九千九百周为阳蚀,地转九千三百度为阴勃;阳蚀则气穷于太阴,阴勃则气谋于太阳,故阳否则蚀,阴激则勃,阴阳蚀勃则天地改易。天地改易,谓之大劫",大小劫之交都会发生灾难,小劫之交时,"万帝易位,九气改度","凶秽灭种,善民存焉"。大劫交之时,则"天翻地覆,海涌河决,人沦山没,金玉化消,六合冥一,白尸漂于无涯","五帝科简于善恶","万恶绝种,鬼魔灭迹,八荒四极,万不遗一"[3]。

小林正美归纳了东晋时期道教终末论的一般特征:(1)今世的政治、社会都已混乱,战争和灾害多,人们缺乏道德心,确是末世的情况;(2)此世的终末是基于天地运行的法则,在不久的将来必然要发生的,所以依靠人力不能回避;(3)在终末时,必定发生大灾害,天地崩坏,这大灾害主要是洪水;(4)大灾害后,必定有救世主(金阙后圣帝君、神仙君)在新的地上出现,以开太平之世;(5)由于大灾害,恶人都将死灭,只有种民和种臣可以免死延生到太平之世的到来;(6)能成为种民和

---

[1] 欧大年:《中国民间宗教教派研究》,刘心勇等译,上海古籍出版社,1993年,第167页。

[2] 《太上洞渊神咒经》,《道藏》第6册,第41页。

[3] 《三洞珠囊·劫数品》,《道藏》第25册,第353页。

种臣的数量是有限的,只有积善行者,实践一定长生术者,还有持有特定护符者,才会被选为种民或种臣。终末论对于道教徒来说,是以宇宙论和历史观为根底的一种救济论。在不久的将来,天地崩溃的大灾难必定会发生,在那时能被救济而迎来太平之世的人,只有笃信道教的种民和种臣。这样就为道教的信奉者开辟了一条救济之路。[1]

可以看出,道教末世论在对末世灾难状况的认知、末世之为天地运行法则、末世时期的人类道德状况、末世后之神灵拯救、末世救济的种民选择观念等方面,的确更富于中国本土思维方式。在后文中可以看到,民间宗教的末世论固然是受到佛教之启发而产生的,然而以道教思想观念的影响为大。

我们还需要提及道教的"三世"说。道教认为,世界在空间上可以分为连续不断的三个时间段,这就是过去、现在和未来,这就把"三"的模式清晰地表达出来了。道教中说:"一,过去者,过之言度,去之言往,谓已往已度也。二,见在者,见之言显,在之言存,谓显在于今也。三,未来者,未言未萌,来言将兆也。通言世者,以代谢为义。有为之法,代故以新也。"[2]这说明,至少在民间宗教的"三世观"之前一千年,道教中也存在和佛教类似的"三世"之说。这种更中国化的三世思想观念,和后来民间宗教的三世观更为接近。

二 三元的模式

民间宗教最主要的观念是末世论。我们已经说过,这种末世论吸纳了佛教、道教、摩尼教、三阶教等各种在中国这块土地上曾经出现并且在下层社会里流行的宗教类型的末世论观念。但是民间宗教末世论

---

[1] 小林正美:《六朝道教史研究》,四川人民出版社,2000 年,第408—409 页。
[2] 《道教义枢》卷九"三世义第三十二",《道藏》第24 册,第833 页。

也有自身的特色。

　　道派末世论的核心观念是"三"个世界模式（见下表）：

	过　去	现　在	未　来
佛名	燃灯（老君）	释迦佛	弥勒（儒童）
阳名	青阳	红阳	白阳
莲名	三叶金莲	五叶金莲	九叶金莲
极名	无极	太极	皇极
劫名	庄严劫	贤圣劫	星宿劫
会名	龙华初会	龙华二会	龙华三会

　　笔者认为，民间宗教的三世说在思维模式上承自传统宗教，然而在三世之名称、三世论术语、三世与神灵救度关系方面，独创的成分居多。例如青阳、红阳、白阳的三阳说，三叶、五叶、九叶金莲说，都是前人所未提出的，下面分别略作解释。

　　其一，关于"三佛"。民间宗教里有"三佛"之说，宣称过去燃灯古佛、现在释迦文佛、未来弥勒佛分别掌管人世间，这在民间宗教里几乎成为一种"通说"了。自从弥勒净土说传入中国，傅大士宣称自己是弥勒佛下世以后，历代都有人宣称自己是弥勒佛，成为古代社会农民革命的模式之一。三佛说以黄天道的说法比较典型。如《普明宝卷》认为："过去燃灯混源初祖安天治世，立下三元甲子。乃是三叶金莲。……又说见在古佛，接续先天，另换乾坤世界。……皇极古佛，本是圣人转化，全真大道，乃是在家菩萨悟道成真。"[1]此外，《普静如来钥匙佛宝卷》也说："三世佛，轮流转，掌立乾坤。无极化，燃灯佛，九劫立世；三

---

　　[1]　《普明如来无为了义宝卷·普明无为了义如来分第三十六》。

叶莲,四字经,丈二金身。太极化,释迦佛,一十八劫立世;五叶莲,六字经,丈六金身。皇极化,弥勒佛,八十一劫;九叶莲,十字经,丈八金身。"[1]

因为民间宗教主要是批判现在世,而他们对现在世的评价是最低的,从而现在世之佛——释迦佛一下子从民间信仰里的神圣无上地位变为狠毒心肠的神灵,教派宝卷言道"燃灯佛子,兽面佛心;释迦佛子,人面兽心;弥勒佛子,佛面佛心"[2],以及"释迦立教治世,今人穿红着绿,贪财爱利,世代流传,做贼为非……皆是那偷花之报也。害尽世间众生受苦……儒释道三教,然灯归家了。释迦偷我花,治世出贼盗"[3]。

我们应该特别注意民间宗教对释迦佛形象的这种解释。它提醒我们,在对待正统宗教的时候,民间教派并没有采取敬若神明的态度,而是根据自身教义敷衍的需要,任意解释。

三佛说的另外一种是"老君"、"释迦"、"儒童"三位菩萨。如《佛说定劫宝卷》中说:"原身阿弥陀佛即是老君现。见众生迷失真性,不知正道修行,老祖降下……儒童孔夫子即是弥勒尊佛。下降南阁,七返天宫,留下仁义礼智信。"

其二,关于"三阳"。三阳说以弘阳教的说法最为典型。"弘阳法者,现在释迦佛掌教,以为是弘阳教主。过去清阳,现在弘阳,未来才是白阳。"[4]和其他道派有所差异,弘阳教对现在世特别看重,原因是认为教主韩太湖就是释迦牟尼转世。说:"治德文佛,悲悯浊世,临转云

---

　　[1]　《普静如来钥匙佛宝卷·钥匙佛如来开三乘分第十八》。
　　[2]　《普静如来钥匙佛宝卷·钥匙佛如来开三乘分第十八》。
　　[3]　《古佛当来下生弥勒出西宝卷·扫灭文才品选十四》。
　　[4]　《混元弘阳临凡飘高经·混元教弘阳中华经序》。

空,广平地界,俗居韩门。"[1]关于三阳说,有的学者认为是受到传统思想的影响。[2]

其三,关于"三莲"。三莲说以金丹道的说法最为典型,莲花之说取自净土宗。金丹道的宝卷以莲花为象征,使之贯穿三世。说:"老母灵山亲吩咐,度尽残灵赴瑶台。天宫设下红莲会,久等诸佛赴会来。无太皇极同一体,九叶金莲朵朵开。""尔时古佛圣祖升于太皇天,万寿宫内设一会,名曰三五九莲天华会。""有志人,守玄门,巍巍不动。保守着,无为法,各续师灯。见在的,五叶莲,堪堪待绽。未来的,红莲蕊,出土发津。"[3]

我们看到,"金莲"、"红莲"的说法有鲜明的教派特色,故而对以后的民间宗教影响甚大,如明末清初的圆顿教宝卷《销释接续莲宗宝卷》中也说:"燃灯佛会下,三叶青莲总引,度下三会人天,驾定法船,同登彼岸;释迦佛会下,五叶红莲总引,度下五会人缘,驾定法船,同登彼岸;弥勒会下,九叶金莲总引,度下九会人天,驾定法船,同登彼岸。"

其四,关于"三劫"。在佛教中,过去、现在、未来等三世之三大劫中,过去之大劫称"庄严劫",现在之大劫称为"贤劫",未来之大劫称为"星宿劫"。民间宗教继承了佛教的说法,而又和"三极说"相配,加以新的解释,称之为无极庄严劫、太极贤圣劫、皇极星宿劫。这一切劫数又都是教派神灵"无当真空圣祖"锻炼真空元气而成,所谓"想当初混源一气之时,那有天地佛祖,那有一切万物。无当真空圣祖将真空元气,久久锻炼。无中生有,一生二,二生三。各立号名:无极庄严劫、太

---

[1]　《混元弘阳中华宝忏·弘阳宝忏中华序》。

[2]　庄吉发:《真空家乡:清代民间秘密宗教史研究》,(台北)文史哲出版社,2002年,第422页。

[3]　以上分别见《皇极金丹九莲正信皈真还乡宝卷》的《古佛太皇演教品第一》、《谨领圣意云童回宫品第二十三》。

极贤圣劫、皇极星宿劫"[1]。又说:"无极会下五十三佛,掌领庄严劫,过去天盘;太极会下三十五佛,掌领贤圣劫,见在天盘;皇极会下三百三十佛祖、一百零八位菩萨,掌领星宿劫,未来天盘。"[2]

其五,关于"三极"。此以收圆教的《佛说皇极结果宝卷》说得最为明确:"无极生太极,太极炼皇极,皇极炼无极,三极轮转……无极会燃灯佛,掌青阳教,立玄炉,曾在皇极会摄顶光而锻炼成三叶金莲,转九劫,贤圣以前过去了;太极会释迦佛,掌红阳教,曾在无极会内摄身光而入玄炉,锻炼五叶金莲,转十八劫;人缘上有皇极会,是弥勒佛掌白阳教,要治那八十一劫,贤圣立玄炉,摄内光而锻炼那九叶金莲。"[3]

其六,关于"龙华三会"。佛教中本有"龙华三会"之说,然而佛教认为弥勒佛未下生之前,尚须经历长久的时间。而民间宗教末世论里的"龙华三会"说,则谓弥勒佛降要下生了,应该遵循某教、某道、某门等等。"龙华三会说",以圆顿教的说法最为简单直接:"燃灯佛,三叶青莲开放,乃是龙华初会;释迦佛,五叶红莲开放,乃是龙华二会;弥勒佛,九叶金莲开放,乃是龙华三会。"[4]

民间宗教的"三世"模式来源甚早,得自各种思想体系,包含了诸多复杂内容。正如喻松青认为:"将历史分成过去、现在、未来三大阶段的三世说,在中外思想史的领域中,是一种很普遍的观点。在中国佛教史上,三世说出现很早,魏晋南北朝时流行的龙华三会说,实即后世民间秘密宗教中三世说的滥觞。后来又有三阶宗的三阶说、摩尼教的二宗三际说。儒家的公羊学派也提出三世的说法,于汉代十分流行,它

---

[1] 《皇极金丹九莲正信皈真还乡宝卷·无为祖师明真品第十四》。
[2] 《皇极金丹九莲正信皈真还乡宝卷·谨领圣意云童回宫品第二十三》。
[3] 《古佛天真考证龙华宝经·混沌初分天地品始》。
[4] 《古佛天真考证龙华宝经·龙华相逢品第二十》。

对民间秘密宗教,也很有影响。"[1]

　　的确,民间宗教的三世模式受到以前思想的影响,但又对之进行整合。它把佛教的三佛、三劫和道教的三清、三极、三世,以及民间信仰中的"莲花"意象和社会中"三教圣人"的传统说法,巧妙地联合在一起。"三"的模式以当下的现在为基准,以过去、现在、未来为思虑之框架,能够简单直接地印证人们的生活感觉。民间宗教宣言现在世马上就要过去了,这个过去的时间基点或者就在近期的某年某月某日。而现在状况是劫难之时,应该急速地投入到改变人生现实的过程中。

三　末世与解脱

　　笔者注意到,民间宗教里的末世说具有明显的道德惩戒因素。在它们的教义里,现实世界是道德堕落的,因其道德堕落,所以要进行一个"改天换地"的工程。这非常符合中国人以伦理为本位的思想观念,尤其是无权无势的普通民众的道德批评传统。正如早期收圆教宝卷中所说:"若不着三灾八难,修福的就不如堕业,行好的只不如行歹。"[2]

　　接下来笔者以万历年间问世的长生教宝卷为例说明教派对末劫之世的道德批评立场。在长生教意识中,末劫之世的现实状况是普通人迷失本性,吃酒吃肉,不肯"回家",不信奉教门"正道",所以天上神灵要降下世消灭"恶人":"可叹迷失众生,饮酒食肉,不肯回心。在世众生,人心万恶,不信正道。天遣魔王下界,收灭中华恶人。"[3]

　　对于"善人",教派要度其"回宫";对于"恶人",教派要不计手段、

---

　　[1]　喻松青:《民间秘密宗教经卷研究》,(台北)联经出版事业公司,1994年,第158页。
　　[2]　《佛说皇极结果宝卷》卷首。
　　[3]　《古佛当来下生弥勒出西宝卷·玉佛嘱咐品选第二》。

不惜代价将其消灭。所以事先要进行一番鉴别善恶的工作,所谓"为善将事报分明,造孽作恶诸灾临。诸般都要看仔细,善恶不差半毫分"[1]。宝卷中又言:"尔时弥勒古佛解开布袋,放出金玉乾坤世界。今当发愿救度末劫迷失众生,传留圆顿正教。南方宝生佛叩拜曰,弟子下凡,先收何处人民? 儒童玉佛将承天书展开观看,先度贫难苦女,后差魔王下界,搅乱中华。又放刀兵瘟疫灾星,四面一起,八方齐杀,须要仔细观察,灭恶化善。持斋把素,修炼长生正法,指点通天大路归家。"[2]

　　那么,在教派的立场上看,何者为善,何者为恶呢? "善"在它们的观念中被直接等同于信奉其教义把斋吃素等等,带上浓厚的教门色彩。教派之"恶"的观念实际上和社会上认为的"恶人",标准是一致的,包括腐败的官吏(办事不清,贪图名利,毫无慈心,百般屈断,陷害良民,有钱以屈为直,无才真直是屈)[3]、无良的富豪(倚势欺贫,买卖不公,欺侮良民,小斗量出,大斗量进,盘算重利,多挖银钱,不知穷苦,无有慈心。不信天堂正路,转行地狱邪门。不爱奴婢,喝骂非轻。日思夜想,盘算强霸田地山林。全无行善之意,常有作恶之心。强占妇女,毁谤善人)[4]、不遵礼义道德的知识人(断绝仁义礼智信也,仁不杀生,义休偷盗,礼弗邪淫,智莫嫉妒,信戒酒肉,五常全无,怨天恨地,不敬日月,弗忠君王,不孝父母,弗敬师长)[5]、倚势欺压百姓的军人(倚称军势,强抢劫夺,白日强奸,哄骗妇女,劫财盗物,故杀良民,行凶作恶,陷害善

---

　　[1]《古佛当来下生弥勒出西宝卷》卷首。
　　[2]《古佛当来下生弥勒出西宝卷·玉佛诏请品选第四》。
　　[3]《古佛当来下生弥勒出西宝卷·公吏不清品选第六》。
　　[4]《古佛当来下生弥勒出西宝卷·富豪倚势品选第七》。
　　[5]《古佛当来下生弥勒出西宝卷·秀士骂风雨品选第九》。

人)[1]、不遵清规戒律的出家人(饮酒食肉,犯戒违法,亦为商贾,或做偷盗,又为医生,告状兴讼,趁奉官府,倚势欺人)[2]。

长生教认为,这些"恶"人在末劫之世也非无路可走,只要"回心向善、兴归皇极正道,修学长生法门"就可以获得解脱。

其二,民间宗教认为,末世来临有其必然因素,这就是遵循宇宙运行之法则。当然,这种宇宙运行法则不是自然界的客观规律,而是教派自身一手拟定的。各个教派的教义不一样,其所宣讲的宇宙运行法则也千差万别,所使用的术语也五花八门,有言"天有岔声"[3]的,有言"斗星乱滚,万物不活"[4]的,有言"诸症皆侵"[5]的。《皇极金丹九莲正信皈真还乡宝卷·天人证道品第十》则非常详细地讨论了三佛及三劫的时间:"过去佛掌了十万八千年,见在佛该掌二万七千年,未来佛该掌九万七千二百年,三佛掌过无当差官,通共一百单八劫,一十令七莲,一百单八天,三家通用九十六亿元来客,三佛共掌二十三万二千二百年,三元造就古册。"[6]

此外,《三教应劫总观通书》,以燃灯佛、释迦佛、未来佛为三劫。有天盘三副:过去是燃灯佛掌教,每年六个月,每日六个时;现在是释迦佛掌教,每年十二个月,每日十二个时;将来是未来佛掌教,未来佛即是弥勒佛,每年十八个月,每日十八个时。[7] 民间宗教里还有干支末劫年(《转天图经》、《五公末劫经》)、闰八月的宗教末劫论等以宇宙法

---

[1]《古佛当来下生弥勒出西宝卷·军马出征品选第十一》。
[2]《古佛当来下生弥勒出西宝卷·僧道受劫品选第五》。
[3]《混元弘阳临凡飘高经·敞天祖做事品第二》。
[4]《皇极金丹九莲正信皈真还乡宝卷·香莲真人助道品第十一》。
[5]《古佛当来下生弥勒出西宝卷·玉佛嘱咐品选第二》。
[6]《皇极金丹九莲正信皈真还乡宝卷·天人证道品第十》。
[7] 庄吉发:《真空家乡:清代民间秘密宗教史研究》,(台北)文史哲出版社,2002年,第416页。

则为末劫时到来标准的观念,这部分内容主要依据民间对年历及干支的信仰,具有浓厚的迷信因素。因学术界已有成熟的论述,此处从略。[1]

教派中还认为,末世来临之部分原因要归于人类迷失本性、不肯"回家"的人生状态,如言"一个个沉迷东土,倘然末劫至近,怎躲轮回之苦"[2],以及"末法众生,只管贪酒色财气,全不怕失却人身。一时失却,万劫难逢。此时若不下手,转来又堕迷津。佛言普劝诸人,何不回光返照,直下承担,管取本来面目"[3],或言"大地群迷,妄认假相为自根本。失其本来真面目而归源。流浪婆婆,坠落苦海。出窍入壳,转转不觉。药师如来,末法之代,至于今日"[4]。

当然,给读者留下最深刻的印象的是民间教派对末劫世界灾难的描写。这是一个充满苦难的世界。在末劫社会,各种灾异频现,粮食减产、疾病横行、水灾旱灾频繁发生,所谓"五谷少收,邪魔难挡。妖异成群,人民难过。再多瘟疫瘫痪,痢疾痧症。……疾病刀兵,水火风灾,一切皆至"[5]。该宝卷提出有"大抽之劫"和"小抽之劫"的不同。"小抽之劫"是"军马相侵"的景象:"是从唐后受过灾星,如今以到,末劫来临。奉劝大众,吃素要紧,可救自身。小抽多杀戮,刀兵共瘟疫。若要免此灾,持斋勤念佛。"[6]而大抽则是"改天换地般的景象":"大地众生,遭其涂炭。山崩地裂,鬼哭神嚎。三光掩了,日月不明。天上人间,

---

[1] 庄吉发:《真空家乡:清代民间秘密宗教史研究》,(台北)文史哲出版社,2002年,第422—428页;喻松青:《〈转天图经〉新探》,《民间秘密宗教经卷研究》,(台北)联经出版事业公司,1994年。

[2] 《弘阳叹世经·叹世人呆痴不回头品第二》。

[3] 《药师本愿功德宝卷·弥勒菩萨分第二十品》。

[4] 《药师本愿功德宝卷》卷首。

[5] 《古佛当来下生弥勒出西宝卷·玉佛嘱咐品选第二》。

[6] 《古佛当来下生弥勒出西宝卷·指点末后品选第十七》。

黑暗九年,黑蛇化成龙,更变世界。万姓都死尽,人民灭亡,先取江左,次收江右。亲下江南,安立江北。青马冲天,圣人出世。旧主千秋,登三清位,天下青龙,一半化猴,赤鸡斗北。燕南甚苦,吴越难当。秦楚大败,汉地安藏。天下大动,五方不安。黄犬作耗,白虎来是。老少俱灭,军民尽亡。九女共一夫,黑虎下天庭。青龙出世,赤马年定太平,俱成圣境。古佛普度皇胎子女,归投儒教,替天行化,修学长生。性理斋持,戒杀放生,学做好人,紧定置立法门。男女长寿,都可成佛。富贵和平,不种有收,以成黄金世界。寿活八万一千年,永劫不坏也。"[1]

本品后有《一剪梅》唱道:"如今末劫动刀兵,痨病灾难,瘟瘟相侵。夫妻不顾各逃生,多受饥窘,有屈无伸。五百年前不肯修,罪孽临身,自造灾刑。爹娘儿女悲哭伤,无处逃奔,大地遭瘟。末劫相投吓杀人,黑暗乾坤,日月不明。两银斗米受饥荒,八方齐动,到处弗宁。五鬼天魔又下界,大乱世间,妖怪吃人。数年五谷不丰登,缺粮饥寒,又遭刀兵。南北两直十三省,闹闹哄哄,人受灾星。弥勒古佛显神通,捉怪拿精,收魔逼神。八方宁静都安乐,修行办道,五日申文。走马传道到处行,了道回宫,齐赴云城。一百八祖显神通,齐了三乘,还佛愿心。连泥带水上船登,一扫无存,鳌鱼翻身。"[2]

又引《驻马听》的曲调,极力渲染劫难及救度:"圣母传宣,大地诸佛赴玄关。天降下无穷圣水,冲倒须弥,贯满三千。人人遭劫难逃难,哭叫皇天,泪涌如泉。三极佛子,高登北岸。""圣火临凡,烧了三千及大千。五湖四海,虾蟹鱼龙,无处潜藏。山河大地一齐炼,火里生莲。炼就金丹,清凉宝地,永无灾难。""老祖开山,一阵黑风满世间。东西无月,南北无天。凡圣交参,精邪魔鬼随风现。刮倒天关,不见人缘。

---

[1]　《古佛当来下生弥勒出西宝卷·大抽白虎品选第十八》。
[2]　《古佛当来下生弥勒出西宝卷·大抽白虎品选第十八》。

三极佛子,收入云城里面。""水火风灾,天降临凡一齐来。大千沙界,四大神洲,顷刻而歪。三极老祖从安派,赴了香斋不三灾。超出苦海,亲见当来世界。""古佛收源,总了诸真绪九莲。不见三灾八苦,闯出南阎圣宝山前。皇极老母,来把金丹散。十万八千大千三千沙佛赴会,同到弥勒内院。"[1]

　　已经有很多学者指出,民间宗教的劫灾说有很强烈的现实色彩。笔者认为,以下这句话最能够说明这个问题:"末劫年,人受难,千生万死。……十三省,两直隶,旱涝不均。"[2]

　　虽然世上发生了劫难,乃至天地崩坏,乾坤颠覆。但是有一个地方是安稳的,这就是民间宗教的最高境界,或叫它都斗宫、无生地,或称做云盘、弥勒内院。这个地方是教徒的依据,是永远安稳的宝卷里说道:"天地万物都有败坏,只有云盘都斗不动,云盘都斗在有毁坏,可着谁安天立地。"[3]

　　在教义中,有这样一种观念,这就是认为末劫之世灾难来临具有二重属性。一方面,它给人世带来了灾难,造成巨大的破坏;另一方面,教派提供一条"出身之路"——皈依教派和依照教派的规定自我修炼。在民间宗教那里,这种解脱之路更多的情况是依靠"金丹"这种"自力解脱",有的教派注重于"无生老母"派发神灵下世救度这种"外力"的解脱。所谓"我佛大慈大悲,观见失乡儿女无个归家之路。况此末劫年来,此时要不顾盼来家,失此机会,以后沉沦,无了无休。哪里再有这个时候"[4]。也就是说,末劫世界给"失乡儿女"提供了一个"来家"的

[1]　《皇极金丹九莲正信皈真还乡宝卷·香莲真人助道品第十一》。
[2]　《普静如来钥匙佛宝卷·钥匙佛如来末劫分第五十》。
[3]　《佛说皇极结果宝卷》卷首。
[4]　《佛说利生了义宝卷》上卷,卷首。

机会,如果错失了这个机会,以后就再也不能"回家"了:"无为设立云盘鼎,万法皈聚宝台。三十二天俱那动,古佛设教另安排。云街万寿传佳信,天花接引众婴孩。通关牒文随身宝,答查对号赴云街。躲了三灾合八难,脱了凡胎入圣胎。"[1]

四　未来世界构想

庄吉发认为:"明清时期的民间秘密宗教,吸取了佛教劫数内容后,极力宣传劫变思想,使劫灾观念成为否定物质现实世界的思想观念。"[2]实际上,民间宗教的末世论呈现出对现实世界和美好世界的双重非物质、虚构化,而这种非物质化、虚构化中又投下现实世界的影子。在民间宗教宝卷里面,它们认为现实的末劫世界社会动乱——这种社会动乱局面超出了现实社会可能的限度,如虎狼满山川、天地崩坏、乾坤颠倒、妖怪横行。对于美好世界的向往是民众精神世界里的永恒主题。传统民众信仰中的"天堂"观就是一个丰衣足食、人伦气息盎然的状况,我们从《桃花源记》等作品中可以看到。

而民间宗教的"天堂世界"则更极尽渲染——远远超出了普通民众信仰世界对未来的盼望。这样,民间宗教以自身超越两方面限度的文学式想象激发了教徒舍弃现实、奔向未来的决心。关于未来世界的描绘,如黄天道的宝卷中说:"龙华三会赏原人,插金花,饮玉樽,百味珍馐摆得匀。有仙桃,并仙果,仙童仙女送杯醴。挂仙衣,更绶带,才是皇极一家人。显神通,出阳身,永不投胎换胞脓。无病死,亦不生,八十一劫伴清风。(尾声)清风常伴心无改,再不思凡去投东。永伴无生,

---

[1]　《皇极金丹九莲正信皈真还乡宝卷·香莲真人助道品第十一》。

[2]　庄吉发:《真空家乡:清代民间秘密宗教史研究》,(台北)文史哲出版社,2002年,第413页。

只在都斗宫。"[1]金花、玉樽、百味珍馐、仙桃、仙果、仙童、仙女、仙衣、绶带等等是神话小说里常见的天堂里的人物和饮食用具。民间宗教把它们搬到自己虚构的世界里,无非是想说明只要依靠教派教授的"法"和"术",就可以即凡而神,从一个受苦受难的下层百姓一跃而成没有生老病死、永续长生的仙佛。没有悲伤,只有快乐无穷。

长生教的经卷里也说道未来世界的"快乐"——歌舞升平:"大地众生遭末劫,救度男女出娑婆。教他速求长生诀,持诵密多真言歌。未来乾坤真快乐,红光睒烁喜心头。啰啰嗦嗦讲大道,圆圆陀陀照山河。无无又舞无歌歌,哈哈也呵哈诃诃。呵哈阿呵□歌唱,鸣钟擂鼓早归家。"[2]

关于未来世界构想,第二种是复归原始人类状态。长生教的宝卷里提到了一处既在现实之中又在现实之外的"西林大会":"古佛留一处欢乐地方,七百旬,银城不动,总名西林大会。五宫十八郡上善宫中聚贤宫下余生宫……城池、坡岭、厅台……诸多美食,都与皇胎吃素灵人受用也。……百草生谷,千树结果,大者如升,小似钟。吃一个数日不饥。……也无四生六道,又无穷苦残疾病疹,不生不灭,弗妆弗扮,都生得聪明美貌,仁义礼智,各处宾主相待,姊妹相亲。一年十八个月,一月四十五日。昼夜十八时,寿活九千岁。重换头发牙齿,重化后生。九转九化寿共活八万一千年。三极九后,同坐都斗。……我佛治世八万一千年满,皇胎佛子,个个功圆,人人成圣。仙佛圣贤,齐赴云城都斗宫中,参拜圣母。礼谢世尊,品选上乘,永劫不坏,同坐莲心。"[3]

当有人问,这样美好的"西林大会"究竟在何处? 经卷上面说道:

---

[1] 《佛说利生了义宝卷·脱凡胎不生不灭常伴清风分第三十四》。
[2] 《古佛当来下生弥勒出西宝卷·玉佛出西品选第一》。
[3] 《古佛当来下生弥勒出西宝卷·大抽白虎品选第十八》。

"佛留一处欢乐地,方七百里。银城在于何处,佛云往北走一转就是彼岸边。往南行一千,十人九不安。要知欢乐处,南山至北山。……(银城)北至摩天岭,南至雁门关,西至铜邦城,东至火焰山、米粮川。"[1]雁门关、火焰上是确切的地名,摩天岭、铜邦城、米粮川是虚构的处所,经卷中就这样虚虚实实地提供给了教徒们一个"寻宝图"。

第四节　神　灵　观

作为一种新兴的宗教形式,民间宗教的神灵观受到此前各种宗教和信仰类型的影响和辐射。具体说来,它借鉴了民间信仰的"多神崇拜",吸纳了佛教、道教神灵系统,各类佛名和神名,同时又对之进行"形象重塑",最重要的是,它创造了自身的神灵体系,其特征是家族式的,即把人间的家族生活搬到了天空之中。本节的第一部分将探讨民间宗教的全神理念和独尊意识:全神,意谓它与民间信仰一样,是一种多神崇拜;独尊,指的是对自身神灵的超乎平常的崇拜。第二部分探讨了民间宗教神灵新统和三教的关系,研究它们是如何改造三教神灵观念的。本文的第三部分则试图研究民间宗教神灵观的本质——家族式的神灵形象。

一　全神理念与独尊意识

民间宗教的神灵观奠基于普通民众的宗教意识——后者我们一般称之为"民间信仰"。这种神灵崇拜不具有单一宗教的神灵独尊意识,它也崇奉其他的宗教神灵,在一般化的论述里,民间信仰和宗教被归纳

---

[1]　《普静如来钥匙佛宝卷·钥匙佛如来末劫分第五十》。

为"拜神"的神灵"迷信",民间信仰被直接等同于毫无主见、毫无选择的杂神崇拜。审视传统社会各个阶层的宗教理解,我有一个很奇怪的感觉,传统士人与普通民众虽然生活在一个社会里,相互之间联系也很密切,但是为什么大部分士人对民众的神灵信仰视若无睹,更不要说是承认它了。虽然一些地方官在每年例行的正祀之外也参加俗神和地方性神祇的祭祀活动,但是他们大多抱着一种"化民"的心态。古代知识人对民众信仰的态度和地方官员是一致的。虽然在一些关于地方神祇的碑文中,他们对神灵的力量也大加赞赏,但这种赞赏首先是因为神灵为百姓解决了农田耕作遇到的很多自然灾害。直到今天,对民众信仰的漠然态度还体现在许多现代知识分子的论述里。

　　例如有的学者认为,中国民间信仰和宗教有这样一些共同特征,它包括:(1)分裂的宗教情感;(2)根据有求必应的宗教心理和以现实功利为选择的宗教信奉对象,总是妄意求佛,从神那里讨点实惠,没有把宗教信仰作为一个严肃的涉及灵魂能否被拯救的大事来对待;(3)信仰两种或者是三种宗教,既包括现存佛教、道教,也包括原始社会"万物有灵"的多神系统、古代以来的神道设教,民众自身所具有的文化素养不能提供分辨混乱的鬼神境界和含糊不清的鬼神崇信对象的可能,多神崇拜很大程度上与其宗教意识的混乱、混合崇拜的方式分不开。[1]

　　具体到民间宗教研究中,有的学者认为,秘密宗教所遵奉的诸神,是根据教主的知识、爱好,特别是传教需要而确定,没有神圣、严肃的一面,这就是发展到了明代秘密教门的特点。因为秘密教门是"个体户",犹如各开各的店,各做各的生意,我爱卖什么货,什么货好销,与

---

　　[1]　侯杰、范丽珠:《中国民众宗教意识》,天津人民出版社,1994年,第128页。

别人不相干。其结果,就出现了神祇庞杂的局面。[1]

　　笔者认为,在进行学术研究中,没有必要使用包含负面价值判断的语汇来表明自己的观点,对下层文化的研究也不能采取这样一种从高处俯视的研究眼光。学术需要的不是表面化的描述和一般性的评价,而是要挖掘民间宗教信仰神灵观深层意蕴。

　　信仰多神和信仰一神并不是分判宗教高低的标尺——对于普通教徒而言,宗教是无所谓高级宗教和低级宗教的,他们也不会将自己的神灵用来和其他宗教的神灵进行细致比较。源于西方的宗教学理论有这样一个断言,即世界各宗教其神灵观念有自然神、英雄崇拜、职能神、至上神、绝对唯一神等的差异。这基本上是一个由低向高发展的顺序。但是这一点受到了 20 世纪许多宗教学者的质疑,因为这种归纳在很多社会并不合适,民间宗教就是如此。[2]

　　道派对民间多神崇拜传统的吸收是很彻底的,几乎每一位在民众心中有较大权能和极高灵验度的神灵都被吸纳到道派的神灵观念里来。清代的一个致力于揭露民间宗教的地方官员说:"噫!《论语》有云:'未能事人,焉能事鬼?'是人鬼一理也。又云:'未知生,焉知死?'是生死一理也。《中庸》又云:'事死如事生,事亡如事存。'事祖宗然,事神鬼亦然。再以人之祭神,与请客比。若人家请客,不论尊卑,不分男女。使同坐于一席之间,则客必不肯就坐,而飘然辞去。且以请客为慢客,不以请客为敬客。今邪教做会,将天上人间并阴间所有诸神,尽数安置一棚之内。名为'全神'。而不论尊卑,不分男女,不知伦类之

――――――――――

　　[1]　秦宝琦、连立昌:《中国秘密社会·元明教门》,福建人民出版社,2002 年;谭松林主编:《中国秘密社会》,福建人民出版社,2002 年,第 122 页。
　　[2]　秦宝琦、连立昌:《中国秘密社会·元明教门》,福建人民出版社,2002 年;谭松林主编:《中国秘密社会》,福建人民出版社,2002 年,第 121 页。

异同,不察性行之向背。神有不恶其亵渎者乎。"[1]

这位官员的言论表现了一个很有趣味的精英知识人观念即认为,和人世间的官阶等差一样,神灵之间也有尊卑之别。而民间宗教在举办各类宗教仪式的时候,却把各路神灵平等地安放到一处,这在他看来是"不论尊卑,不分男女,不知伦类之异同,不察性行之向背"的,所以他说民间宗教的神灵系统是"混杂不清、神位不肃"的。然而,上层官僚和知识人能够把他们的权位意识和官僚系统投射到天上的神仙世界,民众当然也可以把自己对平等的渴望和普遍的尊重也投射到天上,这有什么可以诧异的呢!

弘阳教是民间宗教教派中多神信仰最明显的一个教派,名号众多的如来佛就是一个例子。佛教创始人是悉达多·乔达摩,释迦牟尼是其尊称,如来佛是其十种称号之一,谓乘真如之道,来成正觉,来三界垂化,开示真理之义。民间信仰里的如来佛也只有一位,然而在弘阳教的神祇系统中,仅只"如来佛"的名号就有数十位。包括无上至真如来佛、无上高真如来佛、无上清真/花真/太真/达真/金真/电真/立真/浑真/无真/桐真/沌真/道真/混真/停真/邦真/圣真/善真/广真/明真/林真/性真/大真/亮真/万真/净真/惟真/奥真/掌真/飘真/浮真/乐真如来佛。[2] 关于观音和菩萨的名数,弘阳教认为有诸天观音、南无二百五千菩萨、一千二百菩萨、万二五千俱菩萨、十万八千菩萨、百万亿诸菩萨、过去未来现在菩萨、普光如来无数菩萨、无量恒河沙诸尊菩萨。[3] 其中当然包括弘阳教自身私造的一些菩萨的名号,前缀"南无功德"四

---

[1] 黄育楩:《破邪详辩》,《清史资料》第3辑,中华书局,1992年;泽田瑞穗:《校注破邪详辩》,(东京)道教刊行会,1972年,第151页。

[2] 《销释混元弘阳救苦生天宝忏》。

[3] 《销释混元无上普化慈悲真经》。

字,最后"菩萨"二字结尾,如南无功德道玄/妙光/孔雀/妙如/道地/妙庄/净性/清性/清净如意/妙宝/华藏/庄严/普照太明/不动/真意/念光/远行/妙吉/玉容/妙元/法性/清华/金花/信行/自性/宝光/妙莲/胜光/无疑/三圣/慈悲/救苦/提性/妙意/法云/精进/显光/不退/交光月天/圆觉/至空/证果/妙光/八宝/九莲菩萨。[1]

　　弘阳教为什么要搬出这么多的佛和菩萨?这无疑是迎合民众的多神崇拜的宗教品味。那么,为何弘阳教要私造出许多从未见过的佛名和菩萨名呢?也是迎合民众"礼多神不怪"的宗教心理。对于民众而言,一切神圣的东西都是要尊重的,这表现在他们对从未听说过的神灵的崇奉方面——这些陌生的神灵因其神秘性而获得民众的青睐。这种混杂的、来者不拒的全神崇拜信仰模式,是中国下层民众极为强烈的功利主义色彩在思想信仰上的反映。同时也表现出升斗小民在社会生活中的无力感。在中国老百姓的眼中,各教神明始终是井水不犯河水、不相矛盾的。无论何方神圣都具有降灾或施福于人间的无边神通。本着趋利避害的心理以及"礼多神不怪"的信念,中国民众在日常生活中普遍采取了多神主义的行为取向,排忧解难,获得心灵的慰藉。[2]

　　民间宗教的全神理念,在清代的一部长生教经卷中表达得最为清楚:"还有一切菩萨贤圣仙佛神祇,都要敬重他的:古佛贤圣大慈悯,齐立三界化五行。万国九州都劝善,忠恕慈悲与感应。算来为人要心好,三教原来一同心。所以菩萨好心做,先皇敕封受香灯。天上也有菩萨化,地下菩萨也照应。酆都十王判生死,地藏目连管幽冥。天曹三官查功过,城隍土地奏分明。观音慈悲救苦难,雷祖驱邪化善人。北斗南辰保寿禄,文昌武曲护科名。福主太岁保乡村,家堂灶司管家庭。三合北

---

[1]　《销释混元弘阳救苦生天宝忏》。
[2]　宋军:《清代弘阳教研究》,社会科学文献出版社,2002年,第141—142页。

斗照善恶,三尸在身看分明。轰隆田神保五谷,山神地祇护物生。马鸣菩萨管蚕花,店铺生意靠财神。乡主社令赏善恶,镇宅灵祇灭灾星。井泉童子弃秽水,床公床母保子孙。利市仙官赐财源,门丞户尉驱邪精。树栏五圣保六畜,眼光圣母保眼瞳。厕内三姑弃瘴秽,卫房圣母护产临。高天后君保胎妇,痘神麻君保痘亨。诸神忙碌多辛苦,因为调伏众群生。查得行善来赐福,查得作恶降灾星。故劝世人要敬重,刻刻时时做好人。每日朝夜勤礼拜,朝北颐头谢诸神。时时要防菩萨在,不可虚心半毫分。出门见庙来颐头,虚空常拜过往神。"[1]

就这样,"一切菩萨贤圣仙佛神祇,都要敬重他的"揭出了民间宗教的全神观念的宗教品格。不仅包括佛教佛祖菩萨、道教的真君三清,而且民间的一些杂乱甚至品级卑下小神小灵(床公床母、厕内三姑等)也被民间宗教供奉到神坛上,这是民间宗教和经典宗教的差别。在以往的道教佛教中,这些小神小妖或者是供驱使的对象,或者是驱除的对象。

民间宗教全神理念的另一表现,是在各种场合都要请出众位神灵。在一些经卷里,教义的宣讲往往是在"神灵聚会"这种场合,至尊神向各位神灵演说教义,众位神灵作为听众起到提出疑问、补充观点、引出下文的作用,其原因无非是想加强自身教义的神圣性。例如,金丹教的经卷中来听"古佛圣祖"说法的天神就有三教神灵系统的诸神:"太皇聚真门下,会齐三极圣祖,三教圣人,三清上帝、无当老子、都帅昊天上帝、三十二天大帝、三皇大圣、五斗诸真、过见未来三千大千诸佛诸祖、罗汉圣僧、十二圆觉、八大菩萨、八十一洞真人、九老知识、十八护教、三十六天、七十二地、五十三真、十二宫辰、天罡领袖、地藏观音,引领群

[1]《众喜粗言·劝敬神祇三十二》。

真,望佛进礼,合掌当机分班次而站定。净默安神,目视玄关,听佛法旨。"[1]

　　宣卷是民间宗教经常性的宗教活动,宣卷的开始一般都要请下三界诸神来为宣卷做个见证,如《伏魔宝卷》中说:"展放开,伏魔卷,焚上明香。先祷祝,掌教的,教主法王。一炷香,请灵山,燃灯佛祖。二炷香,请都天,掌教玉皇。三炷香,才请动,三官大帝。四炷香,请动了,泰山娘娘。五炷香,请南海,观音老母。六炷香,请漠州,药圣药王。七炷香,北方,真武老祖。八炷香,才请动,本县城隍。九炷香,请动了,当庄土地。十炷香,请本宅,自己灶王。请罢了,诸佛祖,各着本位。满宅内,毫光现,普降吉祥。"[2]

　　做道场是另一个经常性的行为,俗称"做会"。"做会"是祈求神灵来消灾免祸、增福延寿、济度幽亡的。当然也要请各种神灵。《销释混元弘阳大法祖明经午科》是弘阳教一部忏悔过错、请求解厄免灾的忏文。在作这样的忏悔道场时,首先是邀请神灵来赴会,其程序为:"一炷真香炉内焚,奉请混元老祖宗。子晷老母临坛内,保佑坛那福寿增。二炷真香炉内焚,奉请三钺祖无生。驾定金船临坛内,保佑坛那用安宁。焚起三枝般若香,只指灵山请法王。十二圆觉临坛内,保佑坛那降吉祥。四炷真香炉内焚,斗牛宫内请师尊。驾定金光临坛内,永护合会众原人。无炷真香炉内焚,奉请地藏十阁君。驾定祥云临坛内,保佑地狱化清莲。六炷真香炉内焚,奉请韦陀大天尊……此香超出三界外,普请诸佛下天宫。我今上供无别事,只为调和一点心。请下家乡祖共母,各按尊次坐坛中。先请佛祖居圣位,再请诸天众尊神。五八天主

_____

　　[1]　《皇极金丹九莲正信皈真还乡宝卷·古佛太皇演教品第一》。
　　[2]　《护国佑民伏魔宝卷》卷首。

临坛内,十方诸神降香坛。三岛仙侣临法会,云盘龙神赴香坛。三皇圣祖临坛内,十代显佑坐香坛。佛宾天师来拥护,香事神甚邸赴经坛。满空圣众都安就,各安尊次坐亭云。斋主虔诚修斋会,志心顶礼拜家乡。仰凭通信加精进,演教行法降道场。咸望洪慈来摄授,俯垂洞鉴降祥云。"[1]

我们说,"全神"理念表现出民间宗教对民间信仰品格的继承,然而如果仅仅照抄民间信仰内容,则必然削弱自身所设定的神圣地位,因此有的民间宗教派别激励弘扬教门神灵的独尊地位和全能力量。无生老母、混元老祖、天真古佛、无极圣祖、弥勒古佛等教派独有的至尊神当然是最尊贵的,而各教门自身的教首死后被赋予的神灵地位如普明如来、飘高老祖、普静如来、吕祖(西大乘教的吕尼)也是尊贵无比的。这些当然是毋庸多言的。

值得注意的是,民间宗教的对自身教门神灵独尊立场不仅反映在正面的无上崇奉,也反映在它对民间诸神的排斥方面。它们说,只要信奉教派的神灵,则其他的神灵可以略去不再信奉。长生教的宝卷中说:"古佛观看世间一切众生,推算流年,凶星犯刑。迷人荤酒,祭请魑魅魍魉,延星拜斗,并无礼益。古佛当来星宿祖师,教化众生,念佛五声。代散消灾,永无刑克;又见世人拣择风水,龙顺者吉,博悖顺逆者凶,说有凶煞一百二十位,专方向夫妻又不合埋葬也。人口有甚丧殃鬼煞,夫妻刑克,今后嫁娶丧礼埋葬,念佛五声,代散神煞,火速归空,再无禁忌。亡者升天,存者获福。二十四向,时常吉利。……请和尚,用道士,延星拜斗。"[2]

推算流年、看风水龙顺、算命相面是民间流行的玄理术数,明清两

---

[1] 《销释混元弘阳大法祖明经午科》。
[2] 《古佛当来下生弥勒出西宝卷·扫灭天星品选第十五》。

代的陋儒、羽客以之为专职专业,并从这种职业中收取费用。延星拜斗
是民间祈求神灵护佑的一般形式,长生教认为一旦信奉了自己的教义,
这些杂法都不必再用了,只要"念佛五声",就"再无禁忌"。

民间社会围绕着神灵信仰举办一系列既"娱神"又增加生活情趣
的活动,如酒肉祭祀、庙会、唱戏等等。长生教也加以批判,说:"古佛观
看世间众生伶俐稀少,昏迷最多,聪明人少,愚痴者多。日落西山,水向
东流。酒肉祭神,哄会做戏,费财求福,并无礼益,反受其灾,全无功德。
罪孽太重,杀生害命,五荤血食,虽然礼用供养天地神祇,犹为不孝之
子。此是大忤逆也。……若是酒肉供神,不来受歆,反祭魑魅魍魉,心
想求福,反降灾星。"[1]

对于一些民间的阴暗神灵信仰(如五通神)和带有自然崇拜、动物
崇拜特征的山妖水怪等等内容,长生教主张直接的加以铲除:"古佛咐
嘱诸众仙佛,因见世间神坛社庙,是古物成精也。或是竹木石精、蟒蛇
狐兔、牛羊犬马诸般未尽之精,金玉器皿之妖,受其祭祀,专害世人。头
痛身热,使人常请,又有树下五通野鬼,一切小怪之妖,受贩人家,专淫
妇女,村坊不安,杀害生灵,荤酒祭神。今差天兵大将三十六位雷神,五
狱玉帝,马赵温关,黄灵正官,护法大尊,一齐下界,收尽妖精,扫灭一切
鬼怪。"[2]

二　神灵与三教

民间宗教的三教合一色彩最明显地体现在它所崇拜的神灵系统
上。民间宗教祭奉各路神灵,包括繁多的民间俗神,当然最明显的是把
儒佛道三教的神灵或圣贤人物当作自己的神,这很容易使人觉得民间

---

[1]　《古佛当来下生弥勒出西宝卷·扫除假相品选第十二》。
[2]　《古佛当来下生弥勒出西宝卷·扫灭神祇品选第十三》。

教派是以"三教合一"作为自己的主要精神的,而"三教合一"是很容易使人误解的用语,人们不仅把它用之于全真教、净明道等宋元以来创立的体制宗教内部的新教派,也用之于民众的民间信仰方面,当然也用之于民间宗教教派。关于民间信仰是否适当用"三教合一"这一术语,渡边欣雄提醒我们要注意中国宗教这样的事实——把民间信仰定义为"诸教混合主义"是无益的,因为无论诸教混合主义这一概念是在什么定义之上成立的,它都是一个指不同宗教之间关系及其相互作用的概念。因此,它显然以"纯粹"宗教的存在为前提。[1] 但是这种对民间信仰的设定不符合民众思维实际的概念化操作。民众祭祀诸神,并非因为它是道教的神灵或佛教的神灵,而是因为它们如何得灵验,如何得有权能,如何能够保障他们的利益。这是一种实际福利至上的神灵观。

对于民间宗教教派的分析,笔者认为也不能简单地用"三教合一"来概括它的特征,但是可以采用"三教混溶"或"三教兼取"这样的术语。我们注意到,教派的"三教混溶"取向是受到当时宗教徒社会生活状况和民间信仰状况影响的。明清时期,佛教与道教徒的混同行为方式和生活作风加强了人们的这种印象:僧尼住在道观里,为了增加收入,他们也使用卜筮、风水、相术这些和道教关系更为密切的法术;道士做法事的时候口称佛号,他们中的很大一部分住在真武庙、关帝庙这样民间俗神的小庙里;在老百姓举行的丧葬活动中,他们既请和尚,也请道士来超度亡魂。既然这样,那么,我们在分析教派宝卷里的神灵观的时候,就不能采取截然分开佛道的态度。总之,在明清时期,在经典宗教的普通教徒日常生活以及民间信仰风俗那里,都没有刻意地标明自身的宗教身份。这尤其体现在它们的神灵形象上,佛教、道教的神灵,

---

[1] 渡边欣雄:《汉族的民俗宗教——社会人类学的研究》,周星译,天津人民出版社,1998年,第15页。

其功能在民众的理解中几乎没有多大区别。

　　道派在其神灵系统的构造上几乎没有去刻意区分三教神灵，它们是平等对待这些神灵的。我们从名号上看民间宗教诸神，有五类：其一，佛教系统的神灵，包括"三佛三劫"的代表佛——燃灯佛、释迦牟尼佛、弥勒佛，此外还有在民间崇奉最多的净土之阿弥陀佛以及观世音菩萨、文殊菩萨、普贤菩萨、地藏菩萨等各大菩萨；其二，道教系统的神灵，包括道教至尊神元始天尊、道德天尊、灵宝天尊，以及民间崇奉最多的道教神灵关圣帝君、邓辛张三天君、阎王、三曹六判、牛头马面等等；其三，儒教系统的神灵，神学化的孔子形象以及所谓的"七十二贤"；其四，是广大的俗神谱系，包括文昌、山神地祗、痘神麻君、厕内三姑；其五，民间道派自身的神灵系统，如无生老母、混元老祖、普明如来。单单从神灵名号去辨别教派的三教属性是十分危险的，教派对神灵名号的解释和我们的一般观念常常不一致，它与正统宗教的差别尤显巨大，和一般信仰也有不同。这显示了民间教派企图在现存的神灵世界中打开缺口，使它们归属自身教义的努力。

　　许多佛教神灵的名号被赋予道教性的解释，在佛教中，"释迦牟尼"是佛号，它的意思是能仁、能忍、能寂、能寂默等，在中国佛教传统中，又可以引申为佛性、真心、本性等义。然而，"如来"这一佛号在教派中却不是这样解释的。在《普明如来无为了义宝卷》中，教派借释迦牟尼如来、普明如来等三十六位"如来"的名号阐述自己的思想，组织宝卷"三十六分"的结构。其中每一分的主旨基本上是对各"如来"名义的解释。如"释迦牟尼如来分第一"说："万物之祖气，千变万化，救度众生。光明普照，昼夜常明，但凡动融，草木丛林皆赖一点真阳，养济四生，照破十方，灌满恒沙世界。"如"光德如来分第二十一"开始说："光德如来，从无始以来，光明一无亏缺，能生万类为真地，生诸性同为一体。"如"坚德如来分第十八"说:"说坚德如来,坚固者是舍利之子,此是真僧和合……佛性圆明,辉腾普照四大神洲,不离方寸真心,只在人之信。"此外,释迦牟尼(乃至三教其他神灵)在佛教内部是尊贵者,然而到了民间宗教的天堂里,却要听从教派至尊神的吩咐,如在《飘高经》中,要跪倒在混元老祖面前。

　　民间宗教神灵谱系庞大,类型众多。此处仅以无生老母和弥勒佛形象为例,以说明民间宗教神灵观念是如何借用、转化正统宗教的神灵体系的。民间宗教中的"无生老母"是最主要的神灵。她的慈祥与母爱温暖着冰冷社会里存在着的民众的心灵。他们向无生老母索取慰藉和幸福,渴望着被救度,在一个没有苦难的"云城"里重生。无生老母的形象似乎是从嘉靖年间开始流传各地,成为各个民间教派的主神的。她糅合了我国古代的西王母、女娲、骊山老母神话,又吸收了佛教、道教里众多的女神形象,其中也有宋元以后碧霞元君俗神信仰的影子。在弘阳教的经卷里,无生老母和混元老祖是一对夫妻,他们派遣自己的小儿子飘高老祖(弘阳子)到人世来传教,普度"贤良",考虑到弘阳教创立之时基督教已经传入,这里或许有基督教里圣父、圣母、圣子形象的投影。

　　民间宗教信仰中的未来佛(弥勒佛)源于佛教。弥勒净土是佛教两大净土之一,然而最吸引苦民众的是弥勒下生思想,因为弥勒一旦降世,苦难人间就将变成天堂。这个危险的故事一旦进入中国民众的意识世界,就会为现实民众的反抗运动提供源源不断的精神力量。隋代以降,自称为弥勒佛降世的造反事件以及以弥勒降世信仰为核心的白莲教起义连绵不断。民间宗教内的弥勒信仰样式显示了如何从正统宗教到民间宗教,从观念世界到现实层面的运作。无生老母和弥勒佛在民间宗教教派里形象明显地不同于它在"三教"里的形象。这说明民间教派并非简单地兼容正统宗教神灵,而是经历了复杂的改造和发展过程。

三 家族化体系

金丹道的经卷《皇极金丹九莲正信皈真还乡宝卷》首先讲述了一个故事:"古佛圣祖"讲述世界和人类的由来,说当初"古佛圣祖"("世尊")因为"乾坤冷净"、"世界空虚",无有人烟万物,于是世尊发下有九十六亿皇胎儿女("仙佛星祖菩萨")临凡住世。化现阴阳,分为男女,匹配婚姻。而这些皇胎儿女贪恋红尘,到东土不归家认祖,不想归根赴命(传说中神仙下凡,恋红尘之影响)。于是世尊下令其弟子"弥陀"下界跟找失乡儿女。最初弥陀哀告世尊老母,下界红尘太重,不肯下凡,世尊老母于是赏赐其天佛牒文、玉皇敕令、老母丹书、诸仙圣宝,降临凡世。

不无巧合的是,弘阳教的经卷《混元弘阳临凡飘高经》也讲述了相似的内容,首先是天地万物的起源,然后是弘阳教至尊神"混元老祖"在自己的住处"阿罗国"的"无碍大殿",三千祖师拜谢,所谓"祖坐虚空,治就家乡古金城,众祖来贺庆"。后来听"敲天老祖"说"末劫至近",自己的受苦儿女在下界受苦,欲差自己的弟弟混天老祖治理下的安养国儿女、叹天老祖治理下的极乐国儿女,谁知众儿女都不肯下界度凡。最后是轮到无生老母的十四子飘高临凡下界。飘高在宫中玩耍不肯投东,其母无生老母也在旁说情,混元老祖十分恼怒,离山观音于是劝飘高老祖听从混元祖的旨意下界。飘高在此后先到灵山赞叹,又到云城吃茶,经过这样一圈曲折,方才下世。

剔除一些细节性因素,我们看到二者有类似的"叙事结构",它们所反映的"人"、"神"在民间宗教那里具有普遍性,可以说这两个故事带有很强烈的家族色彩。宝卷描绘了天宫里一幅家庭生活场景。在"九十六亿皇胎儿女"临凡之前,他们和自己的父母共同生活在天界。后来由于"大地冷清"的原因,被派下天宫,由于贪恋红尘,不肯回宫。而天上的父母、老祖整日思念失乡儿女,于是派遣各路神灵接他们回来。这个叙事结构和情节发展模式在大部分道派那里都是相同或相似的。我们从中可以看到传统社会"谪仙"母题、"临凡"模式的一种变相,所不同的是,教派把天堂说成是众生的家乡,把神灵说成是人类的父母,把升仙成佛说成是回到家乡、回到父母跟前。这些都反映了传统乡土社会的家庭观念在民众心灵深处的深根固蒂。

从中,我们看到家庭生活对宗教理念的深刻影响。家庭、家族是我国传统社会的基本构成单位。传统思想中经常把"家庭"、"父母"的形象投射到天地之间,如我们经常说"天地父母"、"乾坤父母",宋明理学中的张载的《西铭》里也说"乾称父,坤称母"等等。

家庭内部关系还体现在神灵世界的行为法则上面。我们可以比较它和体制化宗教(如道教)"彼岸世界"的区别。道教的神权组织是一个"超自然的官僚结构",是皇家政府结构的投影。道教把社会性的世界投影到超自然现象中。[1] 而民间宗教的神灵居住的"彼岸世界"和道教的区别在于,它不是一个官僚化的神权结构,而是亲情化的家庭结构。

追寻这种差别的原因,笔者认为这要归结于现实社会民众——尤其是教派的信奉者——对政府的消极态度。本来,在现实社会里,人们还经常把国家和人民的关系比作为家庭内部的关系,把君王比作国民的长兄。但实际上,这可能是统治者的一厢情愿。出于对政府的失望,

---

[1] 索安:《西方道教研究编年史》,吕鹏志、陈平等译,中华书局,2002 年,第46—47 页。

在民间教派那里,天上的"朝廷"和官僚制度下的人间朝廷截然相反,它没有森严的等级,没有惩戒。而是一个亲情关系的图景。

在弘阳教的经卷里,无生老母和混元老祖是一对夫妻,他们派遣自己的小儿子飘高老祖(弘阳子)到人世来传教,普度"贤良"。从弘阳教的诸神谱中,我们可以看到中国民间宗教结社所具有的包容性。三教其传统民间信仰的各路神祇和平共处,欢聚一堂。且按照中国传统的宗法理念,被想象成一个相互间具有血缘关系的以父性为至尊的大家庭。而人类自身也从中得到认同,成为这一神圣家族中失落凡尘的一员。[1]

我们在其中还可以看到中国民间源远流长的"始祖崇拜"的影子。在典籍记载和民间传说中,有一种"始祖神话",它认为人类有一个共同的祖先,女娲和伏羲是其中两个著名人物。民间教派里也有这种说法:"天地万物,有生立人根者,女娲伏羲也,兄妹辊磨成亲,乃是凉宗员外张第一,一娘生九种,等等各别有口,立于家眷。后次分居,立于百姓家中,支于千门万户,三千七百八十余年。至今灯灯相续,祖祖相传,一父枝叶无改变,日月东西,周转山河。"[2]

然而,民间宗教在引用这类民间耳熟能详的始祖神话时,却降低了女娲、伏羲的地位,说他们都是教派神的衍生物:"自无始以来,元始天尊立世,即是无极之母。无极转化,威音以前,空性以后,混沌初分,赤白气两道,无日月三光,女娲伏羲治世……钥匙开开天地宝卷,细说原因。只说三世转化,不论一姓为根。元始一气,灵宝道德,三身本无二心,燃灯释迦弥勒,三佛本无二根,众生当初无你我,本是一

---

[1] 宋军:《清代弘阳教研究》,社会科学文献出版社,2002年,第141页。
[2] 《普静如来钥匙佛宝卷·钥匙佛如来开人根分第二十三》。

姓之生。"[1]

可以看出,民间宗教把人类的始祖崇拜轻而易举地纳入自己的教义中去。所谓"只说三世转化,不论一姓为根"是说,虽然人类此生的始祖是女娲伏羲,但是他们自身也是神灵的设定而存在的,也遵循"三世转化"的规律。这样,教派神灵无生老母、无极圣祖、混元老祖就取代了伏羲女娲而成为人类精神上的始祖。

---

[1]　《普静如来钥匙佛宝卷·钥匙佛如来开人根分第二十三》。

第三章　内丹：以黄天道为中心

肉体是最后的避难所，我们称之为有意义的部分，也都与肉体相关。对身体进行操作，用以抵抗世界、社会和自身宿命，大概是人类获得自由和解脱的最自足途径。虚拟然而对身心又产生强烈作用的符码系统，就是道教内丹学的实质。内丹修炼能令精神"物质"化，生理"工具"化，人体由此变成了试验场。这种道教为中国古代文化提供的最后一项神奇内容，却被民间宗教改变为群体救赎的思想利器。虚幻的幸福，却来自虚拟的概念体系。

第一节　宝卷与内丹学

明代新兴民间宗教的最主要特点是对佛教、道教教理教义的吸收和推新。罗教对佛教禅学的吸收达到一个高峰，成为最具思辨性的民间教派；黄天道则引入道教及其内丹修炼术，从而达到民间教派教理教义的另外一个高峰，影响深远。在民间宗教史上，罗教、黄天道两峰并峙，代表了近世民间宗教的两大传统。

黄天道是不是最早吸收内丹学为主要修证方法的民间教派，这一点是有争议的。研究明代的民间宗教，由于正史、笔记等史料里的旁证很少，对教派自己编写的宝卷的解读是最主要的手段。解决这一问题的关键在于判断教派宝卷的撰作年代。我们知道，宝卷一般分为佛教道教宝卷、教派宝卷和说唱宝卷，在时间上约略等于泽田瑞穗所说的"古宝卷时代"、"教派宝卷盛行时代"、"宝卷沉衰时代"[1]，每个时间段大约四百年时间。在"古宝卷时代"，虽然一些宗教作品挂以"宝卷"字样，但大多是佛教、道教科仪类著作，其创作者是道士、僧尼，与民间思想关系不是很大。在宝卷发展史上，明正德四年(1509)《五部六册》的最早刻本行世是一个标志性事件，此前的宝卷变成了原初的宝卷。

在民间宗教史上，罗教的《五部六册》一般被认为是第一部教派宝卷，而《五部六册》本身和内丹学的关系相去甚远。

所以黄天道在学术界历来被认为是较早把内丹学引入民间宗教的教派，《普明如来无为了义宝卷》被认为是第一部阐述民间教派内丹修炼的宝卷。[2]

但是九十年代以来，围绕着《佛说皇极结果宝卷》的争论牵涉到本问题。收圆教的本经是《佛说皇极结果宝卷》，现存明万历刊本。本卷由在北京大学图书馆工作的学者路工先生私人收藏，诚为不易。1991年3月16日，李世瑜先生查访到这本宝卷。十月，来访的欧大年和李世瑜两先生共同将这部宝卷定名为《佛说皇极结果宝卷》。然而，这卷上结尾处所题"宣德五年(1430)孟春吉日刻行"，很可能系作伪。如果这部宝卷的年代真如所题为宣德五年，那么它不仅比罗教的《五部六册》早80年，更比黄天道的《普明如来无为了义宝卷》出世时间嘉靖三十七年(1558)早130余年。[3]

---

[1] 泽田瑞穗：《增补宝卷の研究》，(东京)国书刊行会，1975年，第36页。

[2] 如马西沙认为，黄天道是一个"全新的教派"，马西沙、韩秉方：《中国民间宗教史》，上海人民出版社，1992年，第406页。

[3] 此系车锡伦先生的观点，车锡伦认为，该宝卷可能是明代黄天道经卷之一，见氏著《中国宝卷总目》及《明清民间教派宝卷中的小曲》，《汉学研究》第20卷，第1期。

从《佛说皇极结果宝卷》表达的对生命的理解来看,内丹修炼是其中最重要的一个方面。如宝卷中把人的出生现象界定为"灵气相投",把内丹修炼作为"修大道"、"证金仙"的途径。宝卷中说:"人生落草出胎元,灵气相投是本元。灵来投气归身内,十五成人长七山。再答修行治后相,八水通流真气全。十步圆答修大道,十牌十号证金仙。"[1]一些内丹学术语真气、黄芽等等也充斥其中,如"真天真地,真元真气。真正祖初下收圆,普摄着灵元一聚,炼黄芽祖极,炼黄芽祖极,当来天地。有缘听信,无分不依。"[2]

笔者认为,即使收圆教的《佛说皇极结果宝卷》确为宣德年间问世,但其在民间宗教史上的影响远非黄天道可比。黄天道在对道教内丹修炼学吸收方面是比较系统化、整体化的,还采纳了道教的斋醮科仪形式。

黄大道的有关内丹修炼的宝卷有如下数种。

1　《普明如来无为了义宝卷》

马西沙考证为1558年普明所说。现在见到的最早本子是莫斯科东方文献丛书本影印所据之底本,即明万历二十七年(1599)重刊本。苏联学者斯图洛娃为这部宝卷作了译、注、序及索引。

《普明如来无为了义宝卷》借三十六"如来"的名号演说黄天道的主导思想——炼"金丹"求得出离尘世,返归"家乡"。该经起首揭出这一要旨:"佛说普明如来慈悯阎浮世界,万类群生,无脱苦解恶之方,广有诸邪宗门,假名引道,虚投教典,各立三乘,非知古佛原来真性。执相修行,堕于沉沦苦海,而未归源,无休无息。后五百年,末法众生,苦业难逃。有缘有分,得遇黄天圣道,传与四句无为,时时清净,持诵真经。

---

[1]　《佛说皇极结果宝卷·大曜生米品第十一》。
[2]　《佛说皇极结果宝卷·玄关大道品第七》。

躲离生门死户,昼夜采取先经。锻炼天地骨髓,诸佛之命根。古佛传留心印真诀,扫万法居本空,顿悟混源祖气。有惺贤人,对天早发弘誓大愿。弃舍凡情,脱离苦海。返本还源,同证无生大道。还矿真金,子母团圆。"对于《普明如来无为了义宝卷》的内丹学说,笔者将在第二节中详加讨论。

2 《太阴生光普照了义宝卷》

这部宝卷原系郑振铎先生收藏,现藏于国家图书馆。明折装本,分为上下两册,其出版年代估计在万历中叶以前。据马西沙先生研究,本书完全是以女性口吻写的。

本书为指导黄天道教团内部女性教徒内丹修炼的经书。如经前序说:"说太阴生光普照了义者,从无始以来,光明照耀。太阴者,阴光之首,群星领袖,万圣班头。诸佛菩萨、罗汉、圣僧、洞府群仙,仗光明而成道。生光者,日月生光,盗夺天精,亦派生阳,光明增长,众生难识。普照者,光明宝满,普复乾坤,诸贤借光而成圣。了义者,万人成真,亦无高下,贫富不分,了其意也。宝卷者,内有超生了死之路,升仙成佛之径。"[1]

从宝卷各品的题目也可以看出这是一部通篇阐述女性内丹修炼的著作,如上册十二分的题目分别为无中生莲西域发芽分第一、坤中生蕊目识奇花分第二、离中火虚阴阳均平分第三、真精正撞阳光一体分第四、玉蕊无霞分第五、阴阳重会分第六、龙吞虎体分第七、龟蛇盘绕分第八、固本寻根分第九、戊道捷径分第十、纯阳一体分第十一、辟邪显正分第十二。这十二品的次序就是按照女丹功的修炼过程排序的。

3 《普静如来钥匙佛宝卷》

关于《普静如来钥匙佛宝卷》的撰者和撰述年代有一些不同的说

---

[1]　马西沙、韩秉方:《中国民间宗教史》,上海人民出版社,1992年,第434页。

法,或认为是普静本人所作(喻松青);或认为是万历中叶普静和其弟子所作,而刊成则是其弟子所为(马西沙);或认为是普静弟子罗维罗所作(泽田瑞穗、浅井纪);或认为是宝卷中提到的余腾伦所作(王见川)。[1] 一般认为该宝卷是黄天道第三代传人郑光祖所写。

宝卷中"钥匙"是内丹学俗语,义为"河车运转"中的"过三关",如说:"通关窍(窍),酉时在尾闾关,子时在透寒关,卯时在玉枕关,午时在夹脊关,取天地之精气以补内用,温养于丹田,以结成圣胎。"此类内容,具体见宝卷的第六分。

宝卷有浓厚的三教合一色彩,如认为儒道释三教皆是祖祖相传:"(儒者)圣人也,遗留五经四书,上乘良贤举子,习学九载成功。铁砚磨穿,得中金榜耳。听万岁之声,皆是前生所修……(僧者)为释子,入佛修因,遗留经忏,度脱亡魂,解罪消灾免难。龙听经悟道,蟒闻忏成圣,皆是佛有灵感也……(道者)老君也。炼汞烧铅,精咽气,借阴补阳,正佛正诀,皆是道明有也。"但是他主张三教合一:"现今三教分形,终末归于一性。三返四换,本是一根所生。人分异性,枉分三乘。"对于三教的由来和归宿,民间一向是持宽容、游戏的态度的,甚至把它归结为"一分三—三归一"的模式,正合于"天下大事,合久必分,分久必合"的俗语。

虽然讲的是三教合一,但是在宗教修炼方面,《普静如来钥匙佛宝卷》则完全是道教内丹学内容。所谓"分分而通天开狱,句句而达天地理性。广谈四句妙偈,专论安身立命",这里的安身立命是通过修炼内丹达到复归原初天性的目的。内丹学认为:"顺则生人,逆则成仙。"顺则生人,是描述人的出生;逆则成仙,是描述从人身修炼天道。宝卷中

---

[1] 喻松青:《明清白莲教研究》;马西沙:《中国民间宗教史》;浅井纪:《明清时代民间宗教结社研究》。

说："先天旋空入假，后天旋假入空。""旋空入假"指的是"成人"，"旋假入空"是道教术语"借假修真"的意思。

4 《太阳开天立极亿化诸佛宝卷归一宝卷》

全书共四册三十六品，系黄天道教徒于顺治康熙至康熙初年完成的。

宝卷中所说的"归一"是内丹学中"归复本元"的意思。经前序谓："说归一者，乃生从何来，死归何往。人自未生之前，原来佛性，始乃太阳真火化后天月血。二气相合，结人之形也。各借五行之气……人能修炼，取海底真阳见天边佛性。若得情性相合，小则安乐延年，大则超凡脱壳，一返蓬瀛太阳宫内。在圣而无余，在凡而无欠，才为归一还元大道。认祖归宗。况古今仙录，虽有恒河沙无量亿诸佛名号，莫非凡相而修。"而凡人如欲长生，则"早访明师，授三皈五戒，二六行功。取南弦之气，按火候分明。若得悟开天性，不过三年五载，心花发现，身外生身，高超三界，与太阳同明，普照十方世界"[1]。宝卷中还认为普明如来就是太阳，是诸佛的领袖，诸佛最后都要归于普明如来。

5 《佛说利生了义宝卷》

这部宝卷为《明清民间宗教经卷文献》收录，共上下两册，三十六分。其中心思想是宣扬众生平等和末劫归家说。卷中穿插了目连救母和普明生平的故事。卷中认为，"夫以先天玄妙，后天成真"，人人秉承"性命之理"，"人人都有弥陀主"，但是人人不明，所以顿失先后之天，生生世世不得出期。

宝卷中借螺蛳修炼成道劝说人们炼内丹成仙，说："他倒知，十二时，子午卯酉。定四相，分昼夜，南北西东。按四时，虽无有，真参实念。

---

[1] 《太阳开天立极亿化诸佛宝卷归一·太阳化现无愚宝月如来归一品第十五》。

也按着,四周天,火候行功。锻炼成,二八合,光明自现。功圆满,成至宝,脱壳归宫。叹世人,迷众生,不如河蚌,肯下功,用心勤,更易十分。"[1]

6 《二郎宝卷》

《宝卷初集》收录。全名为《清源妙道显圣真君一了真人护国佑民忠孝二郎开山宝卷》,分为上下两册,二十四品。卷末有言:"大明嘉靖岁次壬戌三十四年九月朔旦吉日敬造。"是为嘉靖年间写成。《二郎宝卷》和下文的《伏魔宝卷》有密切的联系。卷首有这样的话:"看了伏魔少二郎,做会还愿枉烧香。看了二郎少伏魔,念尽弥陀枉张罗。"

宝卷中把内丹修炼比喻为男子怀胎,这种比喻在教派中很常见,宝卷中说"男儿怀胎罕惊人"[2]。宝卷中还借二郎神父母相遇场面描述金丹修炼过程:"一更里,杨相公,在书房,梦昏昏,诗书懒念自发闷。忽听门外人说话,慌忙开了书房门。见一女子往里进,慌忙的两手忙推,那女子进了房门。二更里,杨相公,与云花,配成婚,汞投铅来铅投汞。东三西四人不晓,南一北二那知音。无极包藏人不信,他本是阴阳二气,十月满才见分明。三更里,水火全,他二人,会周天,人人都有天花现。三明四暗藏真主,七珍八宝左右旋。半夜三更太阳现,他本是婴儿姹女,织女星找着牛郎。四更里,人不知,他二人,配夫妻,无缘怎得重相会。大道不分男女,采取先天炼牟尼。迷人不醒三合四,猛听的金鸡报晓,三花聚万法归依。五更里,东方明,结灵丹,太阳红,无生执掌轩辕镜。十方世界都照彻,四大部洲大转身。乾坤八卦周巡定,要不是无

---

[1] 《佛说利生了义宝卷·螺蛳成宝脱壳归空分第一》。
[2] 《清源妙道显圣真君一了真人护国佑民忠孝二郎开山宝卷·血脉运转品第十五》。

生照彻，大地人那里安身。"[1]这究竟是说的清修呢，还是隐晦地指点双修，笔者不得而知。

7 《伏魔宝卷》

全称为《护国佑民伏魔宝卷》，《明清民间宗教经卷文献》和《宝卷初集》均收录该卷。上下两册，二十四品。据文中交代："木子法，弓长才，共成胜事。法共才，同结果，同号同名。""实实的，为生死，不为吃穿。收了圆，结了果，共成胜事。弓长写，一土证，字义俱全。同费心，同用意，同造宝卷。"[2]这说明宝卷为宣扬李姓和张姓教首的思想，而由张姓人和王姓人共同写定。宝卷中说："修道人，先调理，先天一气。采清风，换浊气，养气存神。气要聚，养圣胎，三花聚顶。五气朝，在中宫，见性明心。开三关，透九窍，通天彻地。从海底，往上返，滚上昆仑。霹雳响，金门乍，开关展窍。养婴儿，成正觉，滚出云门。放了去，收将来，出壳入壳。行见有，又见无，证了金身。修行人，要修到，这步田地，成正觉，万万劫，永不沾尘。"[3]可以说概括了内丹修炼的主要过程。

8 《销释白衣观音菩萨送婴儿下生宝卷》

《宝卷初集》收录，上下两册，二十四品。卷中说："速拜师程，求一条出生了死皇天道，学打坐，苦练身心，证出原来本性。"根据这一条可判断此部宝卷为黄天道的经卷。

卷首云："自从混沌初分，直至如今十万余载。人人不醒，白衣菩萨射一道金光，出现四大部洲，观看一遭，大地众生乱世如麻……菩萨解说四众人等，幸生中国，趁此如今福慧双修，转世为人。儿女财帛俱全。聪明男女，智慧长者，闻尽早依母的慈悲之心，留经普劝，回心向

---

[1]　《二郎宝卷·铅汞交参品第二》。
[2]　《护国佑民伏魔宝卷·收元结果品第二十四》。
[3]　《护国佑民伏魔宝卷·三人和合万法皈一品第二》。

善,吃斋念佛……或有宣念宝卷,虔心有感。菩萨慈悲,送婴儿姹女下生,扶持门户,接续传灯,光显父母后代之根。"

这部宝卷自始至终也贯穿着内丹修炼思想,说:"夜晚坐在蒲团上,存神定气少人通。六门搭上无逢锁,收揽先天往里行。消息拨得团团转,海底捞着贵宝珍。阴阳二气往上转,孤峰顶上响一声。白光射开昆仑顶,才是出劫悟外人。"[1]

9 《灵应泰山娘娘宝卷》

《宝卷初集》收录,上下两册,二十四品。

卷中宣扬泰山娘娘的灵应事迹,大力宣传宣卷的利益,如护国佑民、增福延寿、灭罪消灾、保平安。除此之外,卷中还有关于内丹学的一些说法,如:"合堂众道友,娘娘神通广无边。诸大众,宣宝卷,信受增福延上寿,还要打坐共参禅,清风可把浊气换,叮咛死手揽一揽,咬住刚牙卷门帘,上下炼的成一片。通开六叶连肝肺,七孔山里开白莲。轻轻拖出娘生面,超了凡来入了圣,滚出云门天外天,万两黄金也不换。这个就是出世法,万万余劫不临凡。"[2]

10 《泰山东岳十王宝卷》

《明清民间宗教经卷文献》收录。在民间信仰里,十王是地狱里的官员,有赏善罚恶的职能,因而宝卷的主旨是劝善说。正如文末所言:"夫地狱宝卷者,指外说里,无不化人为善。……或是生日持斋念佛,或作鱼蓝大会,称赞十王更比寻日无量功德。求灾灾灭,求福福生,求寿保寿,求子得子。父母亡故宣十王宝卷,虔诚顶礼,感动幽冥,亡者出离地狱,径往西方。"[3]

---

[1]　《销释白衣观音菩萨送婴儿下生宝卷·员外得见酬谢天地品第六》。
[2]　《灵应泰山娘娘宝卷·收圆结果宝卷完成品第二十四》。
[3]　《泰山东岳十王宝卷·收元结果分第二十四》。

但是即使是这类宝卷，其中也有内丹学的说教，如："劝大众，仔细听，听我从头说分明。修行不离先天气，调理地水共火风。双凤山里往里转，全要死手下叮咛。端的正来照得准，咬住刚牙冲一冲。先开六叶连肝肺，当人坐在七銮宫。婴儿姹女答查号，运动明月共清风。捉住青龙共白虎，往下运到紫阳宫。通开九河共下稍，到了汞泉往上升。背走连成二十四，三关九窍尽开通。昆仑开条出身路，灵光起在半虚空。赴会只在极乐国，佛榜挂号了名。相伴吕祖同欢乐，八十一劫续长生。"[1]

第二节　内炼过程之分析

《普明如来无为了义宝卷》是较早的以内丹学为核心的宝卷。虽然民间宗教内丹学未必始自《普明宝卷》，然而只有到《普明宝卷》中才得到完整地阐述。

黄天道一直甚为重视内丹修炼，这方面所出宝卷也是最多的。其中有两部宝卷最为重要：其一是万历年间的《普静宝卷》；其二是嘉靖末年出现的这部《普明宝卷》。

《普明宝卷》结构框架是借三十六佛的名号演绎、比喻自身道教内丹学的整个过程。这样的文章结构形式上比较整齐，但是在这三十六品里面，却没有一个前后阐述的顺序。此外，由于古代内丹学的词义隐晦、名相繁复等共同特点，研究存在着很大的困难。但是，当我们仔细阅读全文，还是可以找到一些解析的线索。本文从内丹修炼的原理、内丹学的性功、内丹学的命功、内丹修炼所反映的一些教派观念等视角，对这部宝卷作一个解析。

---

[1]　《泰山东岳十王宝卷·吕祖立地基分第五》。

一　内炼原理

内丹学的形成是中国古代人长期同死亡作斗争取得的结果,是他们数千年来探索宇宙自然法则和人体生命科学奥秘的智慧的结晶,它肇始于中国古代神仙家的延生之术。

古代神仙家为了追求长生不死,返老还童,发明了许多延年益寿的方术,这个过程经历了自先秦至汉代的漫长时间。神仙家的长生设想和简单的原理的提出,为内丹学的形成做好了理论和实践的准备。在《老子》、《庄子》中保留了一些先秦道家的延生之术,如《老子》说:"载营魄抱一,能无离乎? 专气致柔,能婴儿乎? 涤除玄鉴,能无疵乎?"[1]如《庄子》书中说:"吹呴呼吸,吐故纳新,熊经鸟申,为寿而已矣;此道引之士,养形之人,彭祖寿考者之所好也。"[2]"缘督以为经,可以保身,可以全生,可以养亲,可以尽年。"[3]二书披露了先秦时期就有"载营魄抱一"、"专气致柔"、"吐故纳新"、"熊经鸟申"、"缘督以为经"这些很现实的延长自身寿命的技术操作。

此外,马王堆帛书里有《导引图》、《却谷食气》等集中于内修的书籍。汉代道教初创时期,太平经派、参同契派、想尔注派三大派别的经典《太平经》、《周易参同契》、《老子想尔注》里,均有保精、重神、存神、胎息、食气等内容。如《老子想尔注》说:"深藏其气,固守其精,无使漏泄。"梁陈时期的天台宗三祖慧思也是一位炼丹家,《大正藏》有南岳禅师立誓愿文,末后言愿先得丹而后得道,盖欲留形住世,长生不死,而现世之中便得成果,不待他生。慧思提出"藉外丹力修内丹"的观点,一

---

[1]　《老子·第十章》,朱谦之:《老子校释》,中华书局,1984年,第37—40页。
[2]　《庄子·刻意第十五》,郭庆藩:《庄子集释》,中华书局,1961年,第535页。
[3]　《庄子·养生主第三》,郭庆藩:《庄子集释》,中华书局,1961年,第115页。

向被公认为是内丹学首次正式明确提出。《罗浮山志》记载，隋开皇年间的苏元朗，"身为炉鼎，心为神室"。

中唐以后，重玄学的兴盛，以及吴筠、司马承祯等茅山派道士内修思想的出现，使内丹修炼具备了完整理论建构的可能性。唐末五代出现的基本道书《钟吕传道集》、《入药镜》、《灵宝毕法》、《西山群仙会真记》等，细致描述了内丹修炼的全过程，标志着内丹学说的进入成熟期。因之，自先秦至汉代可称是内丹学的准备时期，东汉道教创立至隋唐是内丹学的形成时期，唐末五代，内丹学进入成熟时期。以笔者观点，明清以后是内丹学的衰微和歧出时期，衰微表现在理论创新的疲倦无力，然而，虽然说是衰微，内丹的社会影响却日渐扩大，歧出表现在由内丹修炼引发出许多在传统社会里异端性内容。

我们有必要简述内丹学的一般见解。内丹学是比附隋唐外丹术语，将外丹修炼从外在的物质世界移入人体内部，以人体的不同部位为"鼎炉"，以精、气、神为"药物"，以止息、运气为"火候"，炼出"金丹"，"服食"成仙的过程。内丹术忌繁难多歧，而所出之丹经恰与此相反，其间又加入许多繁复杂乱的托喻和口诀，所以圈外人对于内丹修炼的过程和成效一直是猜疑、迷惑的。而圈内人则看起来自得其乐，对丹经中所说拳拳服膺。

依据道教内丹学说，谓人的生成是父母交媾时的一点先天元气而立命，待到十月胎成，又得到先天祖气一点元阳而有性。此时元气为命，元神为性，性命不分，处于混沌的先天状态。至婴儿降生时，元神归于心脏，元气归于肾器官。人身从而先天的性命不分变为后天的性命两立。内丹学要求修道者性命双修，并逐渐通过炼精化气、炼气化神、炼神还虚、炼虚合道等过程，达到长生不老、形体飞升的目的。它的特征是精神和生命的双重超越。内丹学里一般以神、心为性，以气、形、身为命。内丹学主张性命双修,但是在修行次第及轻重方面有所不同,全真道北宗主张先性后命,南宗则主张先命后性。

晚明道教内丹学逐渐发展起来一种理论——这种理论把内丹上升到天地造化、宇宙本位的位置,该理论认为,未有天地人身之前是"虚无","虚无"状态包含"无极"和"太极"两个阶段。"无极"又在"太极"之先,指"一气"的极无处。"太极"虽有一气,无阴阳动静,所谓"鸿濛未判"。之后的某个阶段,"无中恍惚",鸿濛将判,若有一气,是名"道气",亦名"先天气",此气动静而产生阴阳、性命;阴阳二气相交而后生人和仙佛。人禀此阴阳二气顺行,随其自然变化为人;先天一气经历了父精母血的媾和,潜藏于脐带里。修炼即是修此"先天一气"。逆行,则成仙。所谓修炼就是从三变而为二,从二变而为一,从一变而为虚无,即炼精化气、炼气化神、炼神还虚之三关。丹家还认为,顺造化而生人生物、生老病死、轮回不息;逆造化则成仙成佛、不生不灭,寿同天地。

民间宗教的内丹学是正统道教内丹学的歧出。"歧出",与其说是表现在对内丹修炼过程的解释,不如说主要表现在依附内丹而产生的理论上。虽然说道教内丹学自产生以来就不断地繁衍出许多丹法流派,它们之间互相批评,自封为正统丹法,然而,这些丹法流派之间的差异主要集中在修炼的具体步骤方面,对修炼的理论、目标、境界都有相同或相似的见解。

黄天道和其他大部分民间教派秉承如下教义:无生老母这位女性神灵是宇宙的至高神,她是人类真正的始祖,居住在天宫,大地众生原来都是她的儿女;人类本来和无生老母共同生活在天堂(又叫云城)里,后被无生老母派下九十六亿皇胎,"堕落红尘",住在人世间;自从灵山失散,在于阎浮世界,东土苦海婆婆,贪恋尘世之苦,妄上生妄,无足无厌,不守一性之真,身外贪求,染污自己灵光,不得出期,串轮回无休无歇；母居瑶池，心怀尘世，念原灵堕落，痛诸子失德，虽有诸天仙佛降鸾宣化，无奈世界花花，尘埃朴朴，偏多醉生梦死之辈，故母心不忍，普垂大道以拯灵童；无生老母为了救度众儿孙，不断派下"先知"，寻找大地原人。笔者认为，以上的民间宗教观念可能也是内丹学模式影响下的产物。此外，除了这种外在的"他力"救度外，民间宗教里还有一种靠"自力""自度"说。它认为，人人都有先天一点佛性，佛性人人俱有，因为贪尘妄想，不识这"一点真灵"，只有凭借内丹修炼重新认识迷失的本性，古佛的"一点灵光"，借假修真，返本还源，同回家乡，母子团圆。这就更和内丹修炼紧密不可分了。

二　性功

在全真道的内丹学传统中，修炼步骤多从修性入手，先明心见性然后再进行炼精、炼气、炼神等命功修炼，所以明心见性是北宗修炼的首务。王重阳说："经云：心生则性灭，心灭则性现也。心灭者是宝。经云：诸贤先求明心。心本是道，道即是心，心外无道，道外无心也。"[1]张伯端以下的南宗号称先修命、后修性，然而性命修炼之间也是贯穿融合的，例如在筑基阶段，南宗以炼命为主，然而入手功夫也大谈修性。

那么，道教性功（也即"修性"）究竟有哪些内容呢？笔者认为，宋元明之后道教的"三教合一"主要体现在内丹学的性功上，也就是说，它总汇了儒释道三教的心性修养论乃至人生观。在根本归趣上，儒家伦理色彩浓厚的修身养性、佛教悟彻本空的明心见性、道教重操作性的识心炼性，都是一致的。因而，元明以来道教内丹学之性功就不仅仅包含道教系统的讲法（清净、守一），还包括佛道戒律和儒家伦理内容（修

---

[1]《重阳真人授丹阳二十四诀》，《道藏》第25册，第808页。

身)、认识世界的空性和人之真性等内容广泛的方面。我们可以将之分为筑基开始之前的"炼己"和筑基以后正式修炼过程中的"性功"两个方面。

"炼己"在道教中的含义是"苦行其当行之事曰炼,熟行其当行之事曰炼,绝禁其不当为之事亦曰炼,精进励志而求其必成亦曰炼,割绝贪爱而不留余爱亦曰炼,禁止旧习而全不染亦曰炼"[1]。综合起来看,炼己包括了不间断地进行修炼的行为和决心,树立精进励志的志愿,绝弃贪爱、名利、妻子、珍贵异物、田宅,戒除淫、杀、盗、贪心、善心、恶心、欺心等等。炼丹过程中的"性功"主要是体度无为、虚静、自然的心态,把握好炼药的火候、温养圣胎的方法等等。全真派南宗认为,炼丹过程中,性功的分量逐渐加深,如在筑基、炼精化气阶段,命功多于性功;而在炼气化神、炼神还虚阶段,性功多于命功;特别是炼神还虚阶段,纯粹是"无为"功大,其过程包括乳哺、温养、出神、还虚等等。而全真派北宗认为,性功在炼丹过程中是一直占据主要地位的。

黄天道的"性功",其实是要在炼丹时做好身心调整工作,它包括:其一,确立信心和毅力,以"超出三界"、求取"无上之道",以及返回真正"家乡"为目标,宝卷中渲染要"修行人要一性刚。舍凡身,还本乡。一心只想先天面,发誓大愿离苦海"[2];其次,需要"受戒",加入教团;再次,需要保持心灵清净,所谓"寒潭彻底清"[3];最后,在修炼过程中要注重"无为之用",所谓"无为妙用,我说得无为妙用。善男女同共发心,把万法休要谈论。坐卧处采取先经,采取先经,莲花台,人人都有

---

[1] 伍守阳:《天仙正理直论增注·炼己直论第五》,《伍柳法脉》,中国人民大学出版社,1990年,第91页。

[2] 《普明如来无为了义宝卷·红焰帝幢王如来分第二十九》。

[3] 《普明如来无为了义宝卷·光德如来分第二十一》。

分"[1]。如是这般，才能最终"心清意净透长安"[2]。

三　命功

对于民间宗教"命功"的理解，首先需要讨论道教"命功"参照系，黄天道的内丹功脱胎于道教内丹学，因而它也承袭了道教内丹术本身的隐晦神秘色彩。

道教内丹学最让人诟病的是其术语之不确定。同一个术语在此处是某种解释，而在其他地方却又是另外一种解释，这两种解释看起来相似，细究起来，却绝对属于不相干甚至冲突。道教内丹学还有一个特点是，对于修炼过程各家的解释往往不同。例如，关于药物、火候、鼎器这炼丹三大要素的讲论，因时代之不同而解释各异：《钟吕传道集》一解也，张伯端一解也，丘处机又一解也，而陆西星又一解也；清修派一解也，而双修派又一解也……我们很难从这些解释之间看到时间上的前后、逻辑上的新旧之关系。

黄天道的命功最让人产生疑窦。在黄天道宝卷中，只是简单交代了李普明的修行经历，如"曾遇明师"，"狮子村遇明人"，"丑年遇真传，说破玄关卯酉之功"，"访明师数十年"[3]，这说明他曾经拜访过多位内丹家，但又没有指明所拜者为何门何派，可谓是"师出有门而无名"。又如，道教丹经中往往引用其他经书里的话来为自己"作证"，增强信服力，但是黄天道经卷也没有引入前此丹家和丹经，这似乎是要表明其自身的空前地位。所以我们无法从传授渊源角度来对黄天道的内丹修

---

[1]　《普明如来无为了义宝卷·功德华如来分第二十四》。
[2]　《普明如来无为了义宝卷·宝火如来分第七》。
[3]　泽田瑞穗：《初期の黄天道》，《增补宝卷の研究》，(东京) 国书刊行会，1975 年。

炼做考察。

　　一个可行的方法是从晚明内丹学之风气及内丹学一般看法来推测黄天道的命功之具体过程。明代中后期,社会上流行谈内丹的风气。虽然各家谈论有详有略,互相之间也有攻击,但是在一些基本见解上具有类似之处。例如,对于清修派丹法的大概过程,对于性命、铅汞、龙虎、坎离、水火、婴儿姹女等基本术语有较为一致的解释。黄天道的内丹学当然总体上逃不出这些晚明丹家的学说。我们选取以下四个晚明丹学系统作为研究《普明如来无为了义宝卷》中内丹学的参照系。

　　第一个参照系是孙汝忠的《金丹真传》。《金丹真传》成书于万历四十三年(1615),书中说:"夫清净而补者,必须定心端坐,调息归根,候一阳之初生,采先天之正气,聚于丹田。久则丹田气满,充于五脏,五脏气足,散于百骸,百骸气全,自然撞透三关,由前降入黄庭,以身中之坎填身中之离,结胎脱体,功用固神。"[1]"定心端坐,调息归根"说的是"炼己"和"筑基"两个内丹修炼准备阶段;"一阳之初生"指的是"炼精化气"的起点——活子时的到来;"采先天之正气,聚于丹田"指的是"炼精化气"的"采药"、"封药";"撞透三关,由前降入黄庭,以身中之坎填身中之离"是"炼精化气"中的"炼药"阶段;"结胎脱体"是指内药之产生。

　　第二个参照系是《性命圭旨》的丹学思想。自称为尹真人高弟者所著之《性命圭旨》也是中晚明社会内丹修炼和三教合一风气之产物,其中引述明代儒者胡居仁、阳明弟子罗念庵的语言,可见出于明代中期以后。《性命圭旨》把内丹修炼之过程概括为九个口诀:第一节口诀,涵养本原,救护命宝;第二节口诀,安神祖窍,翕聚先天;第三节口诀,蛰

　　[1]　孙汝忠:《金丹真传》,《藏外道书》第25册,第460页。

藏气穴,众妙归根;第四节口诀,天人合发,采药归炉;第五节口诀,乾坤交媾,去矿留金;第六节口诀,灵丹入鼎,长养圣胎;第七节口诀,婴儿现身,出离苦海;第八节口诀,移神内院,端拱冥心;第九节口诀,本体虚空,超出三界。这九个口诀包括了内炼的完整过程:第一至三节包括筑基,四至六节包括炼精化气,七至八节包括炼气化神,第九节包括炼神还虚、炼虚合道两部分。

　　第三个参照系是陆西星的"东派"学说。陆西星,内丹学"东派"创始人,生于正德十五年(1520),逝于万历三十四年(1606),一说逝于万历二十九年(1601),可以说是晚明丹学的代表人物。陆西星所著之《玄肤论》"刊落言筌,直露根本"[1],入道以后,对于"红铅黑汞、青龙白虎、白雪黄芽、木工金母、婴姹黄婆"等名义"皆熟读而详味之。但识此遗彼,适资扞格,而后乃知大道之不烦,可一言而尽也"[2]。《玄肤论》中的《性命论》、《河车论》、《澄神论》、《养神论》、《凝神论》、《真息论》、《火符论》、《药火论》、《抽添论》论述了内丹修炼的主要方面,中对"工夫次第,节节紧凑,而剖析益精"。

　　第四个参照系是伍守阳的"伍柳派"学说。伍守阳(1574—1644),号冲虚子。万历二十一年(1593)得全真派曹还阳亲传丹法,后又师事李泥丸、王昆阳,得为龙门派传人,自称为全真教龙门派第八代弟子。其丹法最主要著作是《天仙正理直论》及其《增注》,认为"此语人人易晓,第先圣惓惓托喻显道,而世多援喻诳人,致道愈晦",而伍守阳则"欲详而直论之",故对于我们了解晚明内丹学之究竟很有助益。[3]

---

　　[1]　王沐选编:《道教五派丹法精选》,中医古籍出版社,1989年,第263页。
　　[2]　王沐选编:《道教五派丹法精选》,中医古籍出版社,1989年,第263页。
　　[3]　《伍柳法脉》,徐兆仁主编:《东方修道文库》,中国人民大学出版社,1988—1990年,第5—6页。

《天仙正理直论》及其《增注》在炼己、筑基、炼药等节中对炼丹的过程进行了比较明白的讲述。

　　胡孚琛主编的《中华道教大辞典》对内丹功法过程作了扼要概括："关于修炼的阶次,各家体验有差,下手处也各异,就可以公开传授的清净丹法而论,可分为筑基、炼精化气、炼气化神、炼神还虚几个阶段。首先是筑基,丹家认为,人自婴儿长大成人,其精气神皆有所亏损,故须经筑基功夫,炼神、调气、养精。达到三全才可以进入百日关。筑基以炼己为首要,即做到万念俱泯,一灵独存。其次是初关,炼精化气。为'有为'功夫。其过程包括采药、封固、炼药、止火四个阶段。因其修炼需要三百日而足,故称'百日关'。又依其搬运河车,行龙虎交媾,用子午周天火候,又称'小周天功夫'。第三,中关——炼气化神。是'有为'向'无为'过渡的功夫。具体过程包括六根震动、七日生大药、抽铅添汞、守中、温养圣胎、移胎等等。因其温养如十月怀胎,故称'十月关'。又依其行乾坤交媾,用卯酉大周天火候。故又称'大周天功夫'。最后是上关——炼神还虚。为'无为'功夫。其具体过程包括乳哺、温养、出神、还虚等等。因其过程如同达摩面壁,故称为'九年关'。"[1]

　　《普明宝卷》中有一些语句是对内丹修炼过程作总体的论述,包括首先要做好筑基和下手功夫,这就是保持身心清净,对筑基之后的炼药过程的描述,黄天道侧重于"炼精化气"这个阶段——"炼精化气"是容易获得气感的阶段——包括和合四相五行、坎离颠倒、龙虎交媾、周天火候、黄芽白雪、抽铅添汞等内容。宝卷言道:"若知修行之理,和合四相,锻炼五行。周天火候,运转循环。推转乾坤,阴阳颠倒,上下升腾。龙虎左右盘旋,前后有朱雀玄武。青龙者,我之情也,白虎者,诸佛之性

---

[1]　胡孚琛主编:《中华道教大辞典》,中国社会科学出版社,1995 年,第 1127 页。

也。东方甲内藏着乙木，木内暗藏着丙火。西方庚金内藏癸水，水内隐着黄芽。乃为丹砂，才是清净无为。南方丙火有地之真气，化成白雪。神精者，天之真铅也，地汞者，诸佛命脉也。六甲归于六丁，乃成六合波罗密。体与天地同根，似日月同明。和合万类，一意纯和。天归一性，地归一气，人归一心，乃为三宝。"[1]这些复杂的名词概念，极度渲染了内丹修行的神秘性。

我们可以把黄天道倡导的内丹修炼分成筑基、炼精化气、炼气化神和炼神还虚四个阶段，下面结合道教相关理论加以说明。

第一个阶段：筑基。

筑基是内丹修炼的准备阶段。道教认为，人体成人之后，元精、元气、元神都有所损伤、泄漏，因此有必要修复身体，补充三宝。筑基功夫是炼内丹的第一步，经过了筑基，人体感到机理畅旺，神志清明，精气饱满。筑基，按照字面意思，指的是修建房屋之前，先打好地基的意思，如果地基不牢，则整座房屋如同在风雨中飘摇。在丹学上，筑基是渐渐积累、增益人体内的精气神。

筑基对于内丹修炼的重要作用，伍守阳说得很明确："自基未筑之先，元神逐境外驰，则元气散，元精败，基愈坏矣，所以不足为基。且精之逐于交感，年深岁久，恋恋爱根，一旦欲令不漏，而且还气，得乎？此无基也。气之散于呼吸，息出息入，勤勤无已，一旦欲令不息，而且化神，得乎？此无基也。神之扰于思虑，时递刻迁，茫茫接物，一旦欲令长定，而且还虚，得乎？此无基也。古人皆言以精炼精，以气炼气，以神炼神者，正欲为此用也。是以必用精、气、神三宝合炼，精补其精，气补其气，神补其神，筑而成基。唯能合一，则成基；不能合一，则精、气、神不

---

[1]　《普明如来无为了义宝卷》经前序。

能长旺,而基即不可成。及基筑成,精则固矣,气则还矣,永为坚固不坏之基,而长生不死,证人仙之果矣。"[1]

筑基的关键是"净心"——保持心灵清净,丹家多把定心、静心看作筑基的首要任务。定心的根本,在于使神不知吾心、吾亦不知其为心,也就是要抹去现实世界在人脑中留下的任何痕迹。[2]对于"净心"之在筑基中的地位和意义,《唱道真言》说:"炼丹先要炼心。炼心之法,以去闲思妄想,为清净法门。……丹经所谓筑基,药材炉鼎铅汞龙虎日月坎离,皆从炼心上立名。至于配合之道,交济之功、升降之法、烹炼之术,此其余事。"[3]

纵观《普明宝卷》,详于"炼精化气"这个阶段,对坎离龙虎交媾、河车运转的论述至为繁复杂沓,而略于筑基,即使是谈到筑基,也主要从净心的角度来阐明它的。宝卷言道:"妙法自然生,采取诸佛精。本来无一念,寒潭彻底清。"[4]这就是说,把自己调整为自然的身体和心灵状态,方能够采取精气进行炼药。并引佛语"本来无一念",阐明心灵虚静乃至忘却杂念,感到身心洞明,一片清澈。

黄天道还用小曲的形式(曲牌是《柳摇金》)表达其清静无为的观念,认为"无为"就是"把万法休要谈论"[5],舍弃种种杂染念头。此外黄天道还认为,不能因为自己过着清贫的生活而有世俗的欲望,要树立脱离此生、修炼长生的意愿,虽然身处于喧闹的尘世,仍然把它当作修炼的场所。这种立场就是所谓"守清贫,不爱他凡情世。时时刻刻思

[1]　《天仙正理直论增注·筑基直论第六》,《伍柳法脉》,《东方修道文库》,徐兆仁主编,中国人民大学出版社,1988—1990年,第98页。

[2]　徐兆仁:《道教与超越》,中国华侨出版公司,1991年,第312页。

[3]　《唱道真言》,《藏外道书》第10册,第763—764页。

[4]　《普明如来无为了义宝卷·光德如来分第二十一》。

[5]　《普明如来无为了义宝卷·功德华如来分第二十四》。

真意。无为法人不知……舍身盼命修真性,闹市丛中作道场"[1]。

最后,黄天道宝卷概括道:"人人只要心清净,浮云退尽光明显。照得恒沙彻底清。"[2]这就意味着筑基之"炼心"所要达到的效果是心灵清净、杂念消除、身心洞明。接下来就可以开始正式炼丹了。

第二个阶段：炼精化气。

我们首先要介绍《普明宝卷》中所经常谈论的几个概念:先天一气、玄关、活子时、坎离颠倒、龙虎交媾、黄婆戊己、河车运转。明确这些概念的意涵,我们对"炼精化气"的整个过程就会有一个比较清楚的概念。

其一,关于"先天一气"概念。先天一气是丹学中至关重要的概念。先天一气,又名先天气、道气、祖气。筑基结束之后,炼精化气起手必须要以先天气为"药物"。道教认为先天气"实生身之原、受气之初、性命之基、万化之祖也"[3]。陈撄宁认为,《道德经》中"惚兮恍兮,其中有象。恍兮惚兮,其中有物。杳兮冥兮,其中有精。其精甚真,其中有信",即后世丹经所谓先天一气之说。[4]《翠虚篇》云:"大药须凭神气精,采来一处结交成。丹头只是先天气,炼作黄芽发玉英。"[5]崔希范《入药镜》有"先天气,后天气,得之者,常似醉"的语句。王道渊注曰:"先天气者,乃元始祖气也。此祖气在人身天地之正中,生门密户,悬中高处,天心是也。神仙修炼,止是采取先天一气,以为丹母。"

这就是说,当筑基完成以后,就采取先天一气为药物,进修烹炼。先天气和后天气,是修炼内丹的基本物质。先天元气藏之于体内,后天

---

[1] 《普明如来无为了义宝卷·善名称功德如来分第二十八》。
[2] 《普明如来无为了义宝卷·红焰帝幢王如来分第二十九》。
[3] 《性命圭旨》之"第二节口诀",《藏外道书》第9册,第542页。
[4] 陈撄宁《口诀钩选录》,《道教与养生》,华文出版社,1989年,第286页。
[5] 《翠虚篇》之"丹诀一百首",《道藏》第24册,第210页。

呼吸气求之于体外。二者之重要,直接关乎性命,若其一丧,则性命不存。此为人体生命之本,故为内炼所用。修炼入手,在于使后天之气接通先天之气,则内外相通,再以后天之气涵养先天之气。培补亏损,归根复命。得此效验,体合虚无,昏昏默默,常日如醉。

《普明宝卷》中也常见采取先天一气的说法,不过大多数情况下称之为"混源祖气"、"混元一气",把采取先天一气称为"采先天",如言"天地骨髓,诸佛之命根……顿悟混源祖气"[1],或"修行人,采先天,随佛运转"[2]。这是把黄天道的教义和内丹修炼结合到一起。认为"混源祖气"是凡人之成佛种子,采取先天气亦即使自身与佛紧密相连,所谓"随佛运转"也。锻炼先天一气是由凡即圣的关键,也就是说"修行先要采先天,诸般精气透灵玄"[3],或"修真养性,采取先天,诸般精气全"[4]。

上述"诸般精气"指的是"五脏之气"。此外,宝卷里还有如下的话:"采先天混源一气,炼三光妙玄消息。"[5]这又是把"先天混原一气"和日月星辰三光联系到一块了。更直接的表述则是"采先天,真源气,修丹炼药"[6],亦即采取先天之气,为药物来进行内丹修炼之意。

《普明宝卷》还把"先天气"和"后天气"加以对照,告诫道徒不要把先天看成后天,以免误入歧途:"人人执在一身之体,收精养气当做真性。山河大地终有毁坏,岂在人身收补浊精浊气。怎得坚固。"[7]宝卷又言:"修行不可服凡气,服了凡气不得济。真气原是活龙虎,两手

---

[1]《普明如来无为了义宝卷》经前序。
[2]《普明如来无为了义宝卷·宝月光如来分第八》。
[3]《普明如来无为了义宝卷·精进军如来分第五》。
[4]《普明如来无为了义宝卷·精进军如来分第五》。
[5]《普明如来无为了义宝卷·聚德如来分第十八》。
[6]《普明如来无为了义宝卷·聚德如来分第十八》。
[7]《普明如来无为了义宝卷·清净如来分第十四》。

捉来归本地。四相五行入中宫，自然炼成金玉贵。古圣先贤从此修，无为圣母流传世。放开烈焰照娑婆，收来安在丹炉内。"[1]

其二，"玄关"概念。道教认为，玄关既开，则百窍皆通。内丹之药物、鼎炉、火候都是在确知玄关之位置之后方才进行的。道教中所说的玄关一窍，解释各不相同。有人说是两眉中间的祖窍，有人说是黄庭穴，有人说是脐内三寸的下丹田，也有人说并没有固定的处所，而是药的动态与活子时同动。根据黄天道的把玄关神秘化的做法，明显是持第三种意见。

玄关之意义，清刘一明说："若悟此窍，则坎离药物现成，不待外求，当下顺手可采。"[2]《性命圭旨》说："盖祖窍者，乃老子所谓玄牝之门也。《悟道篇》云：要得谷神长不死，须凭玄牝立根基。所以紫阳言：修炼金丹，全在玄牝。于四百字序云：玄牝一窍，而采取在此，交媾在此，烹炼在此，沐浴在此，温养在此，结胎在此，至于脱胎神化，无不在此。修炼之士，诚能知此一窍，则金丹之道尽矣，所谓得一而万事毕者是也。"[3]另外一部书《唱道真言》则说："问：玄关一窍，窍字如何解说？师曰：窍者，至虚之义。凡物虚处，触之而易动。人呼而应在井中，风鸣而响入谷底，自然之理也。人心，无物则虚，至虚之中，偶有触着。机会相照，跃然一动。此跃然一动之时，即是一点灵光着落处。《易》曰：'寂然不动，感而遂通天下之故。'此之谓也。"[4]

黄天道也把识破"玄关"作为关键的一环，以之为绝密之道："遇真天，说破了玄关。若把乾坤推转后，得心开悟现，降龙虎一处而眠。我

[1]　《普明如来无为了义宝卷·普明无为了义如来分第三十六》。
[2]　王沐：《悟真篇浅解》，中华书局，1990年，第212页。
[3]　《性命圭旨》之"第二节口诀"，《藏外道书》第9册，第541页。
[4]　《唱道真言》卷二，《藏外道书》第10册，第771页。

把玄关识破,照彻三天,无为法最妙玄。婴儿姹女,两意欢然。昼夜家锻炼着天,我把魔王逼散,急走无边。主人公才得自然。"[1]又言:"古真天,三心圣地化贤良,普传西来无为道,人人发愿指玄关。"[2]

其三,"活子时"概念。这一术语来自周易卦象。周易学有"十二消息卦","复"卦是六个阴爻的坤卦之后,首爻为阳,故有"一阳来复"之称。按照一昼夜十二时辰,恰如子时的到来。而内丹学中对这一时刻有没有固定的标准,故称之为"活子时"。活子时是指采药的火候。丹经认为,筑基完成以后,身体中已经补足了精气神,此时静默之际,会感知到先天一气的存在,此时即是活子时的到来。即以此先天一气为药物(丹母),采运入炉中封固。然后进行河车运转(炼药),这是炼精化气的关键环节。经过筑基阶段,先天一气、玄关,药物产生了。因有药生而起火,即是活子时,药生、火生、活子时同步而现。《普明宝卷》对活子时也有描述,此处仅举一例,云:"一阳初动无边妙,五鬼三尸尽皆惊。"[3]

其四,"坎离颠倒"概念。对此,张伯端说:"甘露降时天地合,黄芽生处坎离交。"王沐对此注解说:"坎为肾的代号,离为心的代号,心肾相交,则金丹可结了。"[4]坎离指的是坎离两卦,坎离颠倒又称坎离交媾、颠倒坎离、取坎填离、水火既济。丹家认为,坎为水,为原精的代号;离为火,为元神的代号。此外,张伯端又云:"自知颠倒由离坎。"[5]王沐注言:"此指河车运转的路径。内功物质基础是元精,顺行成人,逆行成丹。坎水是其代号。性沉易顺行。丹功火候则使,上升泥丸;元神

[1] 《普明如来无为了义宝卷·宝月如来分第十》。
[2] 《普明如来无为了义宝卷·清净施如来分第十五》。
[3] 《普明如来无为了义宝卷·清净如来分第十四》。
[4] 张伯端撰,王沐浅解:《悟真篇浅解》,中华书局,1990年,第11页。
[5] 张伯端撰,王沐浅解:《悟真篇浅解》,中华书局,1990年,第5页。

运用为离火，因性浮而上腾，但在丹功中却使其下降入丹田。坎离颠倒，即元精元神运行轨道的颠倒。"丹家认为，坎卦阴中有阳，离卦阳中有阴。以离卦象征心和性；以坎卦象征肾和命。

丹家主张性命双修，所以要取离中之阴爻和坎中之阳爻相合，即"取坎填离"——取坎中一阳填离中一阴，俗称坎离颠倒交媾，从而恢复到先天的法象。张伯端《青华秘文》有《坎离说》云："坎者，肾宫也。离者，心田也。坎，静属水，乃☷也；动属火，乃☵也。离，动属火，乃☲也；静属水，乃☴也。交会之际，心田静而肾府动，得非真阳在下，而真阴在上乎！况意生于心，而直下肾府乎！阳生于肾，而直升于黄庭乎！故曰坎离颠倒也。若不颠倒而顺行，则心火动而不静，大地火坑之意明矣"[1]。李涵虚也说："总要从交媾中取出真阳耳。人身五脏，原有部位，不可移动。道家云'乾坤坎离颠倒'，岂心可移于下，肾可移于上耶？非也。所谓颠倒者，乃心肾中之神气耳。心神俯而下就，肾气仰而上升，神气颠倒，则有形之心肾亦如颠倒，无形之乾坤亦皆颠倒。颠倒交施。"[2]

我们再来看看黄天道的说法，《普明宝卷》中说："若人以天性所行，独守一真。清贫守分，休贪妄想邪淫。只以自己阴阳相合，神气相交，熬铅炼汞，伏虎降龙。若得性命相见，坎离颠倒，结做金丹。"[3]又言"推转乾坤，阴阳颠倒，上下升腾"[4]，以及"坎离交，性命合，同为一体"[5]。

其五，关于"龙虎交媾"概念。丹家以肾液中之真水为虎，以心气中之真气为龙。以此二者气液相见，心肾相交为龙虎交媾。张伯端有

[1]　张伯端撰，王沐浅解：《悟真篇浅解》，中华书局，1990年，第232—233页。
[2]　李涵虚：《三车秘旨·收心法杂谈》，《藏外道书》第26册，第632页。
[3]　《普明如来无为了义宝卷·红焰帝幢王如来分第二十九》。
[4]　《普明如来无为了义宝卷》经前序。
[5]　《普明如来无为了义宝卷·释迦牟尼如来分第一》。

一首形象的诗云:"西山白虎正猖狂,东海青龙不可当。两手捉来令死斗,化成一块紫金霜。"[1]《性命圭旨》云:"修丹之士,若欲返其本,复其初,使龙虎归于鼎中,情性归于窍内,当用龙从火里出、虎向水中生之二诀。则炎烈火中出飞龙之矫矫,泓澄水底跃走虎以耽耽,始得龙虎相交,向鸿蒙而潜归混沌。继则夫妻合体,从恍惚而竟入虚无、共至黄房,互相吞唉,两情留恋,二气交加,有如天地之媾精、日月之交光,盘旋于祖窍之间,自然复此先天未判之气而成混元真一之精。为大药之根原,作还丹之基本也。"[2]

《普明宝卷》中也有类似提法:"按南方丙火,成纯阳之体。名为朱雀,外阳而内阴。唤作姹女。内阳而外阴,乃通坎位。北惧庐州三伏之天,纯阳真火。南瞻部洲九九之寒,一片阴水。上下通玄。"[3]"才得了归家径路,鹅毛雪飞入红炉。水火均平上下周,把乾坤颠倒转,五湖四海水逆流。"[4]"龙虎相交转法轮。水火相合性命见,姹女婴儿结成婚。"[5]

其六,关于"四相五行"概念。黄天道宝卷里说"和合四相,锻炼五行"[6],所谓"龙虎左右盘旋,前后有朱雀玄武。青龙者,我之情也,白虎者,诸佛之性也。东方甲内藏着乙木,木内暗藏着丙火。西方庚金内藏癸水,水内隐着黄芽。乃为丹砂,才是清净无为。南方丙火有地之真气,化成白雪"[7]。这是与民间术数结合而成的,用极为神秘术语装扮的概念。

---

[1] 张伯端撰,王沐浅解:《悟真篇浅解》,中华书局,1990年,第60页。
[2] 《性命圭旨·龙虎交媾法则》,《藏外道书》第9册,第547—548页。
[3] 《普明如来无为了义宝卷·宝火如来分第七》。
[4] 《普明如来无为了义宝卷·聚德如来分第十八》。
[5] 《普明如来无为了义宝卷·那罗延如来分第二十三》。
[6] 《普明如来无为了义宝卷》经前序。
[7] 《普明如来无为了义宝卷》经前序。

其七，关于"黄婆戊己"概念。"黄婆"又称真心、真意、真土，在内炼过程中起到调和铅汞的媒合作用。黄色代表五行中的土，土为真意。具有媒合铅汞两家的作用，所以称为黄婆。戊己属土，土在无形的中央，是真意的代号。真意运用，使铅汞凝结，称为"黄婆守定"。《悟真篇》绝句六十四首之第十九首云："华岳岩头雄虎啸，扶桑海底牝龙吟。黄婆自解相媒合，遣作夫妻共一心。"又《悟真篇》七言四韵一十六首说："学仙须是学天仙，惟有金丹最的端。二物会时情性合，五行全处龙虎蟠。本因戊己为媒聘，遂使夫妻镇合欢。只候功成朝北阙，九霞光里驾翔鸾。"

我们再来看看《普明宝卷》的说法，有言"性命合，同一体，黄婆守定"[1]，又言"阴阳和合方是道，姹女婴儿一处眠。左有青龙人难伏，右有白虎正猖狂。其中有个真仙子，两手捉来一处眠。龙去情来虎自安，二意相合结金丹"[2]，及"时时采取先天气，乾坤颠倒性命相识。黄芽白雪，结成圣机。三家相见团圆会。……无生地上发灵苗，婴儿姹女中宫闹。黄婆守定，养成玉宝，熬天炼地，有大功劳"[3]。

其八，关于"河车"概念。小周天是炼精化气阶段的修炼。根据王沐的解释，主要包括采、封、炼、止四个阶段：采即是"采药"，采药须用活子时；封即是封固，采药后将所得的精气送入下丹田储存，使不走漏；炼即是炼药，又称行小周天——用河车的方法烹炼；止即是河车运转的停止。由尾闾到泥丸的督脉，运药时丹经称为河车之路尾闾、夹脊、玉枕称为三关，此为河车上升之路；泥丸、黄庭、丹田称为三田，此为河车下降之路。上升叫进火，下降叫退符。循环一周，丹诀名之曰小周天。

---

［1］《普明如来无为了义宝卷·金刚不坏如来分第二》。
［2］《普明如来无为了义宝卷·精进军如来分第五》。
［3］《普明如来无为了义宝卷·无量掬光如来分第二十》。

民间宗教对"河车"概念的解说,我们可以宝卷里的《金字经》为例。该文说道:"一更里,念佛下功禅,清净法身透长安。自然全,昆仑山下认亲娘。朝圆祖,朝圆祖,尾闾关下上升天。二更里,安然自在行,夹脊双关透玄空。遇真灵,照得恒沙彻底清。玄妙意,玄妙意,人人不识在一身寻。三更里,半夜正天心,都斗宫中现光明。照四生,无秋无夏亦无东。常春景,常春景,通天彻地昼夜明。四更里,乐淘淘,恣意游,五明宫内照玄楼。自抽头,银河一股往下流。真玄妙,真玄妙,土釜黄庭性命投。五更里,双林龙虎交,万法归一一性包。水火交,昆仑山下发灵苗。无生有,无生有,三千年后遇一遭。"[1]

《金字经》里的"一更"到"五更",实际上概括了黄天道内丹修炼的全过程。"一更",指的是"炼己"和"筑基"两个阶段;"念佛下功禅,清净法身透长安"是说要保持身心清净,消除妄念;"自然全"指的是筑基完成后的精气神三宝俱足。接下来就是"炼精化气"阶段对"药物"的"采封炼止",黄天道把"河车运转"和"过三关"作为阐述重点。这三关是人体督脉上的尾闾、夹脊、玉枕三个穴位。《大成捷要》云:"尾闾在夹脊尽头之处,其关通内肾之窍,上行乃是一条髓路,名曰潜溪,又曰黄河,此阳气上升之路。直上至第七节,与内暖两相对处,谓之夹脊关。又上至脑后,谓之玉枕关。此身后三关也。"

宝卷中还说:"修真须要采先天,意马牢栓撞三关。九层铁鼓穿连透,一转光辉照大千。"[2]所谓"五明宫内照玄楼",指的就是头顶的泥丸穴。《金字经》经中"银河一股往下流",指的是将"药物"从人体前部的任脉往下运转。"土釜黄庭性命投",土釜指温养药物之处,即是下丹田。道教说,将药物河车运转,送入丹田,加以封闭不使泄漏。这是

---

[1] 《普明如来无为了义宝卷·释迦牟尼如来分第一》。
[2] 《普明如来无为了义宝卷·勇施如来分第十三》。

炼精化气之四个阶段"采封炼止"的最后一个阶段"止火"，药归土釜之后，以自然之意守之。清刘一明《象言破疑》说："土性温柔，能以养物；釜主烹煎，能以成物。釜以土名，为养物成物之器……药归土釜，是喻其阴阳相和，圣胎凝结温养之处。"

第三个阶段：炼气化神。

其一，关于"大周天"概念。"大周天"是炼气化神阶段的主要功法，行大周天的标准是"炼精化气"过程获得"大药"之后。大周天和小周天不同，小周天指的是采外药进入任督两脉的河车运转，最后到达下丹田中封存。大周天则以中丹田（黄庭）为鼎，下丹田为炉，药在炉鼎之间自然无为地运行。大周天的火候讲究无为，基本上类似于入定之功夫。如《普明宝卷》说："周天者乃是循环运转，打成一片，炼成一家。锯解不分，坐卧不忘。念而无念，参本无参。一无空缺，三回九转，昼夜相连。不分年岁，只待功圆行满，河车运转，采取先天。文武左右，水火交参。上升下降，炼汞烧铅。黄芽白雪，此在太虚身中。取入红炉，结做金丹。黄婆养就，子母团圆。十年功满，脱壳离凡。"[1]

其二，关于"抽铅添汞"概念。"抽铅添汞"也是炼气化神之功夫。这里讲的铅汞指的是真汞真铅。真铅是元精，真汞是元神，又可以借用为性（汞）命（铅）的代称。陈致虚《金丹大要》说："抽添者，以铅制汞之后，逐日运火，渐添汞，汞渐多，铅渐少，久则铅将尽，汞亦干，化而为丹砂，号曰金液，还丹之纯阳。则知形化为气，其化为神，是曰婴儿，是曰阳神。"李道纯《中和集》说："身不动气定，谓之抽；心不动神定，谓之添。身心不动，神凝气结，谓之还元。所以取坎中之阳，补离中之阴而成乾，谓抽铅添汞也。"对此，民间宗教有类似认识，如《普明宝卷》中

---

[1] 《普明如来无为了义宝卷·周匝庄严功德如来分第三十三》。

说:"熬铅炼汞……忽有忽无,光明照见,灌满乾坤。三回九转,自然归宫。"[1]又言:"铅汞两家同一处,二八相合炼先天。还丹理,几个全,超凡入圣透长安。"[2]"熬铅汞,昼夜家,循环周转。火候功,二六时,无尽无穷。修行人,刻刻里,休要放意。打成陀,炼成块,锯解不分。苦下功,数十载,超凡入圣。"[3]

其三,关于"七返九还"概念。"七返九还"是炼精炼气炼神,是三者凝结成丹,由后天返回先天,乃至返老还童,进入内丹修炼的高级境界。那么,为何说"七"返、"九"还呢?道经中解释说:"七返九还金液大丹者,七乃火数,九乃金数,以火炼金,返本还元,谓之金丹也。"[4]还有更详尽的解释,如:"或问:何谓九还?曰:九乃金之成数,还元之义,则是以性摄情而已。情属金,情来归性,故曰九还。丹书云:'金来归性初,乃得称还丹。'此之谓也。若以子数至申为九还者,非也。或问:何谓七返?曰:七乃火之成数,返者,返木之义,则是炼神还虚而已。神属火,炼神返虚,故曰七返。或以寅至申中为七返,非也。《悟真篇》云:'休将寅子数坤申,但要五行绳准。'正谓此也。"[5]

《普明宝卷》中说:"结金丹,九转后,自有神通。"[6]"七返还丹性自真,八百循环有余零。人人到此知玄妙,个个都有出世因。"[7]"忽一时,九转丹,功圆行满。有仙童,前引路,起在虚空。那应时,才显出,

[1] 《普明如来无为了义宝卷·红焰帝幢王如来分第二十九》。

[2] 《普明如来无为了义宝卷·清净施如来分第十五》。

[3] 《普明如来无为了义宝卷·那罗延如来分第二十三》。

[4] 张伯端:《金丹四百字》,张伯端撰,王沐浅解:《悟真篇浅解》,中华书局,1990年,第202页。

[5] 《中和集·金丹或问》,《天元丹法》,徐兆仁主编:《东方修道文库》,中国人民大学出版社,1988—1990年,第41页。

[6] 《普明如来无为了义宝卷·金刚不坏如来分第二》。

[7] 《普明如来无为了义宝卷·精进喜如来分第六》。

修行了道。大地人，得知识，同去归宫。"[1]

第四个阶段：炼神还虚。

炼神还虚又称"九年关"，在多数丹法中，炼神还虚是内丹修炼的最高阶段。炼神还虚体现了道教"天人合一"的思维方式，这体现在道教宣扬的由人而仙、与天地同参造化的宗教理念和理想境界中。"九"数乃皆用佛教达摩"面壁九年"的典故，并非按实。例如黄天道也讲"十年功"。道教认为，个人修炼成效不同，因而炼神还虚所费年限也各差异。伍守阳说："炼神还虚，九年之妙，虽非敢言，而《中和集》云：九年三载常一定。"

对于炼神还虚的"九年功"，实际上在《普明宝卷》谈得并不多。宝卷里更多的是脱壳成仙后的宗教幻想图景，这些虚幻的图景包括玉帝诏书、回到家乡、见无生老母、赴蟠桃宴等等，这些内容更显示出民间宗教的虚妄本质："借假修真，得无上之道。返本还源，同见无生圣母。"[2]又言："男女们要心坚，忽一时丹书来诏，躲离凡缘。众诸佛空里悬。仙童接引，宝盖幢幡，跨白鹤，身在云端，霞光万道，罩定一颗金丹。遍乾坤，焚宝香。那应时人人都惺，才认得真言，赴蟠桃，子母团圆。"[3]此类景象的描述还包括："玉帝来诏，跨鸾鹤起在云霄。诸佛万祖都来朝。瑶池会上排筵宴，仙童玉女品玉箫。饮了这个返红浆，才得长生不老。"[4]

第三节　道教内丹学之歧出

在中国思想史上，一种学说，当它把理论的阐释和创新维系于个人

---

[1]　《普明如来无为了义宝卷·聚德如来分第十八》。
[2]　《普明如来无为了义宝卷·宝月如来分第十》。
[3]　《普明如来无为了义宝卷·宝月如来分第十》。
[4]　《普明如来无为了义宝卷·聚德如来分第十八》。

心性体验或修证的时候，会自然地出现学说分化现象。因为个人体验内容或修炼路径的不同，所得的结果当然也各异，假使又没有权威的标准来校正和纠偏，到最后，这种学说的言语表达和思想书写会呈现游戏化的倾向——它已经从自身内部"内爆"，发展为异己的事物。

这种学说的分化在儒佛道三教的发展过程中都曾出现过，而尤以道教内丹学最为剧烈。佛教禅学自从慧能以后逐渐变成了"心"的宗教——一种讲究当下现实之人心体悟的宗教，慧能之后，"一花开五叶"，"六家七宗"相继登场，它们的依据都是修行过程中"心"的不同体验。一些禅学假相也趁机掺入，禅宗的清新空气此后频繁地被一些"出格禅学"如"野狐禅"之类所搅乱。儒学在宋明以后，心学的力量逐渐加强，特别是在王阳明之后，各种解说纷呈，莫衷一是，也有异端的出现，乃至有"阳明禅"的称呼。

道教内丹学的情况则更为严重。它不像佛教那样有一个创教人，也不像儒学那样有一个经书系统、严格的伦理践履规范和国家意识形态主导地位。本来，道教的学说大多是修道者个人修证过程的体验和记录，是他们个人对世界和人生乃至修仙之路的看法——没有权威的标准。内丹学之后，这种倾向更加厉害。扶箕的方法——人们可以借助古代神仙显灵的方式阐发自己的思想——加速了道教内丹学的分化。在内丹学的形成时期，张伯端在《悟真篇》中就发出如下的感叹："今之学者，有取铅汞为二气，指脏腑为五行，分心肾为坎离，以肝肺为龙虎，用神气为子母，执津液为铅汞，不识沉浮，宁分主客？何异认他财为己物，呼别姓为亲儿？又岂知金木相克之幽微，阴阳互用之奥妙？是皆日月失道，铅汞异炉，欲结还丹，不亦难乎？"[1]

---

　　［1］《悟真篇序》，张伯端撰，王沐浅解：《悟真篇浅解》，中华书局，1990年，第3页。

这是五代、北宋时期内丹异学纷呈的一景，然而到了南宋元明时期，内丹学已经成了一驾失去缆索的马车奔驰远去，所谓"堪嗟世上金丹客，万别千差殊不一。执象泥文胡作为，摘叶寻枝徒费力"[1]。特别是到了明代，由于没有引人瞩目的道教思想家和堪为世范的道者的出现，内丹学的突破性创新放慢了脚步，各种丹家于是在宋元各大丹师的陈词滥调中寻找活计，各类小教小派频繁出现，而每个小派只要有师徒数人即可成立。道教内丹学修炼体系已经变成一个万花筒，提供不同的途径，满足各种人的各种幻想。

但是我们还是要说，道教内丹学虽然出现了如此之多的不同理解和修炼方式，但它们还共享一些最基本的理念，例如，对于修炼内丹的原理的认识方面、修炼生活方式方面、修炼的终极结果方面。这证明它们还属于道教理论的范畴，还是"道教"。民间宗教的内丹功则不大相同，它从根本上颠覆了道教内丹学的基本理念，除了内丹修炼这个迷人的外壳以外，已经和道教内丹学相去万里了。它已不是"道教"，而是道教的歧出。

一　丹性说

内丹学的"丹性"说承自老庄"道"论和重玄学的"道性"论。老庄以"道"为宇宙的本根，天地万物皆是"道"的辗转相生，万物生于道而又归复于道，这是认为"道"是天地万物的究竟，是其本质。几乎和佛教禅宗佛性论的提出同时，重玄学提出了道性论，认为一切有情皆含有道性，道性与众生本性是一致的，是一种"真无妙有"的存在。如《太上一乘海空智藏经》卷一所说："一切众生识神之初，亦复如是，禀乎自

––––––––––––––––––

[1]　《中和集·破惑歌》，《天元丹法》，徐兆仁主编：《东方修道文库》，中国人民大学出版社，1988—1990年，第55页。

然,自应道性,无有差异。"[1]

但是隋唐道教学又认为,由于识神的造作,客尘沾染,迷失了先天的道性。要恢复道性,必须经过刻苦的修炼和智慧的解脱。五代时期谭峭作《化书》,提出了道教内丹学的纲领——从人之身形转变为虚空之道的途径,说:"道之委也,虚化神,神化气,气化形,形生而万物所以塞也。道之用也,形化气,气化神,神化虚,虚明而万物所以通也。是以古圣人穷通塞之端,得造化之源,忘形以养气,忘气以养神,忘神以养虚。虚实相通,是谓大同。"[2]这是谭峭对宇宙发展图式的认识,道转化为万物之形,万物终究将又复归于道,修炼者从这种现象中体悟到修道的基本原理。

内丹家秉承了前此道教史上的道性说,以之为修炼的依据。如张伯端所言:"法身即是天真佛,亦非人兮亦非物。浩然充塞天地间,只是希夷并恍惚。垢不染,光自明,无法不从心里生。"[3]张伯端把人人本具之天性比喻为"贫子衣中珠",是本自圆好的,而世人却不明此理,向外逐求。不承认自己天性"价值黄金千万亿"。因为此"真如性"可以"续长生",张伯端亦说:"人人自有长生药,自是迷徒枉把抛。"[4]

性命双修在元明炼丹家那里已属于老生常谈了,如《性命圭旨》说:"是以神不离气,气不离神,吾身之神气合,而后吾身之性命见矣。性不离命,命不离性,吾身之性命合,而后吾身未始性之性、未始命之命见矣。夫未始性之性、未始命之命,乃吾之真性命也。我之真性命,即天地之真性命,亦即虚空之真性命也。"又言:"故圣贤持戒定慧而虚其

————————

[1]《太上一乘海空智藏经》卷一,《道藏》第1册,第615页。
[2]《化书》,《道藏》第23册,第589页。
[3]《悟真篇采珠歌》,张伯端撰,王沐浅解:《悟真篇浅解》,中华书局,1990年,第189—190页。
[4] 张伯端撰,王沐浅解:《悟真篇浅解》,中华书局,1990年,第11页。

心,炼精气神而保其身。身保则命基永固,心虚则性体常明。性常明则无来无去,命永固则何死何生。况死而去者,仅仅形骸耳。而我之真性命,则通昼夜、配天地、彻古今者,何尝少有泯灭也哉。"[1]这是把内丹学的基本概念神、气、性、命结合起来解释。

但是民间宗教的内丹学(如黄天道)却有另外一套说法,它认为,先天一点佛性是人人俱有,个个不无的。它无形无体,是本来清净法身没有垢秽污染,又可以说是金刚不坏之身、舍利坚固之子,劫火不能损坏,只因为众生贪尘妄想,不识一点真灵,所以沉沦至今。只有凭借内丹修炼重新认识迷失的本性——古佛的"一点灵光",借假修真,返本还源,同回家乡,母子团圆。对比这两种学说体系,我们能轻而易举地看到它们之间的差异。

"若人知得还丹理,混源之中本无一。"[2]黄天道要教徒体会"还丹之理",这个"理"的内容就是它所说的"丹性",它产生于混源之中。宝卷中还说,体验到了还丹之理,就要认识到人类原初状态是"混源之内,无生本地",是"天生造化,自然所生":"大道不分男女,性命便是阴阳。天地相合能生万物,若人知得,玄妙之哉! 才知生来死去。人人只在混源之内,无生本地,锻炼一性。子母同居,三家相见,合成一体,有何苦报。天生造化,自然所生。"[3]

黄天道还认为,这个"丹性"是"万物之祖气"、"古佛一点真阳"、"古佛一点真灵",是"本觉"的:"万物之祖气,千变万化,救度众生。光明普照,昼夜常明,但凡动融,草木丛林皆赖一点真阳,养济四生,照破

---

[1] 《性命圭旨》之"性命说",《藏外道书》,第9册,第513页。
[2] 《普明如来无为了义宝卷·红焰帝幢王如来分第二十九》。
[3] 《普明如来无为了义宝卷·水天如来分第十七》。

十方,灌满恒沙世界。""古真天,本无二,一性圆明。"[1]还丹渊源于混源之"无生本地",因而它是"先天"的,所以要"一心只想先天面"[2]。教派随之提出了"先天"和"后天"的区别。"后天"是指人类从"灵山失散"到"流浪红尘"、"六道轮回"的过程,这是民间宗教经卷里普遍存在的神话,如言"自从灵山失散,在于阎浮世界,东土苦海娑婆。贪恋尘世之苦,妄上生妄,无足无厌。不守一性之真,身外贪求,染污自己灵光,不得出期,串轮回无休无歇"[3],或"只是古佛一点灵光,常劫不坏,无断无灭,清净之体,一无染污。因为尘世迷失,众生苦恋凡缘,生百种愚浊,不知天地之理,随邪倒见,妄想贪尘,自招苦报"[4]。

黄天道认为,因为每个人都具有"佛性",亦即"丹性",所以每个人都有返回家乡、认母归宗、成仙做佛的可能。关键是要遵循教门的指导,弃绝"旁门邪道",授予三皈五戒,舍弃自身"沾染"的"有为法","修真养性",主要是通过炼丹:"我劝你,众贤人,回光返照。三千年,有零数,才遇真空。有为法,休要贪,修真养性。思狱苦,发善心,早问明人。授三皈,合五戒,身心清净。舍凡情,休挂碍,持诵真经。休要你,贪爱他,别人之宝。守自己,一性真,以天而行。人伦道,岂断你,阴阳之理。天地合,生万物,养济群生。"[5]这段话算是比较有概括性了。

二　金丹信仰

民间道派的修炼法门具有三大特点:一是功法明晰,阶段简单、容

---

[1]　《普明如来无为了义宝卷·释迦牟尼如来分第一》。

[2]　《普明如来无为了义宝卷·红焰帝幢王如来分第二十九》。

[3]　《普明如来无为了义宝卷·离垢如来分第十二》。

[4]　《普明如来无为了义宝卷·宝莲华善住娑罗树王如来分第三十五》。

[5]　《普明如来无为了义宝卷·水天如来分第十七》。

易下手；二是功效巨大，其所提供的宗教图景能够满足欲望和幻想；三是修炼过程隐秘，适合教门的神秘性。而明时社会上的内丹学所笼罩的神秘光环恰好满足这三点要求。

明代社会的金丹崇拜，吾人从小说《西游记》中可略知一二。此虽非信史和道经，然吾人可借之窥见明代一时之道风浓烈。《西游记》第二回《悟彻菩提真妙理　断魔归本合元神》将各种流行道法作一个比较，而特别提出金丹修炼的卓尔不凡。菩提祖师让孙悟空选择各类道法，有"术"字门中道，其内容是"请仙扶鸾，问卜揲蓍，能知趋吉避凶之理"；有"流"字门中道，内容是"儒家、释家、道家、阴阳家、墨家、医家，或看经，或念佛，并朝真降圣之类"；有"静"字门中道，其内容是"休粮守谷，清静无为，参禅打坐，戒语持斋，或睡功，或立功，并入定坐关之类"；有"动"字门中道，其内容是"采阴补阳，攀弓踏弩，摩脐过气，用方炮制，烧茅打鼎，进红铅，炼秋石，并服妇乳"；而唯有"金丹"是长生之道，所谓"攒簇五行颠倒用，功完随作佛和仙"。参考有明一代道士文人之论述、小说戏文之藻绘，无不以金丹为至高法门。而金丹修炼需要拜师学艺，此又和道派的组织及活动方式极为相似，故而道派往往借炼丹而掩其名目，使人误以为其为炼丹的小团体也。

黄天道（包括明代的其他道派）为何把内丹修炼作为教门修行方法？我们要从教派内丹学所提供的人生图景中来查询。本来，内丹学是道教修仙法之一种。道教的成仙就其宗教主旨来说是要和自然界的生老病死之规律作斗争，是道教挑战自我、"征服"自然的宗教目标。但是唐末五代以来，内丹学被赋予了太多的宗教意蕴，从而使其替代了其他修炼方法成为道教修炼的主流。

内丹学的宗教意蕴包括它对人类生存状况的认识，对人类生理规律的认识，对理想世界的描绘，以及对苦难和快乐的解说。它认为人类的现实状况是"真性迷失"的状态,而这原因是因为人类贪恋"酒色财气",致使先天的"性"和"命"一点一点地遗失。所以要回到人类的真实状态,就只能在现实的身体和心灵状态下"借假修真","性命双修",最后达到"金丹解脱",成就"仙道"。可以说,本来道教内丹学对现实世界的判断和对理想世界的描摹就是虚妄的、不真实的。它把人类对于神仙世界的幻想转化为一条不需要其他工具的对自我肉体和心灵的锤炼过程。但是,道教对内丹学宗教意蕴的阐述又是有限度的。

我们可以先来看看道教对"金丹"成就后景象的描绘。在道经中,为了吸引道教徒积极地修炼,它们把金丹所能带来的快乐和神奇——彩云缭绕、瑞气腾腾、鸾车凤辇、乘云气、御飞龙、升玉京、游天阙、飘飘云际、翱翔太空、蟠桃玉液等等罗列出来,如"瑞气彩云摭玉体,鸾鹤对舞面前迎。王女双双持紫诏,名登玉籍唤真人。金光罩体人难视,节制仪威左右行。仙鹤接引朝元去,白日飞升谒上京"[1],及"若问瑶池快乐,其间受用无边。上朝金阙玉京山,出入鸾车凤辇。食有天厨仙脯,六铢羽服飘然。众仙齐至贺新仙,到此平生志满"[2]。

《性命圭旨》是晚明时期的一部道经,这部道经对道教内丹修炼过程进行了详细的、毫无隐瞒的交代,可谓"全盘端出"。这可能是民间流行的道教著作,现存天启刻本,市面上流行之本是康熙年间本,书托名尹真人高弟所著,其中显示了晚明时期道教内丹学的渐入迷途之路。该书对于金丹十分崇拜:"真人出现,乘云气,御飞龙,升玉京,游帝阙,飘飘云际,翱翔太空。凤篆金书,朝赴九阳之殿;蟠桃玉液,位登万圣之筵。适意则鸾舆前引,登云则龙驾前迎。紫府鳌宫欲去,而顶中鹤舞;丹台琼苑拟游,而足下云生。劫火洞烧,我则优游于真如之境;桑田变

---

[1]　钟离权:《破迷正道歌》,《道藏》第4册,第917—918页。
[2]　孙汝中:《金丹真传·赴瑶池第九》,《藏外道书》第25册,第461页。

海,我则逍遥于极乐之天。聚则成形,散则成气,隐显莫测,变化无穷。入水火而不溺不焚,步日月而无形无影。刀兵不能害,虎兕不能伤。阴阳不能变迁,五行不能陶铸。阎罗不能制其死,帝释不能宰其生。纵横自在,出入自由。信乎!"[1]

然而,在正统道教那里,他们对金丹神奇力量的描绘是有限度的。如在全真教那里"本来真性即是也。以其快利刚明,变化融液,故曰金;曾经锻炼,圆成具足,万劫不坏,故名丹。体若虚空,表里莹彻,一毫不挂,一尘不染,辉辉晃晃,照应无方。故师祖云:'本来真性号金丹,四假为炉炼作团,不染不思除妄想,自然滚出赴仙坛。'世之人有言金丹于有形象处作造,及关情欲,此地狱之见,乃淫邪之所为,见乖人道,入旁生之趣矣"[2]。

李道纯也认为:"金丹只是强名,岂有形乎?所谓可见者,不可以眼见。释曰:于不见中亲见,亲见中不见。道经云:视之不见,听之不闻。斯谓之道。视之不见,未尝不见。听之不闻,未尝不闻。所谓可见可闻,非耳目所及也,心见意闻而已。譬如大风起,入山撼木,入水扬波,岂得谓之无?观之不见,抟之不得,岂得谓之有?金丹之体,亦复如是。所以炼丹之初,有无互用,动静相须,乃至成功。诸缘顿息,万法皆空,动静俱忘,有无俱遣。始得玄珠成象,太一归真也。性命双全,形神俱妙,出有入无。逍遥云际,果证金仙也。所以经典丹书种种异名,接引学人从粗达妙,渐入佳境,及至见性悟空。其事却不在纸上。譬若过河之舟,济渡斯民。既登彼岸,舟船无用矣。前贤云:得兔忘蹄,得鱼

---

[1] 《性命圭旨·第八节口诀》,《藏外道书》第9册,第589页。
[2] 王志谨:《盘山栖云王真人语录》,《道藏》第23册,第731页。

忘筌。此之谓也。"[1]

　　而在民间宗教宝卷里,他们对"金丹"的解释就更显示出虚妄的性质。"金丹"成为天底下最神奇的东西,它可以解决人类遇到的所有困难,能够实现人类所有的幻想。道派对金丹功效的解释远远超出了正统道教所能够容忍的限度。民间宗教对金丹的作用极度夸大,如言"金丹九转自离凡,飞升只上朝圆洞"[2],"九转还丹出阳神。离凡脱壳归家去,不动不摇坐莲心"[3],"一时丹书来诏,躲离凡缘。众诸佛空里悬。仙童接引,宝盖幢幡,跨白鹤,身在云端,霞光万道,罩定一颗金丹。遍乾坤,焚宝香"[4],"十年功满超凡圣,只待皇都敕旨宣。霹雳一声震山川,现出牟尼在空悬"[5],"还丹一粒,神鬼难知。超凡入圣机。包天裹地,运转须弥,功圆行满,体赴瑶池,后人亲见,决定是真实"[6],等等。

　　比较起来,这些言语虽然夸诞,却是从道教教义中脱化而来,如"丹书来诏"、"仙童接引"之类,道教中也是这样说的。至于说"脱壳归家"、"朝圆洞"、"包天裹地,运转须弥"、"照彻三千大千世界"这些教派用语,则夸张过甚,远非道教徒所能够接受的了。

　　长生教的经卷中把修道者划分为"三乘",其中,最上乘者"功行圆满,无去无来,不生不灭,金光万道,千百亿化身,已得五眼圆明,天地有坏,我身无崩也"[7],这样就能够"运转恒沙,彻底玄翻。万像是根元。通天彻地,透海穿山,周遍法界,一粒金丹,收来放去,万物总包含。一粒

　　[1]　李道纯:《中和集·问答语录》,见《天元丹法》,收入徐兆仁主编:《东方修道文库》,中国人民大学出版社,1988—1990年,第40—41页。
　　[2]　《普明如来无为了义宝卷·勇施如来分第十三》。
　　[3]　《普明如来无为了义宝卷·清净如来分第十四》。
　　[4]　《普明如来无为了义宝卷·宝月如来分第十》。
　　[5]　《普明如来无为了义宝卷·精进喜如来分第六》。
　　[6]　《普明如来无为了义宝卷·宝光如来分第三》。
　　[7]　《大圣弥勒化度宝卷·化度赵家三乘妙法品分第五》。

紫金丹,能生遍大千。四生主中主,万古永留传"[1],他们还认为"无尽意数,周天缠度,运转着诸佛灵光。普摄归源还故。炼成金丹宝炉,炼成金丹宝炉,炼成一物,不堕三途,永证在无生地,包藏着一字无"[2]。

民间宗教宝卷里还有如下观点:金丹不仅仅在未来天堂世界中具有神奇的力量,而且可以有许多现实的功用,满足民众许多的福利。例如"弥陀佛度群迷,拨转天关,再不受阎君气。……还丹一粒,西方净土同坐莲池"[3],"妙药恒顺众生,盘古三皇立世。采取诸精,合成一粒金丹。至玄至妙,能救众生之苦难。此药最圣通灵,救四生能除百病,周转法界,普运乾坤",及"一粒金丹,美味真全。婆罗密为丸,铅汞引子,水火熬煎。慈悲一片,信利牢坚,若人肯服,撒手立人天"[4]。

轮回苦报是明清时期民众的一般信仰,他们往往试图通过破费做斋醮法事来消弭。道派的内丹学当然也承诺金丹炼成之后,不仅自己将会冲破轮回业网的缠绕,而且连带祖先父母一同升天,所谓"拔济九祖,同共见先天"[5]、"再不受阎君得气"[6]、"凡圣相投,超度九祖先亡都得生天。在凡在圣,利济人缘"[7],及"救济九祖众先灵。见在父母增延寿,过去父母早超生。蕴空妙法分明现,霞光养济众群生"[8]。

三　内丹与教派义理

从东汉末年至清朝末年,民间宗教基本教义的发展经历了一个漫

[1]　《药师本愿功德宝卷·第八大愿》。
[2]　《药师本愿功德宝卷·无尽意菩萨分第品十六》。
[3]　《普明如来无为了义宝卷·龙尊王如来分第四》。
[4]　《药师本愿功德宝卷·药王菩萨分第品十八》。
[5]　《普明如来无为了义宝卷·功德华如来分第二十四》。
[6]　《普明如来无为了义宝卷·龙尊王如来分第四》。
[7]　《普明如来无为了义宝卷·旃檀功德如来分第十九》。
[8]　《普明如来无为了义宝卷·财功德如来分第二十六》。

长的过程。最早期的五斗米道采用服符首过、治病、上交五斗米成为信徒的办法,信仰老子。道教内部出于隐晦的原因,而统治者出于安定的考虑,对其教义和组织进行了消弥和瓦解。对于五斗米道教义的详细情况已不可确知。魏晋南北朝时期,民间的各种道派很多,例如三国时期的帛家道、李家道,南北朝时期的李弘信仰团体。对于它们的教义,我们同样不可确知。

大约在同一时期,佛教的弥勒佛信仰传入民间。对于苦难中的民众而言,弥勒下生信仰具有强烈的吸引力。这一个图式化虚拟的故事表现了现实和未来的强大对比力量,成为民众宗教、政治和人生福利力量的表达。致使弥勒教在底层逐渐发展。北魏延昌四年沙门法庆提出了一个口号"新佛出世,除去旧魔",隋代出现了"白衣天子出东海"的谣言。唐代,弥勒教仍然很盛行,我们从政府发布的禁断诏令中可以看到"有白衣长发,假托弥勒下生","释解禅观,妄说灾祥","或别作小经,诈云佛说"。此后,摩尼教的"二宗三际"说开始引入民间宗教形成"三期末劫"教义,它和"弥勒下生"等末世论思想结合,成为罗教之前所谓"白莲教"的基本教义。

罗教以后,民间宗教进入一个更新的时期。民间宗教对正统的佛教、道教教义大量吸收,使得民间宗教在时人眼中越来越难以辨认。笔者认为,明清时期,民间宗教的教义来源有三个部分:一是传统弥勒教的弥勒下生信仰(其中包含有三期末劫的内容);二是佛教、道教的部分思想内容如禅学、内丹术;三是民间宗教自身的创造,如无生老母、真空家乡等等。

晚明时期民间宗教的一般教义是:最初的宇宙是混然一团,什么也分不出来,叫作混沌,又叫鸿濛。在这个混沌之上有一个地方称为"云城",也叫安养极乐国、都斗太皇宫、无极理天,也就是天堂。那里住着一位无生无灭、不垢不净、不增不减、至仁极慈的，能创造一切也能毁灭一切的神，这就是无生老母，又称无极老祖。她开始使混沌分出天地、日月、两仪四相、五行八卦、万物以及九十六亿人类。她把这些人叫作原佛子，也叫作原子，并把他们派遣到东方居住。不料他们受到尘世的迷惑，陷入苦海。无生老母十分伤心，每日泪流满面，思念儿女。她决定派遣燃灯佛、释迦佛、弥勒佛三位佛祖分别到世上，把这些原人度回云城。但是燃灯佛、释迦佛不力，只度下很少的人，还剩下九十二亿原人，必须由弥勒佛一次度完，这叫"末后一着"。[1]

从民间宗教的教义中我们看到，里面最基本的有三个方面：家乡信仰、无生老母信仰、劫变信仰。而道派以内丹修炼为一条红线贯穿了这些民间宗教信仰的主题内容。所以说，道派内丹学是对其教义的宣讲。

首先来看看金丹学里面的无生老母信仰，它们表达出期盼与无生老母团聚的观点，如"驾法船，撞透三天，亲见咱无生面"[2]，或"今有真空黄天道，朝圆洞下拜亲娘"[3]。又言"得无上之道，返本还源，同见无生圣母"，"忽一时，有仙童，亲来接引。幢幡盖，仙乐响，喜笑盈盈。朝圆洞，见无生，亲身下拜。子母们，团圆会，永不投东"[4]，及"扑在娘怀里抱，子母们哭哮啕。从灵山失散了，因为我贪心不舍，串轮回无归落。今遇着老母家书也，才得了无价宝。老母你是听着，普度众生出波淘。老母你听着，无上真经最为高"[5]。

再来看看金丹学和家乡信仰之间的关系，最基本的是凭借金丹的

---

[1] 王兆祥：《白莲教探奥》，陕西人民教育出版社，1993年，第133页。
[2] 《普明如来无为了义宝卷·龙尊王如来分第四》。
[3] 《普明如来无为了义宝卷·无量掬光如来分第二十》。
[4] 《普明如来无为了义宝卷·宝月如来分第十》。
[5] 《普明如来无为了义宝卷·无垢如来分第十一》。

力量回到"家乡",所谓"从灵山失散了,千万余遭,苦串轮回无归落。才得遇着我今朝,才得遇着指透了,无为奥妙。金乌院答查对号,至今朝才躲了尘劳,才躲了尘劳,四方境人人都到"[1],"忽一时,九转丹,功圆行满。有仙童,前引路,起在虚空。那应时,才显出,修行了道。大地人,得知识,同去归宫"[2],以及"古弥陀,在空悬,驾法船,度失乡,运转周天无间断"[3]。

最后来看看劫变和内丹的关系,基本含义是金丹担负了末劫拯救的任务:"后五百年,末法众生,苦业难逃。有缘有分,得遇黄天圣道,传与四句无为,时时清净,持诵真经。躲离生门死户。"[4]宝卷里多有这种带有恐吓性质的言论,例如"大限临头,南阎众生造业深。五百劫不肯早回心。杀害生灵,自招其罪,业网缠身"[5],"在东土,贪爱他,邪淫妄语。拜邪师,行邪法,怎躲尘轮。三千年,有零数,看看又满。大限至,身遭苦,怎得翻身"[6],以及"此是贫人得宝,飘舟到岸,孤客还乡,婴儿见母。才得返本还源,说不尽尘轮苦报……多亏了无生圣母救婴儿,都得还乡。五百个罗汉说道,三千位佛祖称扬。全真道九十二亿六万祖,都赴仙乡,受天福。千万亿劫,才是他圆满道场"[7]。

四　内炼与祖师崇拜

民间宗教里的教首崇拜经历了不同的阶段,每个阶段都有不同的崇拜类型。在早期的太平道、五斗米道那里,教首的地位远没有上升到

[1]　《普明如来无为了义宝卷·功德华如来分第二十四》。
[2]　《普明如来无为了义宝卷·聚德如来分第十八》。
[3]　《普明如来无为了义宝卷·光德如来分第二十一》。
[4]　《普明如来无为了义宝卷》经前序。
[5]　《普明如来无为了义宝卷·清净如来分第十四》。
[6]　《普明如来无为了义宝卷·德念如来分第二十七》。
[7]　《普明如来无为了义宝卷·财功德如来分第二十六》。

个人崇拜的地步。南北朝以来以"弥勒佛"信仰为主要支撑的民间教派那里，许多教首宣称自己是弥勒佛下界，用这样一种"谶语"的方式支持了自身的神圣地位。

道派里神灵形象直接承自道教内丹学里面的神仙形象。当然，道教内丹学里面的神仙形象也是中国人思维方式的产物。金克木说："中国人问的是'人和人'，着重在行为，对'神'是'敬而远之'，不问。出发点是'活人'，所以讲'长生不老'，'往生净土（极乐世界）'，'即身（立地）成佛'。这也许是因为中国人从最古就着重祖先崇拜，父传子，子传孙，传后代。神都是活人，或者活人死而为神。"[1]道教里面神仙而在晚明民间道派那里，教首往往宣称自己是炼丹的成就者。这里面有道教的影子。

道教的仙人是由人成仙。历代道教史籍中记载了很多通过内丹修炼而成仙的人物事例。值得注意的是，这些已经修成仙道的人物并不是与俗人隔绝地住在天宫或道教的"洞府"之中，而是经常在人间显现，告诉人们修炼的道理，道教中也称之为"度人"。如全真教中流传着王重阳"甘河遇道"的故事。小说、戏曲中也常常记载这类"仙话"。例如元曲中的《铁拐李》、《岳阳楼》、《城南柳》、《刘行首》、《任风子》大多是讲述"八仙"如何现于人间，度"有缘人"的故事。这里面一个重要观念是，天上的"内丹派神仙"往往要临凡历劫，在人间完成一系列俗事任务后才能归天位，这些事务包括"功行"和"内丹"两方面。我们可以称之为神仙下凡历劫说。

可以看出，道派也在模仿这些道教内部和民间流传的故事，在叙事结构上二者有如下几点共同：（一）它们都把降临人世间的行为叫作

[1]　金克木：《文化卮言》，上海文艺出版社，1996年，第9页。

"度人";(二)它们对人世间的判断都是消极的,道教认为"酒色财气""迷却正道";(三)所度的对象都是有选择的,道教中认为这些被选择的人都有"神仙种子",不是一般的凡人;(四)"救度"都不是直接地使之成仙,而是"他力"和"自力"的结合;(五)这个"他力"就是仙人的指点,"自力"指的是自身"内丹"修炼;(六)必须具备一系列"机缘",方能最终成功也就是说救度是有时机性的;(七)劫运说,道教内丹学的任务判断此生此世是劫运到来,如伍守阳《天仙正理直论增注》说"而此集出世,则为来劫万真火经根本,后来见者自能从斯了悟,不复疑堕旁门"[1]。

明代士人喜欢扶乩,经常假称吕祖、东华祖师降临鸾坛。明清以后,借助扶鸾而写出的道经占据新出道经的很大一部分数量,与此同时,借助扶鸾而写出的民间教派的经卷也逐渐增多起来,二者的联系也是显而易见的。

唐末五代以来的道士们把内丹修炼成功的条件概括为以下几条:首先是寻求明师(名师),其次是讨求真诀,再次是艰苦修炼。明师是和"邪法"对立的。道教认为,世界上有无数多的小道、邪法,这些道术可能产生部分的功效,然而都不能达致长生,所以要寻求最可靠的方法。寻求明师的方法中,"云游"是必须遵行的。王重阳就着力探讨过"云游",认为"云游"需登险要之高山,要以不倦的态度访明师,问道无厌,因为"若一句相投,便有圆光内发。了生死之大事,作全其之丈夫"[2]。其他一些道士也有类似看法,如李道纯言"三千六百傍门法,

---

[1]　伍守阳:《天仙正理直论增注》,《伍柳法脉》,徐兆仁主编:《东方修道文库》,中国人民大学出版社,1988—1990年,第89页。

[2]　王重阳:《重阳立教十五论》,《道藏》第32册,第153页。

不识随行昼夜人人。有缘遭遇明师指，顷刻之间造化生"[1]。道教经典《还源篇》还认为"急须猛省，寻师访道，修炼金丹，同成仙果"[2]。

与道教内丹学的寻找明师类似，民间宗教里宣扬了某种神明"下生"信仰。当黄天道的教祖李普明去世之后，他的后继者展开了一系列"造神运动"。《普明》宝卷是黄天道早期宝卷，在这部宝卷中，李普明"由人即神"，被其后代推到"佛"之果位，称为"普明如来"，如宝卷中说："古佛临凡，自己悟道成真。一性绝烈，永不退转。厌沉沦之苦，访悟无生大道，参拜明眼真师，求心印之诀。昼夜随佛行礼，按天地运功。二六时中，一无间断。忽然现出一点光明，照见从前黑暗，是法平等，亦无贵贱，与天地相同。昼夜慈悯，万类群生。齐超苦海，同登彼岸。"[3]

这是说，李普明本来也是佛菩萨临凡，自己先通过内丹修炼，悟道成真，这样就能够担负起救度"离乡儿女"的任务。那么如何"成真"呢？普明以自身经历教导教徒说，首先要参拜明师，也要具备"心印之诀"即口诀，昼夜按照天地的运行规律进行内丹修炼，最后炼成内丹，才能够脱离苦海，与天地同寿。

这是李普明自己的经验之谈，他告诉教徒们的也是一个由平凡人登上佛位的"模范"。宝卷中又说："佛说普明如来慈悯阎浮世界，万类群生，无脱苦解厄之方，广有诸邪宗门，假名引道，虚投教典，各立三乘，非知古佛原来真性。执相修行，堕于沉沦苦海，而未归源，无休无息。后五百年，末法众生，苦业难逃。有缘有分，得遇黄天圣道，传与四句无为，时时清净，持诵真经。躲离生门死户，昼夜采取先经。锻炼天地骨髓，诸佛之命根。古佛留传心印真诀，扫万法居本空，顿悟混源祖气。

---

[1]　钟离权：《破迷正道歌》，《道藏》第 4 册，第 917 页。
[2]　石泰：《还源篇·序》，《道藏》第 24 册，第 212 页。
[3]　《普明如来无为了义宝卷·现无愚如来分第九》。

有惺贤人,对天早发宏誓大愿,弃舍凡情,脱离苦海。返本还源,同证无生大道,还矿真金,子母团圆。"[1]这就是说,李普明本来就是天上的佛"普明如来",因为慈悯世界上的众生没有脱离苦海的手段,而末劫降至,于是传留下黄天道,教徒众"时时清净",按照黄天道所授予的内丹修炼方法,锻炼自己的身心,将来也会升天,"同证无生大道"。

这样,李普明就变成了一个通过炼丹而成仙做佛的"样式",而内丹学则是导致这种状态的最重要因素。不仅是李普明,而且编辑宝卷者,其外孙女——当时已经登上教主宝位的米康氏也将自己神化成为普贤菩萨,说:"普贤菩萨立于全真大道。后人都以无为行功,身心清净。锻炼四相五行,借假修真。调和大地黄芽,都以性命相合,子母相见。不在万法所执,赖托一点天真。意挂虚空,随佛运转。依四时采取,合五行锻炼,以八卦周天火候行功。顿破心花,明彻海底,通传大道。"[2]

并且,所有的道派祖师都被封上了"佛"位,宝卷言道:"皇极古佛即是普明如来,善财童子见文殊普贤二大菩萨。文殊即是大地万类群生真阳之父,普贤菩萨乃是诸佛祖母。"[3]所以黄天道经卷里就经常说"古弥陀"如何如何在世间度人,如言"古弥陀,发下他,弘誓大愿。度尽了,众生苦,愿满平生"[4],以及"古弥陀,观见他,十分难忍。驾法船,游苦海,普度众生"[5]。

---

［1］《普明如来无为了义宝卷》经前序。
［2］《普明如来无为了义宝卷·普明无为了义如来分第三十六》。
［3］《普明如来无为了义宝卷·普明无为了义如来分第三十六》。
［4］《普明如来无为了义宝卷·聚德如来分第十八》。
［5］《普明如来无为了义宝卷》经前序。

第四章 科仪：以弘阳教为中心

　　民间宗教的文本分析容易令我们进入某种形而上学假象，误认为它仅为某种文字书写行为，忘却它其实是一场多媒体活动。我们应看到，宝卷的誊录、抄写、印制、散发等步骤，都避免不了"制作性"特征。此外，宝卷最重要的使命是宣读、吟咏，并且在大多数情况下是在密室、院落这样规模或小或大的封闭空间内进行，这也令其相对于佛教、道教而言颇具竞争性。

　　我们在此要分析一种更为直接的精神活动，那就是仪式化表演，在晚明时期，仪式表演性尤其反映在弘阳教经卷里。

第一节 仪式类宝卷

　　相比于晚明时期其他民间教派，弘阳教以制造科仪宝卷为其特色，品种繁多。本节将介绍弘阳教各种科仪宝卷，以期获得整体性了解。

一 概述

　　在进入弘阳教的研究之前，我们需要对弘阳教祖韩太湖的生年、创教之年、北上京师之年做一个简单的讨论。根据李世瑜、韩秉方、宋军诸位先生的研究，弘阳教祖韩太湖的生平和经历大致包括：生于隆庆庚午(1570),十九岁(1589 年)出外修行,二十四岁创立弘阳教派(1594 年),二十六岁上京师(1596 年)说法,辞世年仅二十八岁(1598 年)。[1]

弘阳教的创立时间也即"吐经"的时间,应该在万历二十二年(1594)。这个判断的根据不在信史或史料的记载,而是基于弘阳教自己的经卷中一些看似夸诞的话语。明刻本《混元弘阳血湖宝忏》卷首云:"尔时太上飘高老祖,于万历甲午之岁正月十五望日,居于太虎山中,广开方便,济度群迷,舍九莲宝台,大会说法。"万历甲午之岁是1594 年,正月十五望日是一年中的吉日,韩太湖选择这个日子正式开展传教活动是深有含义的。仅凭这个记载论定弘阳教的创立时间显然是不充分的,但我们只能以此为据。

果然,第二年,抱负远大的韩太湖便只身入京师说法。早在永乐、宣德年间,僧尼道士往往赶赴京师,请求给予度牒。而在万历年间,除了这些请求发给度牒的出家人之外,还有许多游方的没有注册的"流僧"、"流道"。此外,当时许多新创立的教派赶赴京师,或在闾里街巷之间,或在深宫高墙之内,或在门阀贵族的院宅之中传教,以扩大自己的声誉。我们从引言所引的记录中也可看到,万历二十六年,一个兵部衙门的哨兵在门外的大道上捡到一个小册子,上面的语言"幻妄不经",看起来像大家所知道的"无为教焚聚之辈"[2]。

弘阳教是非常幸运的,按照他的说法是"佛法有应",得到了大内以及官宦的支持。奶子府内,转送石府宅中,定府护持大兴隆。其中有

---

[1] 李世瑜《天津红阳教调查研究》,《民间宗教》第 2 辑;马西沙、韩秉方:《中国民间宗教史》第 9 章,第 489—505 页;宋军:《清代弘阳教研究》,第 67—76 页。

[2] 《神宗实录》卷 319。

"御马监程公、内经厂石公、盔甲厂张公"[1]三位护法。

根据韩太湖自己的陈述，他自从创立弘阳教后，便开始造作经卷。进入京师以后，韩太湖便把自己的经卷印行，现存的各类经卷都是内经厂主持印刷的。当时，一般把这些经文看作是佛教、道教遗留著作的一种。因而印刷的款式也几乎一样。很多经文都是一家祖传的印刷家"铁笔先生"："开造经文，铁笔先生同祖共十七家。"[2]

弘阳教的经文因其通俗易懂、印刷精美、门类齐备各种优点，在民间宗教教派中得到普遍的尊重和收藏。在一些宗教活动如丧葬、做会中使用。现存的各类弘阳教经卷如下。

第一类，业已结集出版者。《宝卷初集》中收有《混元弘阳临凡飘高经》上下、《弘阳苦功悟道经》上下、《弘阳悟道明心经》上下、《混元宝灯提孤施食科仪》；《明清民间宗教经卷文献》同样收有《混元弘阳临凡飘高经》上下、《弘阳苦功悟道经》上下、《销释混元弘阳大法祖明经》、《销释混元弘阳大法祖明经午科》、《销释混元弘阳灯光华藏经科》、《弘阳叹世经》上下、《弘阳后续天华宝卷》上中下、《销释混元无上大道玄妙真经》、《销释混元无上普化慈悲真经》、《销释混元无上拔罪救苦真经》、《销释混元弘阳拔罪地狱宝忏》、《销释混元弘阳救苦升天宝忏》、《混元弘阳明心中华宝忏》上中下、《混元弘阳血湖宝忏》、《销释混元弘阳明心宝忏》、《弘阳祖明经科仪》。本章的分析主要奠基于这些已经结集出版的宝卷。

第二类，为国内外公共图书馆秘藏而未经面世者。《弘阳显性结果经》上、《混元弘阳中华宝忏》上、《弘阳妙道玉华随堂真经》、《弘阳佛

---

[1]　《混元弘阳临凡飘高经》卷首，《混元教弘阳中华经序》。
[2]　同上。

说镇宅龙虎妙经》上、《弘阳佛说镇宅龙虎宝忏》中、《佛说青花报恩天通宝经》下、《混元弘阳救苦观灯》、《混元弘阳宝灯》、《混元宝灯起止规范》。

第三类,私人收藏者。《南无混元弘阳扬幡宝忏》、《销释混元弘阳荐亡本、孤魂调》、《混元宝灯》、《混元弘阳教佛韵全册》、《混元弘阳表文全册》。

第四类,清代档案中抄录者。《混元弘阳观灯赞》(嘉庆二十二年)、《起香赞》(德州崔中旺家)。

第五类,失收者。主要是《销释孟姜忠烈贞节贤良宝卷》。

下面对这些宝卷中属于仪式类的部分做一个说明。

二 弘阳教五部经

弘阳教五部经,包括《混元弘阳临凡飘高经》、《弘阳苦功悟道经》、《弘阳叹世经》、《弘阳悟道明心经》、《弘阳显性结果经》,它们是弘阳教的经卷中,韩太湖自己所创作的经卷,故又称"弘阳教五部经"。

《混元弘阳临凡飘高经》是弘阳教最重要的经卷,系统阐述了弘阳教的教义思想,如天地万物起源,弘阳教之诸神谱,飘高临凡救度原人、创立混元门源沌教弘阳法等内容。关于弘阳教经卷的由来,卷中说:"栴檀老祖作证,临凡头遭转化为荷担僧,将五千四十八卷一揽大藏真经尽情担上雷音寺,东土无经忏悔亡灵;二遭又转唐僧取经,一十二载受尽苦楚,还源东土须菩提无有依靠;三番又转罗祖留五部真经,受苦一十三年,悟彻真性,心花发朗,取得是无字真经,至到末劫也临凡,三回九转,才遇着混元门,源沌教弘阳法,普度众生。"[1]因而,在韩太湖

---

[1] 《混元弘阳临凡飘高经·取栴檀临凡送经取经遇弘阳法普度众生作证品第二十四》。

的意识里，"超度亡灵"是宗教最重要的社会功能。

《弘阳苦功悟道经》、《弘阳叹世经》、《弘阳悟道明心经》、《弘阳显性结果经》分别阐述了韩太湖的悟道过程(《弘阳苦功悟道经》)、人生无常众生造业多端不得出离之苦(《弘阳叹世经》)，以及如何通过修证明心见性(《弘阳显性结果经》)。

其中，《弘阳悟道明心经》是弘阳教五部经中宗教仪式色彩最浓厚的一部，具体内容是悟道过程的艰苦努力和悟道后境界的美好。详细描述了天宫的辉煌和地府的幽森恐怖，排列九杆十八支，将人身比作天地的天人相类思想。

需要指出的是，这本书带有明显忏悔文的色彩。如上册第三品《请宗祖祝明香品第三》是民间宗教"请神"仪式的一部分："普请诸佛，手举明香，求拜家乡诸祖临凡摄照凡笼，早下天宫，受尽明香。"本品里的"招诉冤枉"是宗教忏悔的一种。《行功巡会品第四》号召教徒要用心念经："苦行功夫常行行，跪在经堂念真经。催功老祖来巡会，报事灵童走虚空。摄照行功香儿女，有一功来上一功。功上加功有功劳，疑悔进退一场空。催功老祖归空去，虚空灵童报一声。报与家乡无生母，有功无功说分明。"下册第一品《先请老母祝香文品第一》说的是跪请无生老母等诸位无生，所谓："手举明香常祝赞，跪倒佛前请家乡。"此外还有"发愿"："举意请家乡，跪倒好栖惶。我把冤枉诉，祖母下天堂。"《报恩忏悔品第二》是标准的忏悔文，所谓"请下家乡祖母，先报恩后忏悔"，"总报家乡日月龙天皇王保平安，父母生身，师父跟前教训，成人得理回还。一世业障，忏悔早还元"，"三十二报恩，八忏脱离身。从今除却净，好去见世尊"。《指金灯金炉作偈品第四》描述了弘阳教徒在经堂里练功的仪式，说："人心譬如一盏灯，添油拨捻自然明。金灯照在经堂里，朵朵金莲现修行。……持斋戒律学打坐，配如香炉倾净灰。上下玄空无一物,内里消息自家知。剪断金灯金炉偈,借假修真念阿弥。"按照传统的弘阳教说法,这部宝卷属于"五部经"之一,但是纵观这部宝卷,和其他四部差异很大,恐非韩太湖本人所作。

三　七部法忏

七部法忏包括弘阳教的"小五部"和其他两种忏仪类经卷,七部分别是《销释混元无上大道玄妙真经》、《销释混元无上普化慈悲真经》、《销释混元无上拔罪救苦真经》、《销释混元弘阳拔罪地狱宝忏》、《销释混元弘阳救苦升天宝忏》、《混元弘阳血湖宝忏》、《混元弘阳中华宝忏》。

《销释混元无上大道玄妙真经》正文的第一部分叙述天地万物和人类的产生,认为宇宙一开始是"虚无混沌不分天地一片虚空",之后产生万物:"一生道二,二生三真,三生万物。卦分阴阳,初分二气,天地三才,四相运转,五行动用。清气为天,浊气为地,一天一地,配就乾坤。三明四暗,所长灵苗,道分人相,普运十方万类恒河众生,有生有死,有恶有善,有长有短,有富有贫,寿命不同。"因为有不同的果报,因此劝教徒诵经:"老祖曰:若有善男信女顶礼持授,三毒消灭,八难不侵。若颂一遍,延寿长年。看念二遍,常现真元。看念三遍,三祖升天。当求一乘正果,超赴还源时刻,诚意无不现身。"

《销释混元无上普化慈悲真经》分为两部分,前一部分是弘阳教教义的宣说,玄真老母和无生老母召集诸大菩萨,东土众生迷失本性,幸而飘高祖"替佛说法,广度众生,流传在世"。认为世人之首要是:"善有善男子善女人诚心转念,念念不空,求佛忏悔,解削冤根。修斋设醮,祖母遥闻。上供献茶,供佛及僧。香花净水,三界同闻。稽首上请三世诸佛诸大菩萨诸大天尊,三界诸教主,一切诸龙神雷公电母霹雳风神,诸天列圣,河汉群真,幽冥地府,地藏慈尊,十位阎罗,三曹六按,慈悲普照,救度群蒙,削除众罪,解冤业根,瘟癀不染,拔去愆尤,四时无病,八节康宁,见世安乐,过去纵横,皆大欢喜。"

《销释混元无上拔罪救苦真经》分为两部分,第一部分说:"尔时无上混元至真老祖在于静宫中无碍殿内,同集诸尊圣祖,演说东土浮尘一切众生,俱是本宗真性,旷劫沉沦,复来转化,久迷不惺,仗贪四色,恶染虚华,遮埋深厚,非恳回程,一一多漂沉入恶道,四生为乐,六趣逍遥,看看迷性,何劫回宫。"之后派遣韩太湖临凡住世,修成正果,留下五部真经。最后是宣扬诵念经卷的好处:"志心转颂,或念三遍五遍十遍百遍至满千遍救苦真经,提拔先亡宗祖,早出恶道,皆得超生。能扫自己愆缠,一切诸难,尽得身愈。能免合家眷等,见在愆尤,三灾永脱,八难不生。即有诸天神王,闻说此经,皆大欢喜,作礼而退,信受奉行。"

《销释混元弘阳拔罪地狱宝忏》是济度亡灵、忏悔罪过的科仪经忏。宝忏是忏仪的一种。类似于经文,但比经文更注重礼念忏悔仪式。明清时期道教内部造作了各类宝忏,与此同时,民间宗教(如弘阳教)的宝忏也异常丰富。该部宝卷列举了各种罪行,但只要会中男女"再念善男信女,凡遇每月朔望之日,凡遇各人本命元辰,虔诚读诵,顶礼忏文,持行妙法,悔过愆尤,哀怜摄授",即得"老祖洪恩垂光拔度"。

《销释混元弘阳救苦升天宝忏》主要通过救母故事宣扬做道场的重要性:"昔汾地崔舍之中,言为段女,今在地狱血水河中,至此不得回程。金莲仙女闻听昔母在此狱中,满眼吊泪,痛苦伤情,同言:昔父所说分明飘祖金光亲照仙女,光入幽冥,亲临入殿,参拜地藏慈尊,痛悲言母何狱。慈母合掌笑曰:若要昔母回宫,须至阳世同昔圣父而乃为师,三心为一,建立道场,香花灯果,酌水清茶,奉请家乡无上佛尊慈恩光降,降此坛中,投诚忏悔,善各恭敬。"志心顶礼各佛菩萨,就能够得到超生。

《混元弘阳中华宝忏》(即《销释混元弘阳明心中华宝忏》),经前有《弘阳中华宝忏序》,说:"夫闻三界之中,唯心为造,万法随识所转。惺悟本心之妙理,罪业皆空。迷自己圆光,善恶俱碍。所以轮回于六趣,闯串四生。岂能醒慧于一乘,长往周流生死海。每每造业,种种为非,不加忏悔于精修,所以难逃于地狱,因此末法娑婆,众生心奸随感,诸般苦恼尽皆不同。至德文佛悲悯浊世临转云空,广平地界。俗居韩门,修真悟道,凡圣俱明,留演七部法忏度人。谨请祖经之圣号,地狱地藏之洪名,求硕德以参祥,请高真而审明。或有句读不整,文义差行,改而正之。音释别明。普愿大地众生,感悟本来之觉性,恒沙含识,同证无上之普提。后至万历年,岁在甲午,陆郡河庵校正。"说明忏法和"弘阳教五部经"同样在弘阳教经卷中占据主要地位。

该经卷首还云:"混元阐教,广开普渡于群迷。光林垂教,忏悔杂罪垢。人孰无过,法许自新。""诵者得往生,礼者还源位。颂礼德无边,罪永法红日。日照正当空,永皆都消去。祖悯世众生,留演七部意。但愿世众生,早脱离凡世。忏出业和冤,去赴龙华会。"点明了弘阳教共有"七部宝忏"。

《混元弘阳血湖宝忏》是针对那些堕落于"血湖地狱"的妇女的一部忏文。宝卷中对女子提出了具体的道德要求,说:"若是向善女人,恭敬三宝,孝养双亲,和睦邻里,爱成子嗣。修盖造像,砌桥印经。常行正道,不入邪宗。承顺丈夫,看经念佛,凡人乞化,喜舍布施。并不扬长说短,亦不妄理虚言,不两舌恶语,不自作浮言。持斋奉戒,损己利他,不杀生害命。佛前常念弥陀。此等作为,乃善女所修之因。则降之身康体健,寿命延长。思衣荣身,思食应口,寿满百岁,梦归黄粱。当生西方净土之中逍遥自在,恣意风光。此善因也。若造恶女人,不敬三宝,嗔骂双亲,饮酒吃荤。凡人乞化,不济分文。扬恶妒善,蚕语舌根。两舌虚妄。杀害生灵。大秤小斗,瞒哄迷人。妄搽胭粉,绫罗碎分。抛撒五谷,毁谤圣真。此等作恶女人,临命终时,决堕一十八重地狱,受苦无尽。有因有果,随业受报。阳间所造恶业,阴曹件件分明。若夫不敬三宝,堕于刀山地狱……大秤小斗,堕于秤杆地狱。如是一十八重大地狱。受苦无尽,何日是了,怎得出期。"

至于血湖地狱的形成,宝卷中说:"世间一切女人,幸生中国,忝居女流,阴阳三元合会,生男养女,秽污不净,血水喷升,恶味盘结……污染清水。搅扰混浊。或洮流下处,或坑水成冰,时有善人,请水供佛,血气冒渎圣真。今被四直功曹,察下名字,附在善恶簿中,到临命终时,决堕于血湖地狱受报。"宝卷借飘高老祖之口说出解除血湖地狱苦难的办法:"世间若有女人,欲免血湖之苦,命请弘阳道众,启立血湖圣会,或一日二日三七日,并一夜,请行法事。讽诵弘阳诸品赦罪真经,拜礼血湖宝忏,申文发奏于佛祖圣前,赦释千愆,凡世间一切妇女,皆免堕血湖之苦。"

四　荐亡经卷

荐亡经卷,有《混元宝灯提孤施食科仪》、《弘阳祖明经科仪》、《销释混元弘阳荐亡本、孤魂调》、《南无混元弘阳扬幡宝忏》等。

《混元宝灯提孤施食科仪》现存抄本,《宝卷初集》收录。此科仪用于弘阳教徒为人办理丧葬道场、赈济孤魂、施食焰口法事时所用,目的在于借助弘阳法度脱亡灵,"幽难一时开"。此科仪带有民间伦理和信仰的特色,如书中在标为"一枝花"的曲子中引用了"二十四孝"、"十殿阎王"、"叹十日"等民间神怪传说的内容。里面还收存了弘阳教的《瑜伽焰口施食仪文》。

《弘阳祖明经科仪》现亦存抄本,《明清民间宗教经卷文献》收录。此亦属于操办丧事类的科仪。引人注目的是,与弘阳教其他宝卷多称引佛号不同,此部宝卷亦多称引道教神灵名号。卷中论述了"燃灯"、"诵经"、"焚香"、"礼忏"之功德,以及皈依"道、经、师"三宝的重要性。弘阳教的"道、经、师"三宝实际上是借用自道教,如说"道宝尊","无上慈尊,观见亡灵受苦刑,下了天宫,南阳古今养性修真,骑青牛过寒关(函谷关),西化胡人",如说"经宝"为"一部无量度人经,骷髅更生。三卷水忏,慈悲忏、道德经普度众生",如说"师宝"为龙虎山张天师,"道高伏虎更降龙,德重鬼神,幢幡宝盖,接引亡灵。龙虎山,有一人,上知天文"。根据经文提供的线索,笔者判断该部宝卷为皈依弘阳教之正一派道士所作。

《销释混元弘阳荐亡本、孤魂调》、《南无混元弘阳扬幡宝忏》,笔者皆未曾经眼,宝卷之名转录自宋军先生《清代弘阳教研究》。据宝卷之名推测它们也是丧葬活动中的发送类科仪,用于超度亡灵的水陆道场。

五 灯仪类文本

灯仪类宝卷,有《销释混元弘阳灯光华藏经科》、《混元宝灯》等。在佛教、道教里面,灯具有一种象征意义。据佛教《佛为首迦长者说业报差别经》所说,灯明奉施有十种功德:(1)照世如灯,(2)随所生处肉眼不坏,(3)得天眼,(4)于善恶法得善智慧,(5)除灭大暗,(6)得智慧之明,(7)流转世间但常不在黑暗之处,(8)具大福报,(9)命终生天,(10)速证涅槃。在道教里面,道场中所用的灯的作用是"破暗烛幽,下开泉夜"[1]。

---

[1] 杜光庭:《太上黄箓斋仪》卷56,《道藏》第9册,第367页。

《销释混元弘阳灯光华藏经科》认为混元如来(弘阳教的尊神混元老祖)就是燃灯古佛。接下去就讲起了世界的起源："起初无天无地，上下一个玄空。混元老祖，始治乾坤，安天立地，未有三光。燃灯古佛，开天立地定三光。摄道教，将人身摘取结成一处，炼成阴阳二气。日月三光悬虚普照，缭绕周天。"认为燃灯有诸多功德，最主要的是消灾、积福、保安康。该部宝卷共二十四分金灯。文末有"应贺秘密神咒"。

《混元宝灯》不分卷。这是弘阳教中一部主要经典。弘阳教道场中有一种"献金灯"的仪式，这部经的主要部分就是行这种仪式时所应念诵的经文。[1]《混元宝灯》把灯看作是创造世界的"牟尼珍宝"，说："盖闻混元一气所化，威音那半家风。起初时，无天无地。开天光，设道教，将牟尼珍宝，身觉围一处，玄炉锻炼，炼成阴阳二气，玄炉照耀，旋绕周天。故明日月两轮，日照于昼，月照于夜，灯照于暗。"

六　其他

除以上数种之外，尚有《销释混元弘阳大法祖明经》、《销释混元弘阳大法祖明经午科》、《弘阳妙道玉华真经随堂宝卷》、《销释混元弘阳随堂经咒》、《混元弘阳教佛韵全册》、《混元弘阳表文全册》等。

《销释混元弘阳大法祖明经》和《销释混元弘阳大法祖明经午科》为平常做会所用。

《销释混元弘阳大法祖明经》是弘阳教的主要经典之一。该经实际上是遍请弘阳教尊崇的各路神灵降临法坛，接受信徒顶礼上香、忏悔过错、请求解厄免灾的一部忏文。经文的主要构成是："太上混元弘阳大法明经，忏悔回向，一经二咒，一部三卷。初开乃是弘阳道人心宗，头

---

[1]　李世瑜：《天津红阳教调查研究》，《民间宗教》第2辑，第159页。

卷先开'雷咒篇'、'香赞'、'礼佛文',中卷'明经',初展'正身十号',奉请祖'忏悔回向',前后迷中罪愿,变乱修行护法,护持同世出苦,因功赞咒。"经中列举有以混元老祖为首的混元教主九十祖、十三忏悔、十步修行、十拜十忏诸名目。

《销释混元弘阳大法祖明经午科》为弘阳教徒做会礼拜时所诵。卷前是焚香上供,礼请诸神降坛。然后是叙述弘阳教"弘阳教主,释迦能人。传于阿罗太天尊,混元大法。二祖灵文,七宝金库细搜寻。展开验看,上造分明,字字行行不错针。家书五部,传与儿孙,末劫收圆要回宫",描绘各路神祇能够解除众生苦难的非凡力量,说:"满空圣众,一切诸神,益咒持诵万灵神。解厄救苦,保命护身,愿求弟子除苦沦。罪障消除,灾难离身,证果朝元赴天宫。九玄七祖,三代宗亲,得闻正法早归宫。四生六道,一切先灵,幢幡接引上天宫。易得快乐,永续长生,再不临凡奔红尘。"该经正文后有小字二篇,初定为弘阳教后人作道场的记录。

《弘阳妙道玉华真经随堂宝卷》,又名《弘阳妙道玉华随堂真经》、《弘阳妙道玉华随堂宝卷》,这部经以咒语占主要篇幅。各种佛事时诵念其中一小部分经文。开经时有三段神咒:"锁心神咒"、"提山神咒"、"净空神咒"。经文的主体为:"上元一品弘阳妙道真经"、"中元二品弘阳妙道真经"、"下元三品妙道真经"。这三段之后又是四种神咒:"悉魔神咒"、"圣礼分土水忏",以及下面两段未题名的神咒。该部宝卷颂扬混元老祖开天辟地、创造万物及人类的伟大、普度众生的慈悲。描述了飘高老祖临凡降世创立弘阳教的丰功伟绩,及众教徒虔诚信教、认祖还源的欢愉心情。[1]

---

[1]　李世瑜:《天津红阳教调查研究》,《民间宗教》第2辑,第161页;宋军:《清代弘阳教研究》,第115页。

　　《销释混元弘阳随堂经咒》不分卷,其内容与《销释混元弘阳大法祖明经午科》大致相同。如言:"解恶救苦保命护身,愿求弟子出苦轮。罪业消除灾难离身,证果朝元赴天宫。九玄七祖三代宗亲,得闻正法早归空。四生六道,一切含灵,脱苦离尘早超生。过去父母,一切先灵,幢幡接引上天宫。易得快乐,永续长生,再不临凡奔红尘。"[1]

　　《混元弘阳教佛韵全册》,内容全系办道场佛事时应诵经文、咒语及应行礼仪。全经大致分三个部分。第一部分是七十三个菩萨的名字,各名字后都附有若干句咒语式的韵文,有些并注出所用的曲牌名,这大概就是这部经称为佛韵的由来。这一部分是吉祥道场和荐拔道场通用的。第二部分是"奠茶"的仪礼及应诵的咒文。奠茶仪式共四番,每番三奠,共十二奠,这一部分是荐拔道场专用的。第三部分是一些袭用佛教的咒文。[2]

　　《混元弘阳表文全册》是弘阳教教徒在举行佛诞日、元旦乃至荐拔先灵时向天神上书表文。李世瑜先生对这部宝卷的重要部分作了抄录。[3] 关于这部宝卷,将在第二节和第三节分析,此处从略。

第二节　各 类 仪 式

　　在宗教传播过程中,就教徒精神控制而言,仪式比思想灌输更有效果。举办仪式,仿佛创造出一个"行为的世界",在其中,人的自发性大大降低了,自主思考能力也渐渐流失。晚明时期,弘阳教从宫廷到村落的大发展,与其擅长操办仪式有密切关联。

---

　　[1]　李世瑜:《天津红阳教调查研究》,《民间宗教》第2辑,第162页。
　　[2]　李世瑜:《天津红阳教调查研究》,《民间宗教》第2辑,第163—164页。
　　[3]　李世瑜:《天津红阳教调查研究》,《民间宗教》第2辑,第165—166页。

一 宣卷

对民间宗教而言,宣卷简单地说就是群体性的诵经,而诵经是民间宗教开展宗教活动最惯常的宗教仪式。通过宣卷这种宗教仪式,教义的传播得到顺利进行。

与此前的佛教变文宣讲相比,民间教派宣卷的不同之处在于:佛教的"宣卷"大多是宣卷者单个人的行为,而民间教派注重集体参与;佛教的宣卷是分散的,而民间教派的宣卷活动有固定的场所和定期的集会。

宝卷是变文的嫡系子孙,是后者直接衍生之讲唱文学。宋真宗时,明禁僧侣讲唱变文,变文乃变成"谈经"、"说经"、"说参请"等形式,亦即讲唱变文之变相发展,宝卷亦因之应运产生。宝卷大约产生于宋元之际,最初是僧尼宣扬佛教通俗教义的文本。明武宗正德年间至清代初年是教派宝卷的繁荣时期,每立一教,教派几乎都会造作自己的宝卷。宝卷之结构内容与变文有相类之处,大多采用通俗易晓之语言,配合音乐,加以讲唱,以求通俗化。日人泽田瑞穗对宝卷研究相当深入,有《增补宝卷研究》行世。

宣卷是宣唱宝卷的略称。民间宗教里的宣卷,简单地说,是对文字读物的一种普及方法,即在宣扬教义的时候加入言语和音乐等艺术手段。在民间宗教宣卷场合,信徒聚集到一处,教首在中心诵读、歌咏。宋元以来对民间教派的一些批评如"男女杂处、烧香斋会、野聚晓散、传习妖教"等,其中不乏聚会读经和宣卷。我们从中可以想象:昏暗的灯火下,老翁老妪念经唱佛,朗诵声、歌唱声此起彼伏。[1]

---

[1] 泽田瑞穗:《增补宝卷の研究》,(东京)国书刊行会,1975 年,第 82 页。

　　民间宗教对于宝卷非常重视，对于那些起意创教的祖师们，只要获得一部经卷，必然视为至宝，所以弘阳教的宝卷被各教所利用，广为念诵。另外在一些丧葬法事活动中，都要宣念经卷。可以说，宣卷是民间教派最基本的、频繁举行的宗教仪式。

　　严格地说，宣卷不是一种单独进行的宗教仪式，它往往在弘阳教举办各类道场的时候穿插进行，如丧葬活动时的超度礼仪里，佛诞日以及飘高老祖生日的时候，每月朔望之日，或者举办血湖大会的时候。

　　因为考虑到宣卷的便利，所以弘阳教经卷文本的记录和撰写也不同于一般的佛经、道经，特别注意口头艺术。举香赞、曲牌、偈语、长短句交替出现。为了说明弘阳教经卷的说唱文学特色，我们选取其最重要的《混元弘阳临凡飘高经》，作一个个案分析。经前有《混元教弘阳中华经序》（弘阳祖五部经前皆缀此文），此序的形式：

　　首先是"赞"："混元老祖嘱咐弘阳子苦功赞：混元门者，盖闻威音以前判断。源沌教者，源者混元，沌者混沌，混元混沌也。说在威音以外，本无三教经书。混元一气所化。弘阳法者，现在释迦佛掌教，以为是弘阳教主；过去清阳，现在弘阳，未来才是白阳。大众宣演，莫生疑悔。正法稀有难明，听吾凡圣交参，嘱咐。"

　　然后是"偈"："偈曰：金台有祖真源像，普度天下众元人。好似一声春雷动，天下为祖第一名。老祖又赞妙偈：大明一国天下通，开辟元勋定国公。护持混元如来教，般若门中早超生。定府内护持，祖教兴隆，护法太平。"

　　然后又是"赞"和"祝"："赞曰：上祝皇王圣寿，下祈万民纳福。圣朝洪福齐天，才有出世明师。恐有小人欺害，传与天下人知。遵王法见经参拜，听经者严整衣齐。不许经堂混乱修行，理察访真实。"

　　接下来还有"西宁府赞"、"三位护法同赞"以及"开造经文，铁笔先生同祖共十七家同赞":"西宁府赞曰:大明万历年中,佛立混元祖教,二十六岁上京城,也是佛法有应,先投奶子府内,转送石府宅中,定府护持大兴隆,天下春雷响动。御马监程公、内经厂石公、盔甲厂张公,三位护法同赞:修行世间稀有,博览三教全真。留经说法在凡心,凡圣交参评论,言言句句玄妙,东土教化群蒙,流通与世岂非轻,直指家乡路径。开造经文,铁笔先生同祖共十七家同赞:自从洪武爷治世,我家祖祖开经。儒流三教续传灯,天下知识曾遇,文字知师广大,少有悟道留经苦海。真人出世,讲透见性明心。佛立混元祖教,佛法天下兴隆。超凡入圣是真僧,掌教师万古传名。"[1]

在这一系列"赞"、"祝"进行完成之后,才开始正式经文的宣讲活动。作为整部经文的开始,又有"开经偈":"无上甚深微妙法,百千万劫难遭遇。我今见闻得授持,愿解如来真实意。"

而在每一品的起首部分,又有两句诗行对全品的内容作一个概括。如第一品"无天无地混沌虚空品第一"的起首部分是:"展开临凡经,功德永无穷。但能持此意,脱苦早超升。"

接下来是"招想"或"招却说"。第一品的"招想"内容是:"无天无地,虚空在前。先有不动虚空,后有一祖出世。什么祖? 祖是混元祖,宗是老祖宗,佛是治世老天。混元老祖坐在阿罗国,佛过去天,佛又是无极老祖。想无天无地,一人治世。先有鸿濛化现,后有滋濛混沌。先有鸿濛,后有滋濛。滋濛长大,结为元卵,又叫做天地玄黄。玄黄迸破,才现出治世天佛,宗祖出世。清气为天,浊气为地。一生二,二生三,三生万物。诸般都是老祖留下,怎么不是老无极?"

以上是叙述,接下来又说偈语:"前文以尽,后偈重宣:无天无地一

---

[1]　《混元弘阳临凡飘高经》卷首。

虚空,混元老祖立人根。临凡宝偈初展开,诸佛菩萨降临来。天龙八部生欢喜,降福延生又消灾。混沌初分雾腾腾,无天无地一虚空。无有一物一汪水,先有鸿濛后滋濛。南无阿弥陀出世,阿弥陀佛是小名。元卵迸出混元祖,天地玄黄正当空。清气为天安星斗,浊气为地长山林。立就世界归空去,天外立下古金城。"

品的末尾部分是"曲牌",这是用来歌唱的,"驻云飞":"雾气腾腾,无天无地一虚空。那祖来下世,安天治乾坤。佛,鸿蒙后滋濛。混沌虚空来把乾坤定。天地玄黄,迸出一位老祖宗。"

最后是五言四句诗对全品的内容进行概括提炼,同时引出下一品所要交代的内容:"混沌坐虚空,治下紫金城。敲天来做事,那祖去投东。"

综观《临凡飘高经》,《驻云飞》、《黄莺儿》、《一枝花》、《傍妆台》、《山坡羊》五种曲牌交替穿插于全文之中。[1]

在整部经的结尾部分是一首《临凡歌》,其内容是唱飘高三次临凡,取经又寻找原人,最后"等到末劫不轮转,只在家乡乐淘淘"。以歌曲作为整部宝卷的结尾,这种情形在其他几部宝卷的文末也存在,如《苦功悟道卷》末有《苦功歌》,对弘阳教主飘高的修行经历作了一番咏叹。

最末,即在《临凡歌》之后,有几句话说明弘阳教的教旨和文本形式存在的宝卷以及诵唱宝卷之间的关系,认为,教义的本性是无字真经,当以文本形式存在的时候是"无能留有字",唱颂宝卷犹如"黄莺":"真经在凡笼,纸墨到,请出名,无能留有字。诵原是个黄莺,心腹内撰,生开口就把名来定。透玄宫,心花开放,喜孜孜,唱太平。"在其他的宝

---

[1] 罗教经卷《五部六册》中没有小曲或曲牌,由此推定小曲进入民间宗教宝卷可能是从晚明才开始的。

卷中也说明了"无字真经"到"文字"的道理,如《明心经》中说:"有字原是无中取,无中留下有字经。无中发有无穷尽,有中取无得开通。""无字古真经,古来在虚空。收在凡笼内,本地透玲玲。"[1]

从宝卷中,我们可以推知明代民间宗教宣卷仪式的基本特点是教徒的"集体参与性",这也是民间文学的固有属性:

其一,有故事情节。《混元弘阳临凡飘高经》首先讲述了天地万物的起源,描绘天上的宫殿楼台以及混元老祖、飘高老祖等诸神形象和性情。混元老祖哀叹世人末劫苦难难逃,号召众佛祖临凡下世,飘高祖不肯下世,无生老母向混元老祖求情,老祖发怒催赶飘高下世。飘高到灵山赞叹,到云城吃茶,最后转下天宫,到人间开创了混元门源沌教弘阳法,普度众生。通过故事化、情节化的讲述,能够把听众牢牢地吸引住。

其二,有问答话语。这是宣卷的教首和听众关于宝卷内容的问答。通过问答的形式,听众能够进一步领会教义,释义解难。

其三,有节奏起伏。这主要是通过穿插曲牌不同的众多小曲,带领听众歌唱,调节情绪。这表明宣卷是带有娱乐性特点的。

其四,有前后呼应。每部宝卷或在"品"后,或在宝卷的结尾对每一品或每一部宝卷加以概括提炼,使听众能够了解大意。

按照民间宗教的说法,诵经有诸多神奇的好处,如:"老祖曰:若有善男信女顶礼持授,三毒消灭,八难不侵。若颂一遍,延寿长年。看念二遍,常现真元。看念三遍,三祖升天。当求一乘正果,超赴还源,时刻诚意,无不现身。"[2]"老祖曰:若有善男子善女人,志心转颂,或念三遍五遍十遍百遍至满千遍救苦真经,提拔先亡宗祖,早出恶道。皆得超生,能扫自己愆缠,一切诸难,尽得身愈。能免合家眷等见在愆尤,三灾

---

[1]　《弘阳悟道明心经·讨无字真经品第三》。

[2]　《销释混元无上大道玄妙真经》。

永脱,八难不生。"[1]《销释孟姜忠烈贞节贤良宝卷》中说:"说长城宝卷,大众各发虔诚敬礼。观想念佛,高声举赞宏名。念念愁云卷散,声声弥陀随眼。"[2]"伏愿经声朗朗,上彻穹苍;梵语泠泠,下透幽冥地府。念佛者,出离三途地狱;作恶者,累劫堕落灵光。"[3]

二　做会

宗教集会是教派增强凝聚力和加强教义感染力的重要途径。同时,教团内部群众性的聚会所带来的浓厚宗教气息也对非教徒产生一种吸引力。此外,做会使教团小团体内部的"互助"成为可能。

做会具有地域特征。由于弘阳教是乡土气息非常浓厚的宗教,做会也就入乡随俗,并没有统一的规定。做会的日期,有的依附于每年的"三节八会"。上元节(正月十五日)、中元节(七月十五日)、下元节(十月十五日)一般要做会。此外,一些世俗民间宗教节日也是弘阳教徒做会的日期,如佛诞日(四月初八)、观音诞辰(二月十九日)、蟠桃会(三月初三)、释迦成道日(十二月初八日)。湖南湘阴县弘阳教徒"以正月十五日为天官会,四月十五日为火官会,七月十五日为地官会,十月十五日为水官会",届期邀约,在各个教徒家中做会。[4]

弘阳教也有自己的节日,如飘高祖诞辰日(五月十六日)、飘高祖归元日(十一月十六日)。清代通州地区弘阳教徒"每年五月十六日、十一月十六日为弘阳生故日期,各出小钱一百文,上供念经轮流做会,祈保平安"[5],直隶束鹿县弘阳教徒"每月于初九、十九聚会两次,不

---

[1]《销释混元无上拔罪救苦真经》。
[2]《销释孟姜忠烈贞节贤良宝卷》卷首。
[3]《销释孟姜忠烈贞节贤良宝卷·孟姜女在水晶宫见范郎分第三十二》。
[4]道光二十四年四月十四日,裕泰奏折。
[5]乾隆四十三年二月十二日,杨廷璋奏折。

过诵佛念经,劝人行好"[1],直隶高阳县弘阳教徒"每逢朔望做会一次,各带钱二三百文,上会念经,供献完毕,共食各散"[2]。

做会有重要的功用。"善男信女,凡遇每月朔望之日,凡遇各人本命元辰,虔诚读诵,顶礼忏文,持行妙法,悔过愆尤,哀怜摄授。老祖洪恩,垂光拔度众等源根。"[3]为在血湖中的女子解冤释难的时候:"世间若有女人,欲免血湖之苦,命请弘阳道众,启立血湖圣会,或一日二日三七日,并一夜,请行法事。讽诵弘阳诸品赦罪真经,拜礼血湖宝忏,申文发奏于佛祖圣前,赦释千愆,凡世间一切妇女,皆免堕血湖之苦。归依十方,大慈悲佛。"[4]

做会的地点也很随意:"或在各家堂内,会领当行合会众等,都到坛中。修斋设醮,上贡献茶,普请家乡名号,志心信礼。"[5]

三　忏仪

诵念忏文是民间宗教里经常举行的仪式。明清以来,无论是佛教还是道教都注重礼忏。以至于有人把明清佛教特征归结为"经忏佛教"。我国佛教中之忏法,起源于晋代,渐盛于南北朝。

诵经修忏法门,在民间发展中,渐渐地重在消灾植福,超度鬼魂,关键在元代。国家随时都在作消灾植福的功德(经忏法事),还成立"功德司"来管理,这主要也是"西番僧"的事。"上有好之,下必有甚者",内地僧侣的不僧不俗,与民间的经忏法事,当然会大大流行起来。明太祖护持佛教,也要维持僧伽清净。从洪武二十四年《申明佛教榜册》所

---

[1]　嘉庆二十年十月初七日,那彦成奏折。
[2]　嘉庆二十一年六月十三日,那彦成奏折。
[3]　《销释混元弘阳拔罪地狱宝忏》。
[4]　《销释混元弘阳血湖宝忏》。
[5]　《销释混元弘阳拔罪地狱宝忏》。

见，僧人分三类，在"禅僧"、"讲僧"以外，有"瑜伽僧"，也称为"教僧"，就是为人诵经礼忏的应赴僧。[1] 诵经礼忏的，已成为一大类（怕还是多数），中国佛教是大变了！盖人之生于世也，正如明成祖所说，"自非上智之资，岂能无故作误为之愆，或宿世冤业之绕？如来广慈悲之念，启忏悔之门。苟能精白一心，忏悔为善，则积累罪业，一旦冰释。譬诸水也，身之烦而濯之无不清，衣之污而浣之无不洁，器之秽而溉之无不净，其几不逾于方寸之间而已矣。故曰，心者身之神明。所为善则善应，所为恶则恶应。若影之随形，响之随声，其效验之捷速，不爽毫发。此三昧水忏之作，所以利于人也，其功博哉"[2]。

从上文可知，忏法原来是佛教内部忏悔仪式之方法。道教在其发展的早期阶段宗教仪式方面和佛教相比有很大欠缺。南北朝以后，佛道义理交流领域日渐广泛，道教的科仪杂经里面也出现了许多忏法仪文，如《太上灵宝朝天谢罪大忏》、《太上上清禳灾延寿宝忏》、《太上太清拔罪升天宝忏》、《高上玉皇满愿宝忏》、《太上上清禳灾延寿宝忏》。道教的忏仪内容一般为祈求神灵护佑、消灾免祸等等，因此很受民众的欢迎。道教忏的方法有两种：其一为跪忏，即仰启、稽首、投地、跪唱；其二是礼忏，是于道教各类道场仪式中边诵念边礼拜。

民间世俗多有仿僧瑜伽者，呼为善友。民间宗教的忏仪大多为佛教、道教忏仪基础上的删削敷衍而成。在弘阳教宗教仪式类经卷的编纂中，忏仪占据了主要的地位，向有"七部法忏"之称。这七部法忏是《销释混元无上大道玄妙真经》、《销释混元无上普化慈悲真经》、《销释混元无上拔罪救苦真经》、《销释混元弘阳拔罪地狱宝忏》、《销释混元弘阳救苦升天宝忏》、《销释混元弘阳血湖宝忏》、《混元弘阳中华宝

---

[1] 《释氏稽古略续集》卷二。
[2] 《御制水忏序》，《慈悲水忏法》，《大正藏》T45 诸宗部二，P. 968. 1。

忏》。其中,后四部是标准的忏仪,弘阳教忏仪有固定的格式。本节将对这四部忏悔文作一个剖析。

弘阳教忏悔文一般以"举香赞"、"开忏偈"起首。(《销释混元弘阳拔罪地狱宝忏》、《销释混元弘阳救苦升天宝忏》标明了"举香赞"、"开忏偈",《混元弘阳中华宝忏》没有标明"赞"、"偈"字样,《销释混元弘阳血湖宝忏》没有"开忏偈"。)如《销释混元弘阳血湖宝忏》的"举香赞":"血湖宝忏,飘高亲传。南阎女人造业冤。弘阳妙玄玄。众举真言。血湖化成莲。南无地藏王菩萨摩诃萨。"

"举香赞"、"开忏偈"后是正文,各个"宝忏"因具体内容不同,正文有长有短,但是一般的格式还是相似的,都包含有举行忏法仪式的目的(超度亡灵、救母回宫、济度血湖地狱中之妇女)、混元老祖(或飘高老祖)和其他神灵以谈话的方式交代世间善恶之果报及解脱苦难之途径;最后是众人举念佛号。

如《销释混元弘阳血湖宝忏》中说,"世间若有女人,欲免血湖之苦,命请弘阳道众,启立血湖圣会,或一日二日三七日,并一夜,请行法事。讽诵弘阳诸品赦罪真经,拜礼血湖宝忏,申文发奏于佛祖圣前,赦释千愆,凡世间一切妇女,皆免堕血湖之苦。""若女人每逢甲子庚申,初一十五日。清旦良辰,每每早起,净手焚香,祝告阿罗混元老祖名号。当得身心清净,不受邪宗。身体康泰,福禄永昌。寿命延长,子孙兴旺。得大逍遥,不入沉沦。"还有《混元弘阳中华宝忏》中说:"混元老祖,三乘无量高真,三界真宰,一切威灵,咸望洪慈。俯垂洞鉴,言念某人六根缠结,恣三业而网觉十恶,即增唯知驰骛于红尘,岂知记标于异簿。扪心知惧,抚己若惊。若脱业网,须仗弘阳道众,择取今月莫日,谨按科归请行法事。功德无边,不可具陈。念礼圣号,当得罪苦离身。"此外,如《销释混元弘阳救苦升天宝忏》也言:"慈母合掌笑曰:若要昔母回宫,须至阳世同昔圣父而乃为师，三心为一，建立道场。香花灯果，酌水清茶，奉请家乡无上佛尊慈恩光降，降此坛中，投诚忏悔。"此外如《销释混元弘阳拔罪地狱宝忏》中说："再念善男信女，凡遇每月朔望之日，凡遇各人本命元辰，虔诚读诵，顶礼忏文，持行妙法，悔过愆尤，哀怜摄授。"

忏仪的一个不可缺少的部分是上章表文。它是忏悔者献给天上神灵的奏章表文。佛教、道教都有这种类型的上章表文，道教称之为"青词绿章"。民间宗教的上章表文没有道教青词的典雅华丽、种类繁多，只是以简单的句子交代举忏的原因和请求神灵的救赎，如上文《混元弘阳中华宝忏》所举的例子。再如《销释混元弘阳拔罪地狱宝忏》："弟子某处某人等洎合会众善乡男信女，各发虔心。每念自从无始以来，至于今生，所造重罪，犹如须弥，以无忏过。今逢弘阳，志心归命顶礼，救拔合会男女，天下善人，生生世世，在在处处，尽得超升。再念各人本来自性，当与阎君，今逢弘阳妙法，普度原根，而明天榜挂号，地府除名。或在各家堂内，会领当行合会众等，都到坛中。修斋设醮，上贡献茶，普请家乡名号，志心信礼南无太上混元治世佛（以下是各佛号）……诸佛诸祖诸大菩萨掌教佛普领诸圣同降凡尘，飘祖提领先降坛中，查考大地善男信女，或行功苦或有跪拜，明香尽在埃尘。叩拜告禀。"

有的忏仪最后还有"忏毕礼赞"或"忏毕回向文"。《销释混元弘阳拔罪地狱宝忏》后的"忏毕礼赞"为："礼忏诚念无上尊，蒙光垂降赦灵魂。三十六大诸恶狱，弘阳宝照放冤根。仗祖威力神通道，金书垂狱普光明。慈尊悲悯恩力举，十殿阎罗细评论。六曹判典归尊命，普赴三十六狱神。各狱解脱冤魂鬼，火速亲来到坛中。老祖一大慈悲度，拔光拖上九莲宫。宝忏圆满功德力，回光返照到元成。向来忏礼功德，上奉慈尊，保合会九祖宗亲，拔超离苦证无上根，志心诚礼宝忏真文，可不思议功德。赞：志心忏礼诸业罪根，诸尊拔度出幽冥。早早得超升，此见光明，达本赴金宫。"

《销释混元弘阳救苦升天宝忏》后的"忏毕回向文"内容为："回奉宝忏礼诸尊，诸尊今日赦灵根。灵根今日升天界，天界之中朝上尊。上尊接引归家去，归家赴本认无生。无生父母慈悲放，放道金书入宝宫。宝宫稳坐逍遥乐，圆满功德施主心。一忏眼业失宝睛，二忏耳业法不听。三忏鼻业略杂味，四忏舌业惹非情。五忏口业多揽事，六忏身业动邪心。七忏心业诸魔举，八忏意业万里行。九忏手业千般巧，十忏腿业秽污蹬。一身十业皆扫除，做了逍遥清净人。上报四恩共三宥，下济三途业孤魂。礼忏功德收圆满，诸天列圣保安宁。向来拜忏功德，上奉天真，保佑消灾，三钺赴供，证无上道，志心礼忏，不可思议功德。拜忏赞：志心礼念，救苦生天。诸天祖母，赦枉冤，提拔上天盘，躲离阴间，去证紫金仙。"

在弘阳教徒看来。礼忏也有一种神奇的作用，众生"轮回于六趣，闯串四生"，"每每造业，种种为非，不加忏悔于精修，所以难逃于地狱，因此末法娑婆，众生心奸随感，诸般苦恼尽皆不同"。"世间若有善男子善女人闻知三业之苦，或在诸圣位前重重发愿，世世生生永断三业，常求忏悔，永免恶业，得大逍遥"，"若有善男女欲免口四恶业，当皈三宝，诸善奉行，恭对圣前，一心忏悔，皈依三宝，志心拜礼"。（《销释混元弘阳明心中华宝忏》）"仗佛宝号，老祖真文，救拔在会弟子众等各家三世宗亲，尽得超升。家乡妙意，拔救有主无主十类孤魂，光垂奈狱……今遇混元垂光圣宝，晃满阴宫，真文忏悔。拔度满狱，灵根有救，尽得超升。光垂血狱，尽是一切女妇冤魂。或有生男产女堕子落胎，孤儿绝命……或有孝男孝女，授持证法，哀怜摄授，志心顶礼，启建今会，弘阳大道。虚无混天，一气真空。"

四 灯仪

灯具有强烈的宗教寓意。佛教认为灯明可破暗为明,故经中常将法、智慧比喻为灯。如谓以智慧照破愚痴暗障,遂有称智慧为无明长夜灯炬者。又法脉亦称法灯,师父传法于弟子,称为传灯;承续之,称为续灯;延续不绝,称为无尽灯。在佛塔、佛像、经卷前燃灯,能获大功德,于诸经典中之例甚多。如《施灯功德经》谓,信仰佛法僧,布施少许灯明,其所得之福报无限。又谓佛陀入灭后,以灯明布施塔寺,于此世可得三种净心;命终时,由于善心不失,可得三种智慧,死后则可生于三十三天。灯明依燃料之别,分为多种。如《法华经》卷七陀罗尼品,列举酥灯、油灯、诸香油灯、优钵罗华油灯等七种。旧《华严经》卷十六,列举宝灯、摩尼灯、漆灯、沉水香灯、一切香王灯、无量色光焰灯等十种。灯明多置于烛台、灯台或灯笼中,又不分昼夜所点之灯(通宵燃明之常夜灯),称为常灯明,或长明灯。点燃众多灯以供养佛之法会,称为万灯会。

灯也是道教斋醮仪式中经常使用的法器。道教认为,灯烛可以延续白日光明、照破黑暗世界,上映无极福堂,下通九幽地狱,是最上乘的功德。

民间宗教也很重视灯仪。弘阳教称之为"献金灯"。弘阳教灯仪类经卷有《销释混元弘阳灯光华藏经科》、《混元宝灯》、《混元弘阳救苦观灯》、《混元弘阳宝灯》、《混元宝灯起止规范》(即《混元宝灯》)、《混元弘阳观灯赞》。《明清民间宗教经卷文献》中收有《销释混元弘阳灯光华藏经科》,李世瑜先生的《天津红阳教调查研究》收录了《混元宝灯》的一部分。下面对这两部经卷做一简单分析。

《销释混元弘阳灯光华藏经科》叙述了日月三光的来历和它们的

神圣：燃灯古佛开天立地，带来了日月三光，它们分别是太阳星君、太阴星君、燃灯如来诸佛祖，"威音那伴家分，起初无天无地，上下一个玄空。混元老祖，始治乾坤，安天立地，未有三光。燃灯古佛，开天立地定三光。摄道教，将人身摘取结成一处，炼成阴阳二气。日月三光悬虚普照，缭绕周天。东极扶桑太阳星君，西极广寒太阴星君，中极日月燃灯如来，唤做三光，普照十方世界，万古常明。太阳有盈有宿，太阴有朔有望。（朔）则乾坤昏暗，望则孤月独圆，日月周转，往来循环。日照于昼，月照于直。灯照十方，昼夜常明，三光接续，万古长存"。

接下来是燃灯、置立道场、弘阳教法师登台请神："伏以三界之中，有凡有圣，有真有假，有邪有正，有因有果，有恶有善，善恶不分，修福不如堕业，吃斋傲口，受恐人谤。想想老祖，铁石心肠，冷坐太虎，端坐漕溪，三年大苦，忍冷单寒，苦证弘阳。智慧金灯，遍满十方。善男信女，幸遇弘阳，忽得明心见性，亲认家乡，才显修行妙理，实参实见，才得达本还元。伏以三界之中，善男信女，虔诚献灯，家乡临坛，降临法会。普受金灯，为愿慈悲放大光明。诚心奉献宝灯，为愿诸佛来临，点起银灯，万暗俱明亮，昔日燃灯曾献，黄金殿内伴目，旺徒箭剔无量灯光。因果无差毫分明。燃灯功德不可量，消灾积福保安康。点起金灯光明现，智慧金灯照十方。幢幡宝盖满空排，宝藏浪极次第开。依科奉行法界事，诸师礼圣赴坛台。"

之后是供奉二四盏金灯，请求他们降临法会。这些神灵中有道教和佛教的神灵，也有弘阳教的各"老祖"："混元老祖，紫暑无生，叹天混天、六十三位无生、栴檀古佛，太极立极，达摩浑金，无极九祖，三佛五祖、释迦弥勒、九祖混沌诸大菩萨、五辈六十三祖救苦观音、家乡二十八祖诸大菩萨、极乐国三千大千掌教诸佛家乡，混太石金无家大祖，众位无生、天盘石亨老祖，三元三品三官大帝九曜星官、普天星斗，日月三光,满空圣象。一切神祇、云盘五海龙王、五方神将、雷公电母、风伯雨师,满空圣象。一切龙神,开荒掌教,累代祖师,拔苦尊师,众位师尊、韦陀菩萨、幽冥教主,本尊地藏王菩萨、观音势至文殊普贤、关公二郎清源妙道真君、幽冥地府东岳天齐仁圣大帝十殿阎君,三曹六判,七十五祠狱主鬼王、皇王水土国家,大臣符、三皇圣祖,十代真人、药王药圣、十二宫三界四置功曹、年置月置日置时置四位神将,本境城隍、当方土地、山神、五道土家土公土母土子土孙、井泉龙王,梭加老祖、家宅六神增福财神门神皂神、合会众等当,生当照本命星君,长命宫辰,众等本音门中,过去三代宗亲。"

最后是"神咒"的表达:"秘密神咒不可量,总持三圣法中王。静坐讽诵登宝地,龙天执掌听赞扬。弘阳妙道天下传,道场会上祖临坛。香火灯烛佛祖喜,有人虔心去还原。人心譬如一掌灯,金炉譬如一凡身。点起金灯光明现,炉内有灰不开通。赞皈依三宝,上来法会。演说九曜,念真关赞。智慧清净,宝灯无限。良因内普天沾法界清合,堂圣众金灯银琉璃灯,智慧大光明,光明普照处处幽冥息,皆明灯明。佛法降来临。太极灯煌极灯,乾坎艮震巽离,灯灯明。坤位照兑宫。曜古腾今,灯图造化生。南无灯光藏菩萨摩诃萨。"

灯仪在弘阳教观念中有无所不能的重要作用,例如:"起金灯,照彻幽冥,十类孤魂,众伏此灯光化生净界,脱死生之苦轮,免六道之果报,生西方净土,同出苦轮。慈光普照,神力明加,普施群生,同游华藏。清净妙灯,晃曜腾腾,地狱三途,净阶闻,苦趣免灾,唇荐剔昏灯。照破铁围城。降福消灾保安宁,合会永福增。慈光普照,神力明加,普施群生,同游华藏。清净妙灯,侍奉星君,本命宫辰。降坛(坦)中,消灾福寿增,众等秉虔诚,兴家证无生。正法弘阳普传天下,普度失乡元人,同是出苦轮,吉祥保安宁。点起侍奉土家神君,修造动土,冲犯神君。惟愿慈悲,保佑众生,即早归家。救苦大地众生,早去还宫。贪名图利不想归家,仗凭圣祖,摄照早还宫。侍奉皇王,护持元人早还乡,有缘上法船。点起侍奉地府阎罗十大菩萨,降临法会,来赴坛场,普照森罗宝殿,亮亮堂堂,三曹六案,喜笑无边,合会男女,三代宗亲,脱苦早升天。护持元人去还宫。"

由此可见,在弘阳教的灯仪里,"灯"是一种宗教符码和象征。它可以"照彻幽冥",救度"十类孤魂"。众生魂灵可以凭借灯光脱离六道轮回和因果报应,往生西方净土。对于活着的人来说,金灯还可以保安和增福。根据上文所引,弘阳教还宣传了民间宗教特有的"归家"、"还宫"的思想。这无非是说弘阳教"法力无边"。

五　施食、扬幡和奠茶

在传统中国社会里,没有谁比底层乡民更能够体会到生活苦难的了。即使这样,人们还是宁愿停留在此生,不情愿把自己交付给来世。因而世上生命的脆弱和人生的短暂常常使得生者对死者长久地追怀。在很多场合,生人的这种怀念是通过举行各种宗教礼仪而得到暂时缓解的,有的地方甚至为死者的过世涂抹上喜剧的色彩。明代华北平原丧祭活动经常性地采用宗教仪式,飘高祖韩太湖的家乡以及整个河北省都有这种风俗。据当时地方志的记载,丧祭活动使用僧道是比较常见的,如"又有僧道追荐,作乐暖丧之弊"[1],"有丧之家,僧道并用,倡优杂进"[2],"乐工尤人,鸣金击鼓,肆为戏剧,即于丧侧置酒欢饮"[3]。如何切入乡民的日常生活尤其是其宗教信仰生活,这无疑为

---

[1]　嘉靖《许州志》卷之七,"典礼志"。
[2]　嘉靖《鄢陵志》卷之四,"风俗"。
[3]　嘉靖《广平府志》卷之十六,"风俗志"。

弘阳教的传播提出了新的任务。由于生命的短暂，韩太湖本人并没有制作丧葬活动的宗教礼仪，但是其后继者却大大补充了这方面的内容。使其成为弘阳教宗教仪式的重要部分，也使得弘阳教日渐深入乡民生活场域。

《混元宝灯提孤施食科仪》现存抄本，《宝卷初集》收录。宝卷记录了比较完整的施食道场的过程。首先，道场成就，赈济将成，合会斋主虔诚，上香设拜，坛下海众，举扬圣号。其次，洒"杨枝净水"，参礼众佛、十殿阎王、众神、"三十王佛"（其中有《西游记》里的"斗战胜佛"）。再次是《恭白文》，是对"十方常住三宝、一切佛法僧法、无量高真"等的宣告文字。接下来是"献灯"，分别献给混元老祖、叹天老祖、金光花林枯林善林炳空、飘高老祖（治世文佛）、中天教主玉皇大帝、幽冥教主、当金（今）万岁、山川社稷五湖四海龙神田苗五谷玉土之神、韦陀天尊、本处城隍当境土地、火部大元帅、家宅之神、家庭祖先父母。接下来是净水施食，念《观音文》，奉请诸神以及"引魂王菩萨"。再接下来是召请诸鬼魂，《大骷髅真言》、《鬼哭真言》、《皈依雄》、《阎罗文》、《太子游四门》，在《挂金索》的曲牌下，列举了成为鬼魂的多种原因。最后是"十报恩"。

《弘阳祖明经科仪》现亦存抄本，《明清民间宗教经卷文献》收录。

《混元弘阳表文全册》中之《荐拔表文》表达了通过做道场来超度宗教欲求："南瞻部洲，民国直隶天津府（县）居住某城某村人氏，奉混元法门弘阳教下，信心弟子某人暨领合会人等，讽经礼忏，施食忏灯，度亡升天。是日哀千，上叩幽冥教主，地藏王菩萨，超度荐拔，先亡灵魂早升天界。斋信孝男某人和众人等叩。兹造伏为追度显考妣例赠某太公（君）享年某寿岁原命某年某月某日某时生，大限遭于民国某年某月某日某时告终。今届人间修经之辰，奉供幽冥十殿慈王，度亡净醮一宗，望西方极乐世界脱化,早离苦海。上叩本坛具此,依教奉行。中华民国年月日叩。"

扬幡是道教比较重视的斋醮仪式。《上清灵宝大法》称道教"建斋之始,近斋坛空隙地,立长竿,预期扬幡,启闻穹厚,普告万灵",以使"幽显共睹,鬼神遥瞻"。早期道教的迁神幡,"绛缯七尺或四十九尺,造幡一首,以朱砂雌黄合研,书明斗形于幡首,书幡名于幡身。左手书三天内讳,右手书三天隐讳。亡魂睹此,则得罪障解脱,神迁南宫"。回耀幡,"白素黄缯,造幡长二十四尺或四十九尺,幡身书青玄全号。左足书太微回黄旗,无英命灵幡;右足书摄召长夜府,开度受生魂。左手书茫茫酆都中云云;右手书功德金色光云云。从长竿悬于坛下,任风吹扬,十方幽魂,睹此灵幡,一念皈依,则凤生罪障,应时消灭以至尘劳大罪,皆得原除,上生南宫,地狱开泰,死魂更生"。弘阳教的《南无混元弘阳扬幡宝忏》是为死者启建的扬幡道场科仪,这部宝忏就是为亡者所备,通过"宝幡缥缈向空悬",请来"守幡使者"坚牢地神、菩提树神、金刚座神,仰仗其"三宝力加持",来使"亡者判升天"。请圣仪式后,法师宣读疏文、牒文,最后举赞,仪式结束。[1]

《混元弘阳教佛韵全册》中之"奠茶"之例:这是以茶为祭品向死者致祭。自唐朝以降,茶事一直成为佛教寺院中举办佛事的一个重要部分,僧人以茶贡佛祖(奠茶),佛教称在佛前或祖宗灵前供茶亦曰"奠茶"。延及后世,佛教僧徒每日在佛前、堂前、灵前供奉茶汤,亦称作奠茶。丁福保《佛学大辞典》的"奠茶"条说:"(仪式)供茶于佛前祖前灵前也。凡禅规以奠茶奠汤为恒例。又葬式据棺于龛堂后,有奠茶奠汤之佛事。茶与汤之前后,午后先汤后茶,午后先茶后汤。必并供。"奠茶

---

[1]　宋军:《清代弘阳教研究》,社会科学文献出版社,2002 年,第 168 页。

仪式后来流出寺院，进入民间生活场域，如《红楼梦》第六十二回《憨湘云醉眠芍药裀　呆香菱情解石榴裙》说到贾宝玉生日时就举行过奠茶仪式，文中说："这日，宝玉清晨起来，梳洗已毕，冠带出来。至前厅院中，已有李贵等四五个人在那里设下天地香烛，宝玉炷了香。行毕礼，奠茶焚纸后，便至宁府中宗祠、祖先堂两处行毕礼。"

弘阳教的奠茶仪式无疑取自佛教，然而却和佛教不大相同。奠茶仪式的具体情状为：首先是初奠，"孝眷擎杯茶斟初奠，茶斟初奠，弥陀如来，八德池中宝莲生，势至观自在，导引魂来，高登宝莲台。上报四重恩，下济三途苦，若有见闻者，悉发菩提心"；之后是二奠，"孝眷擎杯茶斟二奠，茶斟二奠，地藏能仁宝珠，晃耀放光明，赈济幽灵魂，任意游行，自在宝莲生。一盏智慧灯，普照各幽冥，地狱闻灯到，灵魂早超生"；最后是三奠，"孝眷擎杯茶斟三奠，茶斟三奠，弥勒下生，龙华三会愿相逢，惟愿度众生，不二法门，花开悟无生"。经过三次奠茶，请下主宰人世的神灵弥勒佛、势至观世音和地藏王菩萨，请他们为已逝之魂灵消除罪孽，度脱苦难，最后能够参加"龙华三会"。

《混元弘阳教佛韵全册》中之第一部分丧葬仪式，皆用曲牌形式表达济度亡灵的意思。如《柳含烟》："经过三界路，惟愿大慈大悲，宣扬揭密语。拔济兴亡灵，脱离三途苦。人生百岁，如在梦中游，一旦无常归何处？亡灵魂从今以去往西方，稽首皈依佛法僧无上，荐拔亡灵，惟愿亡灵早超生。"《南翠黄花》云："归命顶礼佛陀，端坐莲台上，紫墨金容，巍巍黄金现，雪岭修因，芦芽穿膝上，佛保慈尊，接引生安养。"《铺地锦》云："海真潮音说普门，九莲花里现童真，杨枝一滴真甘露，散作山河大地春。南海普陀山一座，一座白宝古峰。古峰顶上碧珀中，碧珀中现出水晶宫，水晶宫内端然坐，坐定金容，金容体挂玉玲珑，玉玲珑，珠翠满桃红，满身缨珞难描画，画就无尽无穷自在，自在观音，观音瓶内杨枝水,杨枝水洒润,洒润乾坤,惟愿慈悲临法会救度,救度众生,众生上望,上望天宫。"

第三节　仪轨之特色

相比于经典宗教,民间宗教的各类仪式有诸多不同之处。首先,民间宗教仪式兼取佛道,对它们却缺少归属感。这一点与佛教、道教不同,虽然宋明以后,佛道二家在宗教仪轨方面互相影响,但道教仪式就是道教仪式,佛教仪式也就是佛教仪式,它们之间的分别还是比较明显的。其次,民间宗教举办各种道场仪式的服务对象是庶民,特别是广大的乡村民众阶层,和乡土生活联系紧密,因而散发着浓厚的乡土气息,而经典宗教的服务对象,上至朝廷、王公贵族,下至城市、乡村的底层民众。虽然明清时期佛教、道教的俗世化特征明显,而俗世化导致寺院宫观里的僧尼道姑也为普通人做各类法事,但是这些面向底层的法事仪轨仍然摆脱不了经典带来的各种限制。第三,民间宗教的各种仪式都比较简单实用,没有佛教、道教仪式的繁文缛节。第四,民间宗教把自己的教义糅合进所举办的宗教仪式过程之中,使得民众在不自觉中接纳它们的观念和思想内容。

李丰楙说:"道教在长期的斋醮发展史中,不论是传统、正统式的斋醮法,抑是新兴教派所吸纳、改变的祈请诸法,基本上都是共同运用了'劫与救劫'的同一信念,分别采用了各适其宜的救劫法。这些纷出的宗教仪式虽则有繁复、简易之别,但是在凝聚其信徒的心灵念力及愿力上,却也都一致地表现出'祈安、护国、救世'的强烈愿望。"[1]诚哉斯言。

---

[1]　李丰楙:《诵经——化劫度劫的大梵隐韵》,《道家文化研究》第16辑,三联书店,1999年。

一 兼取佛道

学术界一般把民间宗教（popular religion sects）称之为三教合一的教派。认为宋明以来特别是明代"三教合一"的思潮对民间宗教的成立有巨大的促生作用。三教合一思潮被秘密教门利用来成立自己的教义，招揽信徒。此外，三教合一的口号还有利于迷惑官方，[1]"借用三教合一，孕育异端思想，乃是叛乱者的必由之路"[2]。笔者不能同意这种看法，固然，民间宗教的经卷表明它们的确采用了大量佛教、道教的教义思想，也夹杂很多儒家伦理纲常的内容，但这并不能说明它们对宗教融合有很清醒的认识，它们也没有致力于调和佛教与道教教义之间的冲突。一个显然的事实是，无论是民间宗教的教首还是信徒们，从未对调和三教之矛盾作出任何努力。因为对他们来说，这些在经典宗教里难以容忍的冲突都可以在民间宗教里融洽地存在，互不相碍。

民间宗教宣传"三教合一"的目的，无非是想说明三教之经典和神灵皆为自己的教门信仰服务。况且"三教合一"思潮也是明代儒生最喜谈论的，用以调节、解决自身生活状态的道德问题。"三教合一"思潮和民众思想观念之间的关系并不像我们想象的那样大。[3]

民间宗教在举办道场的时候一般多要"请神"临坛，它们所请的神灵涉及面非常庞大，既有佛教的诸佛诸大菩萨，也有道教之三清尊神、星君，更多的是在民间很有市场和人缘的俗神，如关圣帝君、二郎神、阎王、三曹六判、城隍土地、家宅之神，最后还有皇王大臣、水土国家。此

---

[1] 秦宝琦、连立昌：《中国秘密社会·元明教门》，福建人民出版社，2002年，第107页。

[2] 刘平：《文化与叛乱——以清代秘密社会为视角》，商务印书馆，2002年，第96页。

[3] 赵尔敏：《明清时代庶民文化生活》，岳麓书社，2002年，第20页。

外还有各教门自己的神祇系统,对于弘阳教而言,混元老祖是最尊神,每逢做法事必请无疑。此外还有"众位无生"。这种做法为佛教、道教所摒弃和指责。如明代朱权所编辑的《太清玉册》里,就对道士做各类道场有严格的规定,对民间私祀邪神淫鬼,要用法术擒获,禁止"生民妄祀淫鬼及不干祀典"。

此外,弘阳教为举办富有特色的道场仪式还创造了许多从未曾听闻的神灵,这些神灵往往带有佛号,如无上至真如来佛、无上高真如来佛、无上清真/花真/太真/达真/金真/电真/立真/浑真/无真/桐真/沌真/道真/混真/停真/邦真/圣真/善真/广真/明真/林真/性真/大真/亮真/万真/净真/惟真/奥真/掌真/飘真/浮真乐真如来佛。[1]

二　简略实用

佛教、道教的仪式文非常繁琐。就拿道教习行黄篆斋仪来说,在正斋四十九日之前,要发预告文字,扬告盟幡,自此每夜接待孤魂。在正斋举行前一月,发审告文字,发玉札,封神虎,关五路灯。正斋举行前十日,发正奏文字,投递奏、申、牒、札、关等文书。正奏前七日、前二日、前一日都有繁琐的仪式。[2] 即使是明代朱元璋为了节省民众的费用,所拟定的《大明玄教立成斋醮仪》,也分三日之多,第一日就包括发直符、扬幡、安监坛、敷座演经、灵前招请、立寒林所,第二日礼忏、施食,第三日的济孤、设醮等等。普通民众如欲完整举行这类仪式,资金上十分困难。

民众举办追荐、超度仪式,我们从当时的各种小说中可以见到,即可以"附醮"——在道观里附在道教内部或其他人举办的斋醮活动之

---

[1]　《销释混元弘阳救苦生天宝忏》。
[2]　张泽洪:《道教斋醮符咒仪式》,巴蜀书社,1999 年,第 157 页。

中,但这样被认为效果不甚明显,也可以约道士到自己家里办醮。在家中举办,也不是一日就可以完成的。宣扬大概,启请、摄召、放赦、招魂等等仪节,要好几日。

弘阳教的道场仪式很简单实用,除了必不可少的举香赞、开忏偈、请神、讲述众生苦难之缘由,及超度之途径、举念佛号之外,没有多少华丽的内容。一方面考虑到乡民在生产之余没有许多时间来进行这类宗教仪式,此外,乡民也没有如许的资金来支持复杂的道场仪式。河北房山县弘阳教徒"遇有附近贫民丧葬之事,无力延请僧道,邀请伊等念经发送"。[1] 嘉庆年间保定府束鹿县有个马杨氏,邻近村民看她"认真修行",如遇白事或酬神还愿,即邀马杨氏等念经,供给饭食,并未送给钱文。[2] 乾隆年间的京东一带,乾隆三十六年有胡广太患病,曾邀请弘阳教徒宋成相、李潮至家念经二次。嗣后偶有丧葬之家,无力延请僧道,邀李潮等念经发送。而有钱财的人家,仍然延请僧道。[3]

三　深根民情

血湖忏法是中国人独创的一种忏法。虽然说佛教中也有关于血湖地狱的交代,但很可能是伪经,而道教血湖忏法起源甚早。道教是如何解释女子难产而死的呢？其言云:"况人之降衷,禀五行之秀,为万物之灵,得生男子,惊天骇地,贵亦难胜。只缘贪婪爱欲,迷失本真,一念之差,降生女质,五浊形漏,匹配夫妻,阴阳结聚,以为胎孕,冤家债主,互相偿报,是故生产有诸厄难。"[4]"生前多有狼毒损物伤人,不孝不

---

[1]　乾隆三十四年二月十二日,杨廷璋奏折。
[2]　嘉庆二十年十一月二十一日,那彦成奏折。
[3]　乾隆四十年二月二十一日,周元理奏折。
[4]　《元始天尊济度血湖真经》卷上,《道藏》第2册,第37页。

忠,不仁不义,耽淫五浊,灵识沉迷,沦滞三涂,形神散乱……以凤生冤对,受报兹生。厄难血尸,命绝产死。"[1]而在弘阳教的《血湖宝忏》里,对于女子坠入血湖地狱的原因只是交代一些非个人因素:"世间一切女人,幸生中国,忝居女流,阴阳三元合会,生男养女,秽污不净,血水喷升,恶味盘结……污染清水。搅扰混浊。或泡流下处,或坑水成冰,时有善人,请水供佛,血气冒渎圣真。今被四直功曹,察下名字,附在善恶簿中,到临命终时,决堕于血湖地狱受报。"这就较道教的解释温和多了。

关于面对普通人的忏法,弘阳教和道教也有不同。道教注重强调人的罪恶,以及学习道教的重要性。"众生造罪,死入北酆,鬼考罪魂,冤对难抵。铁城猛焰,车裂镬汤……若不悟其苦,因预修忏涤,则罪垢日深,当罹此苦。万劫千生,何由解脱。汝等自当一心恳祷,皈依上真,愿当来世,不堕此中。常闻道典得悟道法。获睹慈光,顿蒙超度。"[2]而弘阳教则满怀人情味地说:"东土婆婆苦恼之乡,观见众生受无限苦恼,往往贪尘忘却先天真性,一一沉沦,不念自有其光,四生六道奔忙。老祖伤情痛曰,天眼遥观,观之本宫眷属,一点佛光化为满属,多大灵根,坠落红尘。"这样就把普通人的地位提高为本来是佛子,容易吸引群众。

《混元宝灯提孤施食科仪》是弘阳教的一部用于丧葬道场的科仪,《万历续道藏》里也有一部《灵宝施食法》,我们可以比较官方道教和民间宗教的不同。在召请各类死魂的时候,《灵宝施食法》只是简略地提到"谨召十方无极世界,一切魔灵道、人伦道、地狱道、饿鬼道、畜生道,诸类男女孤魂,劫亡苦爽,我等宿生,负命负财,负恩负义,冤债囚徒,古

---

[1]《太一救苦天尊说拔度血湖宝忏》,《道藏》第9册,第903页。

[2]《太上太清拔罪升天宝忏》,《道藏》第3册,第515页。

往今来，他方此界，战场阵殁，客死枉亡，一切沉混滞魄、鬼神精灵"[1]。道教里说得十分简略，看起来是沿袭南北朝以来灵宝经对鬼神的传统列法，并且以六道为对象，涉及许多和人类生活不相关的"魂灵"。而弘阳教的《混元宝灯提孤施食科仪》在召请亡魂时就不一样，它所列举的魂灵全部是以前生活在人类世界的亡灵，包括范围甚广，既有"有主无依十类孤魂"，也详细地列举了下列亡灵：往古之明君、白屋之公卿、征战之将领、出家人、士兵、为奴为婢者、饿死荒郊者、虎咬蛇伤者、因天雷瘟疫而死者、墙倒屋塌投河自缢横死者、难产而死者、冻死者。

在列举这些亡灵的过程中，弘阳教亦注意投之以同情、感怀的态度，特别重视下层民众的苦难。如在列举冻死者时说："腊月冬天，漂漂寒风起乱剪，鹅毛片雪空中坠。世间贫人，身上无衣服，冻死孤魂，来受甘露味。"如在列出死亡之奴婢时说："生在中华，遭掳他乡去，好儿好女，与人为奴婢，不见六亲，死做他乡鬼，专等今宵，来受甘露味。"而尤引人注意的是，《混元宝灯提孤施食科仪》还顾及明清时期一些社会现象，以及遇难者致死的原因，如召请生前沉溺于花街柳巷者、买卖经商客死他乡者，这反映了弘阳教很重视、关注社会新发生的现象。同时，这部科仪宝卷也反映了明清时期的一些民俗，以及商品经济繁荣所带来的社会现象。上面所举"奴婢"一段话，可能是为那些被掳夺到国外为苦工的人所说的。

弘阳教的道场科仪活动虽然目的明确——为民众解决精神上的苦恼服务，但是在其一次次地举行各类宝忏、宣扬弘阳教法的时候，却实实在在地把自身的教义渗透进来。我们在前一节已经讨论了宣卷这种

[1]　《灵宝施食法》，《道藏》第 34 册，第 772 页。

宗教仪式。宣卷——它的特征是连续不断地灌输教义——是教徒接受弘阳教教义的最主要和正式的形式，但是举办道场活动也是一种手段。我们从这些仪式的文本中也可以看到这些内容。

第五章　孝道：以"目连救母"故事演进为例

前一章以弘阳教为例，从仪式表演角度考察了民间宗教活动化本质。在本章里，笔者将把分析对象进一步锁定在更现实，也更为激烈和虚拟化的表演活动，这就是戏剧。戏剧引入民间宗教宣传，是在六朝佛教唱导、唐代俗讲以及宋元说唱等先行演剧活动经验基础上产生的。这是一种以声音、动作和情节为媒介，在表演者和观众之间产生的极为活跃的交流形式，一般说来，其对观众的影响力远甚于文字阅读。

第一节　观念旅行记

宗教类戏剧中，目连戏最引人瞩目。该戏所表演的目连救母故事大致包括目连之母被打入地狱受苦，目连遍游地狱寻母、苦修佛法救母等情节。陈述这一故事文本，印度佛教有《盂兰盆经》，在中国，唐代有《大目乾连冥间救母变文》，宋代有《目连救母》杂剧，元末明初又产生了《目连救母出离地狱升天宝卷》，晚明郑之珍又创作出《新编目连救母劝善戏文》，民间宗教教派宝卷《佛说利生了义宝卷》也利用了这个故事来宣讲自身教义。此后，京剧、昆曲、川剧、泉州傀儡戏、湖南祁剧，以及许多地方小戏种都有目连救母的连台大戏，演出可长达七至八日。这个故事在如此多的时代、地域、环境中被表达,它的内容自应产生许多改变。人物身份、形象、命运,以及相互之间的关系,故事场景、框架、情节等,都产生极为繁复的变化。除本土佛教外,儒家、道教、民俗、巫道的成分不断施加印记,以至产生"世上有的,目连戏中全有;世上没有的,目连戏中也有"的俗谚。

正因目连戏里宗教成分较多,又颇具变化性地处理了"孝道"和"阴间"的关系,故适宜进行"阴间尽孝"即"冥孝"的观念史分析,因为观念史本身最重要的工作是发掘"单元观念",追寻它在不同时段、不同宗教类型中的表达。[1] 该观念之产生作用,依赖如下信条:在父母、祖先已经逝去的情况下,人类在现实生活中也有必要履行"孝"的家庭义务,这种孝行针对的是一个未知的、超现实的世界,履行孝的义务会对父母、祖先带来好的结果。

对"阴间尽孝"即"冥孝"进行分析,能适宜地承担"观念史"研究的跨地域、历时性,以及多领域参与特色。我们将发现,虽然许多宗教都在讲述类同或相似的救度故事,然而由于来自不同的教理框架,故事的面貌、结构可能完全两样。"目连救母"这个故事在中国宗教四大类型(儒学、佛教道教、民俗宗教和民间宗教)里,负载上不同的价值取向、伦理教条、政治意识形态,从而使得"冥孝"观念在起源、流行、转换过程里不断地面临着重新释义。

稍令人意外的是,这个关于"孝"的故事并未发源于儒教中国,而是来自异邦印度或西域。然而,当它在两晋时期传入中国,却在随后不到一百年内,酿造出巨大的社会效应,不仅朝廷开始操办这项宗教事

---

[1] 洛夫乔伊认为,这种单元观念的一般特征包括:思想史中含蓄的设定或未意识到的思想习惯、特有的假定、对形而上学激情的感受性、思想运动中所使用的神圣语词等。洛夫乔伊:《存在巨链》,张传有、高秉江译,邓晓芒、张传有校,江西教育出版社,2002年,第5—22页。

务，民间社会也普遍践履该项佛事。此后的南北朝至唐宋时期，每年的七月十五日就变成了中国的一个固定的岁时之日；唐代出现了围绕着它而写下的通俗文学"变文"，这是民俗佛教的一个创造；至迟在北宋时期也已出现了"目连戏"，有戏剧就有"戏文"，明朝儒家知识分子郑之珍的《新编目连救母劝善戏文》是现今所能看到的最早的文本，然而它浸透了儒教价值取向；明末清初时期，"目连救母"观念又生长出一些看似怪诞的宗教理念，它被民间教派借用来说明自己的宗教理论学说。

在下文中我们将看到，"冥孝"观念依附着"目连救母"的故事贯穿了印度、中国两大区域，时间跨度大约1 500年，"冥孝"观念进入到岁时、宗教讲演、戏剧和民间教派等各个层面和场域。而对"目连救母"故事和"冥孝"观念的不同解释，反映了不同宗教教义的差别以及各种知识类型兴趣的微小的变化。我们不是要达到这样的目的——确认"冥孝"在各种宗教类型和各类知识人那里存在着——这是毫无疑问，而是要追寻"冥孝"的观念给这些宗教类型带来了哪些新的素材，哪些新奇的东西，以及该观念引发了哪些宗教理论的创发。最后，让我们回到"冥孝"观念本身，在上述研究的基础上，我们将考察这样一个观念自身的"内爆性结构"，考察它自身所凝聚的政治、巫术、血缘继承的力量，考察它自身的各种类型的逻辑。只有达到这一点，对它的观念史追踪才是令人满意的。

第二节　佛教的原型

"目连救母"的故事来自佛教的《盂兰盆经》[1]。佛的弟子为了拯

---

[1]　关于该经的译者，并无统一的观点。最早的经录（《出三藏记集》）认为是"失译"，唐代经录如《大唐内典录》等认为译者为竺法护。有的学者认为该经出自中土，为"疑经"之一种。然而至少在僧祐时代，他已经看到了《盂兰经》，这是毫无疑问的。

救在地狱中受尽苦难的母亲,被告知每年的七月十五日举办盂兰盆会——一种通过斋僧而使自己的母亲解除地狱苦厄的行为。很显然,这种活动不是面对现实生活中的父母,而是"另外一个世界"的父母的魂灵;尽孝的行为也不是针对现实世界,而是针对地狱。"孝行"在这种意义上是消极的——其目的乃是减轻母亲的苦难而非增加她的荣名。这种行为的思想根源是佛教的孝亲观。佛教把孝亲分为两种,"世间孝"和"出世间孝",前者如供给父母衣食,奉养父母,后者包括鼓励父母修习净土和其他出离世间之佛法,最后,"出世间孝"还指对已逝父母、祖先的追悼供养。在这最后一层意义上,我称之为"冥孝"行为。

在印度佛教中,"冥孝"践行的根据是佛教的基本思想——"缘起因果说"。佛教认为,一切法皆依因果之理而生成或灭坏。因是能生,果是所生。而且,有因必有果,有果必有因,因果历然。意识领域也服从因果律,任何思想行为,必然导致相应之后果。佛教还认为,宇宙万法的缘生本性不仅仅涉及一家一人,而是整个世界。一切事物皆有因果法则支配之,善因必产生善果,称为善因善果;恶因必产生恶果,称为恶因恶果。目连的母亲所受的苦难(见饭便化为脓血,不能得食)来自果报效应,因为她生前身、口、意所造作之恶业(经中所说的"罪根深结"),必会招感苦报,而报应是遍及三世的。与"罪业"的受报相对应的是"善"的受报,《盂兰盆经》认为,凭借目连自身的力量还无法拯救母亲的苦痛,"天神、地神、邪魔、外道、道士、四天王神亦不能奈何"。甚至连佛陀也无法改变因果律,免除目连母亲的苦难,解救之道只有依赖着普天之下僧众的佛事功德("当须十方众僧威神之力乃得解脱"),这也是符合严格的因果律的。

正是在这样艰难的处境下,目连对自己在地狱中受难的母亲展开了救赎行动。先是"钵盛饭往饷其母"，后更是举办"盂兰盆会"，借助"三宝功德之力，众僧威神之力"拯救母亲离开了地狱的苦难。正如经中告诉我们的："目连悲啼泣声释然除灭。是时目连其母，即于是日得脱一劫饿鬼之苦。"而目连形象的意义在于，通过影响其母所受果报的缘起链条，而中止母亲所受的苦痛。在这里有一个鲜明的对比——因为佛教把缘起的分量强调得很严重，所以目连的救赎行为就更有了一种英雄主义的意味，《盂兰盆经》的故事情节是一个古典英雄主义的叙事。和普通人相比较，目连凭借着自己的超凡能力挣脱了鬼魂世界的律令，使得母亲摆脱了原先的缘起链条，演出了一个善良战胜邪恶、美德战胜罪孽、光明战胜黑暗的剧本。

所以，"冥孝"观念在印度佛教那里，首先是服从"缘起"律的，其次，人们可以通过践履佛法来影响因果律。佛还告诉目连："若有比丘、比丘尼、国王、太子、王子、大臣、宰相、三公、百官、万民、庶人行孝慈者，皆应为所生现在父母、过去七世父母，于七月十五日佛欢喜日、僧自恣日，以百味饮食安盂兰盆中，施十方自恣僧。乞愿便使现在父母寿命百年、无病、无一切苦恼之患，乃至七世父母离饿鬼苦，得生天人中，福乐无极。佛告诸善男子、善女人，是佛弟子修孝顺者，应念念中常忆父母，供养乃至七世父母，年年七月十五日当以孝顺慈忆所生父母，乃至七世父母，为作盂兰盆，施佛及僧，以报父母长养、慈爱之恩。"上述故事就是"盂兰盆节"的由来。

第三节　明儒政治化阐释

佛教史告诉我们，佛教在中国传播，无时无刻不遭受着本土人士的质疑，而从"孝道"出发的批判是最常见的方式，尤其在佛教初传时期。

这些质疑针对佛教的出家行为、剃发、守丧祭祀和其他不尽孝行。但是,"目连救母"故事的宣传从未受到过类似的质疑和批评,我们惊奇地看到,从朝廷、儒生到平民百姓,他们在很短的时间内就接纳了佛教的这一说法。从《广弘明集》中我们看到,在"儒佛论衡"和"王法与佛法"的争执中,目连救母甚至成为佛教徒自明的理论支撑,一个工具——以此说明佛教徒虽然出家,但仍然践履孝行,这是一种更伟大、更深刻的"孝"。听从他们进行相关的活动,甚至政权组织亲自出面组织相关的祭祀活动。这种官方的祭祀活动大约从南北朝时期就开始了,隋唐时期臻之极盛。[1]

　　古典时代的儒家所认为的孝完全是世俗性和现世性的。先秦儒学谈到"孝",一方面指的是现实生活中的孝行,即"事之以礼",如"事父母,能竭其力"(《学而第一》),"无违"、"有事,弟子服其劳,有酒食,先生馔"、"父母,唯其疾之忧"(《为政第二》)。儒家强调在履行现实中的孝行的时候要保持尊敬的心态,如孔子所说:"今之孝者,是谓能养,至于犬马,皆能有养,不敬,何以别乎?"另外一方面是指"葬之以礼,祭之以礼"(《为政第二》),如"曾子曰:慎终追远,民德归厚矣"(《学而第一》)。《孝经·纪孝行章第十》对此做了较好地概括:"居则致其敬,养则致其乐,病则致其忧,丧则致其哀,祭则致其严。"

---

[1]　最早行盂兰盆会者传为梁武帝,据佛祖统纪卷三十七载,大同四年(538)梁武帝曾至同泰寺设盂兰盆斋。又《释氏六帖》卷四十五载,梁武帝每逢七月十五日,即以盆普施诸寺,其后蔚成风气。《唐六典》曰:"中尚署七月十五日进盂兰盆。"《明皇实录》云:"三元日宜令崇元学士讲道德、南华等经,群公咸就观礼。"《会要》云:"开宝四年中元节,京城张灯。"《旧唐书》卷十六穆宗:"是日,上幸安国寺,观盂兰盆。"《旧唐书》卷一百十八:"代宗七月望日于内道场造盂兰盆,饰以金翠,所费百万。又设高祖已下七圣神座,备幡节、龙伞、衣裳之制,各书尊号于幡上以识之。异出内陈于寺观,是日排仪仗,百僚序立于光顺门以俟之,幡花、鼓舞迎呼道路,岁以为常,而识者嗤其不典。"

　　佛教传入之前，儒家的"冥孝"观念是很模糊的。受到孔子的"未能事人，焉能事鬼；未知生，焉知死"这一现实精神思想的影响，儒学甚少进行"冥界"的构造。佛教传入之前中国人并没有"灵魂不朽"的看法，在精英传统里，人是由两种元素"魂"和"魄"组成的，分别代表天地之"气"，前者主管人的精神和知觉，后者主管人的形骸和血肉。魂与魄合则生，离则死。所以，祭祀都是有一定时效性，天子七庙、诸侯五庙、士庶祭其祖而已，其背后的假定是祖先的灵魂日久会化成"气"，不能再享受子孙的祭祀了。[1]　概而言之，先秦到两汉时期的儒家正规说法是"气"论——根据这种说法，人去世以后，气散则无存。在佛教传入之前，中国古代的地狱观念也不发达，两汉时期隐隐约约有"泰山地府"的说法，不过流传不广，影响不大。

　　接下来我们考察"冥孝"观念本身。我们看到，无论是《仪礼》还是《论语》《孟子》的"冥孝"观念，完全针对的是家国同构的先秦贵族社会，这就是从周天子、诸侯、卿士大夫这样一个社会精英阶层的孝的理解和践履。至于普通民众，几乎没有"冥孝"的意识，如《孝经·庶人章第六》中说："用天之道，分地之利，谨身节用，以养父母，此庶人之孝也。"这是因为，"庶人"尚未进入先秦政治场域。

　　这种"冥孝"观首先是泛宇宙论的，《孝经·感应章第十六》表达了传统中国"冥孝"的观念，说："宗庙致敬，不忘亲也；修身慎行，恐辱先也。宗庙致敬，鬼神着矣。孝悌之至，通于神明，光于四海，无所不通。"其次，它是政治化、家族化、现实功利化的。《孝经·开宗明义章第一》说："立身行道，扬名于后世，以显父母，孝之终也。""夫孝，始于事亲，中于事君，终于立身。"可见，儒家把"孝"纳入天命、政治准则范畴的宏

---

　　[1]　余英时：《中国思想传统的现代诠释》，江苏人民出版社，1998年，第41页。

大背景之中,父母的形象是完全正面和积极的,其立足点在宗法意义上。儒家孝观之着眼点其实不在于父母死后自身所处的实际情境,而在于人世的教化伦理。父母死后究竟往何方,其遭遇如何,是否过得幸福,几乎不在儒家的义理范围之内。因此,儒家的"孝"重心在此生此世的现世之孝。所以我们说,儒家这种古典时代的贵族之孝,却被用于两汉以后《孝经》,因不切合时代和平民百姓的需求,走向了衰落,其主导地位最终为佛教"冥孝"说所代替。这并不意味着儒家放弃了对未知世界的治理,虽然自己不承认或不严肃地看待宗教的鬼魂地狱世界,儒家仍然要从政治上、精神上加以控制。这是儒学一贯秉持的"教民、化民"策略。

中国儒生的一大憾事是先秦乐经的佚亡。乐经是一部神奇的篇章,乐的功能是"和",可以用来治理国家。明末刘宗周《人谱类记》卷下称:"王阳明先生曰:古乐不作久矣,今之戏子,尚与古乐意思相近。门人请问。先生曰:《韶》之九成,便是舜的一本戏子;《武》之九变,便是武王的一本戏子。圣人一生实事,俱播在乐中,所以有德者闻之,便知他尽善尽美,与尽美未尽善处……今要民俗返朴还淳,取今之戏子,将妖淫词调俱去了,只取忠臣孝子故事,使愚俗百姓,人人易晓,无意中感激他良知起来,却与风化有益。"

儒家思想的渗透力,不仅及于那些成体系化的思想理论学说,而且也进入到诗歌、音乐、舞蹈等艺术形式之中。而这些艺术形式由于具有老少咸宜、雅俗共赏的力量,也必将成为推行儒家伦理教化的工具。从元代以后,儒家知识精英特别重视戏剧中的劝善惩恶功能。在这种背景下,目连戏也变成儒家的宣传手段是不可避免的。就"目连救母"这个故事来说,明朝产生的《新编目连救母劝善戏文》就是一部以儒学思想为主导的"鬼神戏"。儒教政治叙事策略的特点是通过添加情节、人物议论、各种角色言语表白、结构组织，大量渗入了儒学的价值观和政治意识。

郑之珍(1518—1595)《新编目连救母劝善戏文》序中称，中人以上，都能了解孔子的春秋大义"褒善而贬恶"，"善者褒之，人既乐于为；恶者贬之，人将惮而不为"，然而，"道能惧者，犹为中人之资。若夫中人以下愚夫愚妇，懵焉而莫之惧者，尤众也"。所以对于这一部分愚夫愚妇的教化，要采用各种形象化艺术方式，"敷之声歌，使有耳者之共闻；著之象形，使有目者之共睹。至于离合悲欢，抑扬劝惩，不惟中人之能知，虽愚夫愚妇，靡不恻恻涕洟，感悟通晓矣，不将为劝善之一助乎"。更要"惧之以鬼道"，"惧则悟矣，悟则改矣，改则善矣"。

胡天禄《劝善记跋文》也表达了类似的观点："不过假借其事，以寓劝善惩恶之意。至于崇正之说，未尝不严。其有关于世教不小矣。"这种方法看来不错，民国《祁门县志·孝义》评论郑之珍说："既困于场屋，不获伸其志，乃思以言救世。又以世混浊不可庄语，而挽救人心，莫如佛化，因特撰《目连救母劝善戏文》，俾优伶演唱，以警世人……徽郡各县，每逢夏历闰年，均有所谓目连班者，纷纷演唱，每台五夜……徽郡自朱子讲学后，由宋逮清七百余年，紫阳学派，绵绵不绝。江戴兴而皖派经学复风靡天下，然支配三百年来中下社会之人心，允推郑氏。"这就是把目连救母故事儒学化了。

例如，《戏文》卷下开场《鹧鸪天》有如下言语："日暖风和景物鲜，太平人乐太平年。新编孝子寻娘记，观者谁能不悚然。搜实迹，据陈编，括成曲调入梨园。词华不及《西厢》艳，但比《西厢》孝义全。"《元旦上春》一节，罗卜表达自己孝敬爷娘的心愿，说："天经地义孝为先，力孝须当自少年。""凭此香拜谢天和地……愿君王万岁万岁万万岁！"又"请回面拜谢祖宗"，"请爹妈尊坐，容孩儿贺正"。《斋僧斋道》一节也借僧道之眼看到了目连寓所的摆设："四壁皆先师之格言,满座尽列圣之遗像。"卷中《老母劝善》一节有这样的话："百行孝为先……天地分明有鬼神,彝伦须是重君亲。若还心昧虚灵理,安得身为忠孝人。斋释道,济孤贫,吃斋把素敬神明。"

《戏文》还把"目连救母"故事纳入为政治秩序的有机形式中。如《阎罗接旨》节说："掌理天曹是玉皇,人间敷治赖君王。天人两下皆兼理,地府阎罗独主张。"《宣召傅相上天》一节中交代玉帝"一封丹凤诏,飞下紫云端。玉旨已到,玉帝诏曰,惟皇降表,有善无恶,惟人存心,有清无浊。恶者当受轮回,善者宜登快乐",这也是渲染"皇权"至上。在《城隍接号》节说四海九州岛群方,万国有城,何处无神,他们都在"安民护国,风调雨顺,世际升平"。在《罗卜辞官》一节里,甚至为罗卜封官,称"以旌孝感,传罗卜授以刺史之职",虽称"人爵不如天爵贤,功名争似孝名高",但孝名终究靠功名来证明。

此类政治化处理在《盂兰大会》一节有更直白的表达,在该节中,玉帝隐喻着皇帝,尽孝隐喻着尽忠,上天隐喻着封官,称"一封丹凤诏,飞下九重天。玉旨已到,跪听宣读。玉帝诏曰,惟德动天,为天眷德。今见孝子傅罗卜,尽心救母,封为九天十地总管诸部仁孝大菩萨。曹氏未婚守节,封为芷宫贞烈仙妃。其父傅相加封劝善大师,母刘氏封为劝善夫人",所谓"一家今日皆仙眷",这几乎要算赤裸裸的宗教和道德功利主义了。

此外,《目连挂灯》一节图构了一种宏大的人间图式,从天地到君王,从父母到子孙,从科举到工商阶层,从在家到出家人,都被编排到这种宇宙和社会图式中,因为他们都被"普光佛降普光灯"所照耀着,均能"佛果圆成天自佑,天堂万里赐超生",这是一副灵性化的"国泰民安"图景。

第四节　在民俗生活中

围绕着《盂兰盆经》进行的民间祭祀活动至迟在南北朝的刘宋时期就开始了，而这离《盂兰盆经》在中土的翻译估计一百年左右的时间，可见百姓接受"盂兰盆理念"的快速和积极。据《荆楚岁时记》记载："七月十五日，僧尼道俗悉营盆，供诸佛。按盂兰盆经云……后人因此广为华饰，乃至刻木割竹，饴蜡剪彩，模花叶之形，极工妙之巧。"各地民众甚至虚构出"目连洞"等遗迹。[1]

目连的故事受到普通百姓的喜爱，唐代流传下来的"目连变文"便有数种之多。在变文中，人们给目连及其父母亲加上了中国风格的姓、字，变文还补叙了目连的具体修行活动和救赎过程，"游狱"、"开灯"等故事情节趋于完整。北宋市井社会开始了连演七天目连戏。据宋孟元老的《东京梦华录》卷八"中元节"条记载："构肆乐人，自过七夕，便般《目连救母》杂剧，直至十五日止，观者增倍。"同时，"盂兰盆节"和道教的"中元节"、儒教的"赈济无主之鬼"做法，乃至民俗意义上的"鬼节"重叠，每年的七月十五日遂成为中国的一个传统节日。

和中土的"冥孝"观念比较，佛教"冥孝"观念有何种特点？它何以能够进入中国社会，并参与构造了普通百姓的"冥世"想象？这种"冥孝"观念为何能迅速地获得了普通百姓的认同？它取代儒教"冥孝"观的原因是什么？下面根据《大目乾连冥间救母变文》加以说明。

---

[1]　乾隆《陕西通志》卷十二说"目连山"在县（陕西省平利县）东南百里洞河内，山下有目连洞，俗传目连和尚结庵于此。乾隆《浙江通志》卷十八"目连洞"条："旧《浙江通志》，在县西二里，明净幽旷，如覆石室，瀑布声响不绝，旧传阿目键连修行于此，政和间，掘得青提夫人碑，乃目连母也。"

　　佛教"孝亲"观的主旨在于报恩,其着眼点在于对父母抚养之恩情的酬谢,《盂兰盆经》说目连修道成就之后就想"度父母,报乳哺之恩"。从情感因素来说明孝亲,这正是佛教孝亲观的一个特点。在变文中,罗卜说"母子之情天生也,乳哺之恩是自然"、"人间乳哺最恩深",当目连劝如来佛亲自拯救其母的时候也说:"天下之中何者重,父母之情恩最深。如来是众慈父母,愿照愚迷方寸心。"与佛教相比,儒家告诉民众,父母去世以后,人的孝行仅仅包括追远、显亲、扬名等等,这是现实功利性的理性思考方式,现在民众却被宗教感情所打动——这里的"自然"之孝很明显是反对儒家强调基于"父"提出来的忠孝本位和"移忠作孝"的政治伦理。和儒学的"冥孝"观念相比,佛教的"冥孝"观念更符合百姓的尘世生活,更具有人情意味,完全是基于人情的感化力量。

　　佛教认为业报并不服从宗法血缘律条,目连母亲所受的苦难完全是她个人造成的,其间并不关涉目连及其父亲的业报问题,佛教还认为"罪"的根源乃是前世"造业"的遗存,不是一种家庭的"共造之罪",而在中国传统中罪福的后果往往由家庭加以承担,家庭、家族成为一个单元,所以人们的行为及其产生的后果是一个群体性行为。中国自古即有善恶因果报应的思想。如《易经·坤·文言》中有言"积善之家必有余庆,积不善之家必有余殃",对这一句话有基于佛教的批评,如释印光说"夫积善、积不善,因也。余庆、余殃则果矣。又既有余庆、余殃,岂无本庆、本殃? 本庆、本殃,乃积善、积不善之人,来生后世所得之果,当大于余庆、余殃之得诸子孙者,百千万倍"[1]。

　　除了对上述儒家"冥孝"观念的失望以外,更重要的是该故事及其表达的"罪"观念更切合下层民众的生活意识和思想习惯,其中最重要

_____

[1]　释印光:《印光大师文钞菁华录》六,《劝注重因果》。

的是对人生负面价值的认识。儒家把人生积极的、光明的、正面的价值过度宣扬，反而造成了对人生负面价值、阴暗层面、消极方面的忽略甚或有意遮蔽，这不符合百姓生活事实和意识。

佛教认为，救赎的出发点是基于对父母身世罪的认识，在《盂兰盆经》中，佛陀告诉我们目连的母亲是"罪根深结"。它把父母看作是芸芸众生中的一员，有自己的罪过，更具有平等性。这不仅仅非常符合中国人的思维习惯，而且大大突破了儒家思想的阈阀。同时该观念还具有一定的"悲剧意识"，认为人们的苦难是有可能延伸到下一个世界的。佛教对人生阴暗层面（"目连救母"描述父母祖先死后的悲惨生活场景仅是冰山一角）的揭示和描绘给中国民众以强烈的情感刺激。我们很容易想象他们一旦从以前对父母、祖先逝世以后的众说纷纭、模糊不清的认识中走出，现在被父母实际上所受的悲惨待遇所震惊，他们会被一种绝望的苦痛情绪占据，那么，民众接下来应该做什么呢？

佛教的这个故事改变了普通百姓以往的信条——父母、祖先能通过子孙的祭祀和事业成就而获得潜在的福佑。严格解读业报的教义会对传统祖先祭祀的效力产生疑问。太史文（Stephen F. Teiser）曾引用唐代宗密的一句话说明这一点，[1]宗密认为："一朝去世谁为修崇？纵托子孙七分获一，况无孝子，悔恨何追。"[2]祖先以来子孙祭祀所得到的福报只有七分之一，这就对传统的做法作了批评。既然以往的做法是错误的或无效力的，民众阶层自然地接受了佛教的做法。

下面以《敦煌变文集》中所载"目连系"变文为例，考察民众阶层对

---

　　[1]　太史文：《幽灵的节日——中国中世纪的信仰与生活》，侯旭东译，浙江人民出版社，1999年，第180页。
　　[2]　《大正藏》T39经疏部七，p. 509. 1—p. 509. 2。

于"目连救母"故事的理解,以及他们对于"冥孝"观念的理解。[1]

《目连变文》中的业报关系则复杂得多,它牵涉到目连家里三个人的不同报应。目连父亲傅相因生前修十善五戒,死后得生天上(天庭、天堂、净土),这是善有善报之应征。其轮回是在所谓的三善趣中,即由人道上升到天道。目连自己则因孝顺父母,投佛出家,故证得阿罗汉果且神通第一,此亦为行善得善报。目连母亲青提夫人却不同,因平生在日,广造诸罪,遂堕地狱,此为恶有恶报。青提夫人从人趣出发,依次轮回地狱、饿鬼、畜生三恶道。但目连假佛之威力及盂兰盆供养,使其母从地狱道上升到畜生道,特别是他为母亲转诵大乘经典,忏悔念戒使青提夫人得还女人身,最后又亲送其母入切利天。这些描写就加入了中国人的固有思想,即孝顺能感动天地,亦能带来好的果报。

变文反映了当时佛教和中国传统文化在"冥孝"观念上的冲突,这可以表现为具体的丧葬观、祭祀观上的区分。在变文《目连缘起》中,作者认为目连母亲青提夫人遭罪的原因是"在世铿贪,多饶杀害","日不曾修善,朝朝宰杀,祭祀鬼神,三宝到门,尽皆凌辱"。注意,这里把祭祀鬼神当作一种罪孽,很明显表达了佛教徒对于中国传统祭祀观的批评。在"母子相见"一节中,作者借罗卜言语表明了佛教对儒家"冥孝"观念的批评,颇具反讽意味:"目连抱母号啕泣。哭曰由如不孝顺,殃及慈母落三涂。积善之家有余庆,皇天只没杀无辜。……每日坟陵常祭祀。娘娘得食吃已否?"青提夫人言:"入此狱中同受苦,不论贵贱与公卿。汝向家中勤祭祀,只得乡间孝顺名。纵向坟中浇沥酒,不如抄写一行经。"当罗卜请求狱官免除其母的苦难,宁愿以身受过时说:"五服

[1]《敦煌变文集》收相关主题变文三种,分别是《目连缘起》《大目乾连冥间救母变文》《目连变文》,见王重民、王庆菽、向达、周一良、启功、曾毅公合编:《敦煌变文集》,人民文学出版社,1957年,第701—760页。

之中相容隐，此即古来圣贤语。惟愿狱主放却娘，我身替娘长受苦。"狱主拒绝了他的请求，批评了他对于佛教的模糊认识，说："和尚欲得阿娘出，不如归家烧宝香。"作为旁白，尚有这样的话："娘娘昔日行悭吝，不具来生业报恩。言作天堂没地狱，广杀猪羊祭鬼神。但悦其身眼下乐，宁知冥路拷亡魂。"我们从中看出，唐代社会普通民众已经不相信儒家等知识精英告诉他们的"冥孝"观念了，他们宁愿接受佛教的带有强烈感情色彩、人性化、非政治性的"冥孝"观念。

《变文》通过补充一系列情节把报应鲜明化了。它把佛国理解为"天宫"，所谓"现世福资，为亡者转生于胜处"。目连的父亲因为在世修善而得生天堂，而他的妻子却因为欺骗，"因兹欺诳凡圣，命终遂堕阿鼻地狱中"。当目连下至地狱，看到其母在阿鼻地狱第七隔中"身上下三十九道长钉，钉在铁床之上"。傅相告诉罗卜说："汝母生存在日，与我行业不同。我修十善五戒，死后神识，得生天上。汝母平生在日，广造诸罪，命终之后，遂堕地狱。""造罪之人落地狱，作善之者必生天。如今各自随缘业，定是相逢后回（会）难。""但且歌，但且乐，人命由由如转烛。何觅天堂受快乐，唯闻地狱罪人多。有时吃，有时着，莫学愚人多贮积。不如广造未来因，谁能保命存朝夕。……智者用钱多造福，愚人将金买田宅。""俗间之罪满娑婆，唯有悭贪罪最多。"这里对地狱景象的描绘，不仅增加了地狱的恐怖氛围，从而产生现实的威慑力，其目的还在于突出"救度"的急迫，以及按照佛教教导践行"冥孝"行为的意义。

最后是"冥孝"的节日化、仪式化倾向。"过节"对普通百姓而言是最重要、最有意义的事情。他们把一些重要的行为、事件，命名为自己的节日，纳入自身的生活场景之中和生命年轮之中。盂兰盆节成为一个民间的岁时节日。

第五节　母子隐喻

"冥孝"这个观念是如此深入人心,以至于民间教派拿过来组织自己的理论。民间教派是底层宗教职业者以民间俗神信仰为基础,大量吸收佛教禅学、道教斋醮符咒仪式、内丹修炼学和民间巫觋方术的内容构建起来的宗教形式,这种新兴的宗教形式以无生老母信仰和末世观念为中心,有相对独立的宗教观念、仪式、组织和生活方式。为了组织自身的宗教观念,民间教派大量引用现存的各类宗教资源,其中,佛教、道教和民俗宗教观念都被添加进来。正如我们知道的那样,"目连救母"本是佛教中的一个神话故事,后来进入中国社会的民间生活层面。因其流行和百姓的喜于听闻,民间宗教职业者很方便地拿过来,并赋予其新的解释。在这里,我打算征引明代末年的《佛说利生了义宝卷》来加以说明。

《佛说利生了义宝卷》为晚明黄天道宝卷。此宝卷对目连的身世又加以新的解说,认为目连的前身是螺蛳,因为子午卯酉勤加修炼,练就了纯阳气,得了真三昧,修炼成人身。"古佛"认为,螺蛳如继续修行佛道,决证金身,遂将螺蛳一点灵光,使入东土,投凡住世,认母投胎。另一处重大的改变是在目连用佛赐锡杖击碎酆都城后,该宝卷写道:"说目连本意原为救母出身,彼时击碎酆都城,当将魍魉鬼魅等类一切十恶诸大之鬼约有八百余万,尽皆出离酆都之苦。时当七月十五之期,目连就以佛赐钵盂,甘露洒济诸鬼,后人以此递年七月十五日盂兰大会。……不料诸鬼贪尘望想,迷真失性,埋没深厚,专以枷锁为美,以苦为甜,留恋尘世,不想归家,直至如今。向在阎浮亦无穷尽,未得归家之道。"[1]在这里,宝

---

[1]　《佛说利生了义宝卷·目连击碎酆都城十饿鬼逃走分第七》。

卷对于"冥孝"观念的另一个改变是把天堂家庭化，把人间地狱化。认为人类世界不过是"诸鬼"的世间，这就把人世的正当性一举抹杀了。

为了宣扬教首李宾的神秘性，《佛说利生了义宝卷》把李宾的身世和目连加以比照："说普明如来投凡住世，失迷真性，自己也不知是古佛发现。当时在世，有生必有苦，曾受无数得苦恼，受尽苦楚。后有天人来请，始得道。乃果位因缘，遂将真天大道，归家大事，细传后人，使后人个个成真了道，人人返本还源。"[1] 我们可以说，宝卷目连形象是李宾的一个"隐喻"。它以目连救母的故事"隐喻"了李宾（普明如来）求道的人生经历。这种隐喻的目的是要证明，李宾和目连一样，都已经是佛或菩萨，二者同样肩负着解救人间苦难的任务。

佛教教义中"目连救母"的目的是解脱母亲所受的苦难，教派引申了这个说法，认为参加教派的组织也可以做到"九祖升天"："说古仙安天治地……故发弘誓大愿。普度众生，恨不能尽行出离苦海。又许一人学道，九祖升天。"[2] 又说："一人学道，九祖升天，官封三代全。凡圣相同，一体同观。人不醒悟，业网牵缠，不惟自己，九祖落凡。"[3]

宝卷另一个特点是把目连救母故事加以内丹学的解释。在他们看来，"冥孝"所彰显的"宗教的拯救"，其实质就等于"母子间救赎"、"母子间的团圆"，宗教内容被转化为"家庭内容"，转化为"自身的关系"，例如宝卷里的《归家怨》小曲："自从灵山至如今，往往来来不记春。迷真逐妄贪尘世，全不想，性在天边命在尘。我佛灵山频思想，天阙门里望儿童。你在东土受苦恼，红罗天上少亲人。在三稍书归家罢，玉锁金伽不离身。苦婴儿，早回心，上传灯，堪堪待得劫数满，今生错过永难

---

[1]　《佛说利生了义宝卷·戊午开道普明如来归宫分第十三》。
[2]　《佛说利生了义宝卷·九九数天定就子母同心分第三十六》。
[3]　《佛说利生了义宝卷·甲寅年按东方坐泰山东华分第十二》。

逢。稍家书,苦叮咛,声声嘱咐炼性金。看火候,按时辰,十二连城苦下功。三回九转还丹理,坎离交媾要分明。……不思凡,去投东,永伴无生,只在都斗宫。"[1]此外,又言:"飘舟到岸小婴儿,得见娘娘坐莲台。"[2]

娘娘(老母)具有女性神灵的慈祥、爱怜子女、情感丰富,因而能够吸引封建社会苦难之民众。该部宝卷虽没有提到"无生老母"这位神灵,但是把内丹修炼的最终结果归结为"子母相见",而"母亲"是住在天宫里的,这就更明显地证明民间宗教中"老母"形象是直接从内丹修炼的体验中得来。实际上,在道教内丹修炼中,"婴儿"是青龙、白虎、黄婆"三家相见"所结出的"圣胎",是内丹修炼成就的标志。"婴儿"和"姹女"等词语一样都是借人体现象比喻内丹修炼。既有"婴儿"、"姹女",那么内丹之归宿就被说成是"母子相见"。可见,民间教派把现实的母子关系搬到了天空。在民间宗教的母—子这一对神人图式中,母子二人关系是这样:母亲生育儿女,然后派他们下云城,使他们去度人;子女生于天堂,后因各种原因落入凡间,然而他们却迷真逐妄,贪恋酒色财气。母亲最后派下特使(诸教教首)去度脱他们,最后一同回归天堂之家。

在上文中,我们首先提出"冥孝"观念,指出它扎根于"在别的世界中履行孝的义务"这样一个信条。这个观念在佛教和中国文化中具有普遍性,它是如此"习焉而不察",虽然存在于我们的意识之中,然而却没有得到明确指认。在印度,佛教赋予了它原始意涵;在中国,先秦儒家则提供类似的理解。当佛教进入中国以后,随着僧侣阶层介入民俗文化,南北朝开始,"冥孝"观念方真正登场。在它的内容里,佛教因素

---

[1]　《佛说利生了义宝卷·脱凡胎不生不灭常伴清风分第三十四》。
[2]　《佛说利生了义宝卷·九九数天定就子母同心分第三十六》。

逐渐增加,儒学的理解方式退缩到一片模糊不清的背景之中。此后,"冥孝"观念渗入到各种宗教类型之中,并以诗赋词律、民间曲艺、市井文学等形式存在着,更为重要的是,它变成了老百姓的岁时节日,真正"飞入寻常百姓家",参与到他们的日常生活意识中去。

第六章　民间宗教与晚明宗教潮流

本章将把晚明民间宗教置于更广泛的宗教背景中考察,从关系角度探讨它与儒释道正统思想之间的关系。

第一节　宗教世界与道德世界

梁漱溟先生有一个著名论断,认为中国缺乏宗教,而是以家庭伦理来代替宗教,假如说中国存在宗教的话,那就是祭祖祀天之类。[1] 这种说法似乎是对中国传统社会浓厚的宗教氛围视而不见。固然,在纯正的儒者那里,意义、价值和目的并不是作为给定的神意的标准而存在,而是在人和环境、人和"天"的相互作用中产生出来的东西。传统儒者也经常参加祭祀祖先等礼仪,但是他们认为只有通过一生持续不断的道德修养才能保持人和神之间的以道德为主要准则的关系。[2] 而在民间社会(甚至包括大部分普通知识分子),宗教的伦理律法起到的不仅仅是一种个人的自我调适的作用,而且包含着对人的惩戒和奖赏。套用一位清末传教士明恩溥的说法,中国下层阶级的多神论和泛

---

　[1]　梁漱溟:《中国文化要义》,学林出版社,1987年,第87页。
　[2]　郝大维、安乐哲:《孔子哲学思微》,蒋弋为、李志林译,江苏人民出版社,1996年,第179—181页。

神论,与上层阶级的无神论刚好形成对比。[1]

正是在这种意义上,笔者认为,儒家——当它为民间社会所实践时——确实是一种宗教。普通民众对待儒家圣贤的态度和对待仙佛没有什么两样。问题还不仅仅是像梁漱溟所说的以伦理代替宗教,而是"伦理世界"和"宗教世界"的合一。"三教圣人"是他们经常性的称呼。

晚明是一个道德说教的时代,善书、功过格大量涌现,广泛普及;晚明又是一个通俗宗教氛围流行的时代,宗教渗入到文学艺术民俗生活中去。教派教义的文本形式宝卷原是佛教说唱文学,作为佛教说唱文学的宝卷,其主要功能是便利佛教教团面向民众宣传佛教伦理(如因果报应)之类,有着很强的劝善功能。民间宗教援引宝卷作为自己教义的载体,当然也继承了它的这种劝善功能。这两点直接导致了晚明民间宗教成为一种伦理化的宗教,它也体现了民众信仰的伦理本性。

在民间宗教里,"伦理世界"和"宗教世界"是合二为一的,教徒们参加教派的动机之一是认为它们"叫人学好"。在某些教派里,我们甚至不能分清楚是伦理的比重大,还是宗教的比重大。也可以这么说,在民间宗教那里,伦理世界是宗教世界的另外一个版本,宗教世界也是伦理世界的另外一个版本。民间宗教的宝卷中反复宣讲的"超脱苦海"、"赴瑶台"、"归家认母"等宗教话语都体现了民众的伦理意识。

总之,宝卷和道德劝善有着亲缘关系。这种民间说唱文学自始至终面向民众灌输着不同的道德观:前期的佛教类宝卷由佛教徒说唱着佛教的道德观;中期的教派宝卷由民间教派的教徒说唱着教派的道德观;后期的民俗宝卷由职业宣卷人说唱着通俗道德观。

---

[1]　明恩溥:《中国人的素质》,林欣译,京华出版社,2002 年,第 279 页。

一　宗教劝善

道派把普通民众的伦理意识以强烈的宗教观念表现出来,这和晚明时期社会上弥漫的宗教氛围有关,也和流行的宗教劝善书、功过格有紧密的联系。晚明时期道德说教之浓厚氛围和其文本形式之善书、功过格的出现,是道教的道德劝善经历绵延千余年的积累而渗透到民众生活的结果。

中国民众道德生活受到道教的巨大影响,从道教的劝善书中可以看到,道教的道德劝善对于一般的民众而言和儒家伦理是一致的。实际上,道教伦理确有取于古代儒家伦理,它深深扎根于先秦以来的中国道德准则和行为的伦理规范。

从卜辞中看,商代的君主相信上帝和自己的祖先(先公、先王)会对本人的统治降下福和灾,因此他们非常重视祭祀。甲骨文中关于上帝的卜辞多至几百片,可以分为三类:支配自然界;对于人间的降祸授福;人间的所作所为,实际是商王的所作所为,要得到上帝的许诺,即要经过上帝的批准。商代人迷信鬼神,崇尚天命。他们认为人世间的一切都取决于天命和鬼神,所以祭祀活动极为频繁,也相当复杂,其目的是求得福佑,免去灾祸。如甲骨文中"祭"的写法,有一种是从又(手)执肉,会祭祀之意,里面的几个点划看起来像祭肉下滴的汁液。[1]

周天子相信"天命"和"惟德是辅",人的德行开始从本质上干预天子个人的命运和周朝统治的盛衰,这样,经文时期的道德观也就呈现出一种宗教神灵化的意蕴。宗教与道德的联系点便是"报应观"。他们

---

[1]　赵诚:《甲骨文简明词典——卜辞分类读本》,中华书局,1988 年,第 1、288、229 页。

认为"聿修厥德，永言配命，自求多福"[1]，"君子终日乾乾，夕惕若厉，无咎"。[2] 夏殷皆是"惟不敬厥德，乃早坠厥命"[3]。"维天之命，于穆不已。于乎不显，文王之德之纯"[4]，"积善之家，必有余庆；积不善之家，必有余殃"[5]，"善不积，不足以成名；恶不积，不足以灭身。小人以小善为弗益而弗为也，以小恶为无伤而弗去也。故恶积而不可掩，罪大而不可解"[6]，"天道福善祸淫"[7]，"皇天无亲，惟德是辅"[8]。

　　产生于汉代末期的《太平经》吸收了先秦以来的德福观和汉代经学化神学的道德谴告观念。《太平经》认为人在世间所做的一切善恶行为都受到神灵的监视，这些神灵有的在天地之间，有的则在人的体内。"心神在人腹中，与天遥相见，音声相闻，安得不知人民善恶乎？"[9]"天之应人如影响，安得行恶而得善者乎！"（第656页）"善自命长，恶自命短。"（第525页）"天地睹人有道德为善，则大喜；见人为恶，则大怒。"（第374页）"不知天遣神往记之。过无大小，天皆知之。簿疏善恶之籍，岁日月拘校，前后除算减年。"（第526页）

　　太平经还特意提出"承负"说，把道德律令延伸到家族兴衰的高度："力行善反得恶者，是承负先人之过，流灾前后积来害此人也。其行恶反得善者，是先人深有积蓄大功，来流及此人也。能行大功万万倍之，先人虽有余殃，不能及此人也。因复过去，流其后世，成承五祖。"

---

　　[1]　《诗经·大雅·文王》，《十三经注疏》，第505页。
　　[2]　《易·乾》，《十三经注疏》，第13页。
　　[3]　《尚书·周书·召诰》，《十三经注疏》，第213页。
　　[4]　《诗经·大雅·清庙》，《十三经注疏》，第583—584页。
　　[5]　《易·坤·文言》，《十三经注疏》，第19页。
　　[6]　《易·系辞下》，《十三经注疏》，第88页。
　　[7]　《尚书·汤诰》，《十三经注疏》，第162页。
　　[8]　《尚书·蔡钟之命》，《十三经注疏》，第227页。
　　[9]　王明编：《太平经合校》，中华书局，1960年，第545页。本段以下引用《太平经》文字只标页码。

（第 22 页）所谓"承者为前，负者为后。承者，乃谓先人本承天心而行，小小失之不自知，用日积久，相聚为多，今后生人反无辜蒙其过谪，连传被其灾，故前为承，后为负也。负者，乃先人负于后生者也。"（第 70 页）佛教那里，报应的承担者是自己。而道教的承负者却是自己的亲人、后代，因而，人的善恶行为就演变为一种家族行为。

　　魏晋时期出现一部《赤松子中戒经》，阐述了通过神灵监照来维持道教徒和一般民众道德水准的道教的伦理教化模式。该经中说："生民茕茕，各载一星，有大有小，各主人形，延促衰盛，贫富死生。为善者，善气覆之，福德随之，众邪去之，神灵卫之，人皆敬之，远其祸矣。为恶之人，凶气覆之，灾祸随之，吉祥避之，恶星照之，人皆恶之，衰患之事，并集其身矣。"又说："天上三台，北辰、司命、司录差太一直符，常在人头上，察其有罪，夺其寿算。""人行善道，天地鬼神赐福，助之增延寿考。"考该经中所主张的道德律令，大部分属于一般社会道德内容，如尊敬天地、三光，不犯禁忌，孝爱父母，和顺兄弟，怜悯孤独，救接贫病，敬重师长、古来圣贤、乡里老人，敬远鬼神，祭祀天地，修填道路，救溺江湖等行为。[1]

　　唐代道士孙思邈创造了另外一种道德感化论，把积善与否和福祸结合起来，强调个人道德行为的力量。说："福者，造善之积也；祸者，造不善之积也。鬼神盖不能为人之祸，亦不能致人之福，但人积不善之多而煞气命也。"这意味着福祸可以相互转化："人若能补其过，悔其咎，布仁惠之恩，垂悯恤之念，德达幽冥可以存矣，尚不能逃其往负之灾。不然者，其祸日多，其寿日促。"这种思想和晚明功过格的思维方式是

---

[1]　《赤松子中戒经》，唐大潮等注译：《劝善书今译》，中国社会科学出版社，1996年，第 12—19 页。

一致的。[1]

　　元明时代流行最广泛的劝善书是《太上感应篇》。《太上感应篇》对前此道教劝善书做了一个概括、提要工作，因而能够流行开来。它也说，"祸福无门，唯人自召"，"善恶之报，如影随形"。并列举了诸位神灵如"天地有司过之神"、"三台北斗神君"、"三尸神"[2]。《太上感应篇》还授予人们一条操作性很强的践履方法："凡受持之道，常于寝室，床首置笔砚簿籍，先书月份，次书日数，于日下开功过两行，至临卧之时，记终日所为善恶。照此功过格内名色数目，有善则功下注，有恶则过下注之，不得明功隐过。至月终计功过之总数，功过相比，或以过除功，或以功折过，折除之外者明见功过之数。当书总记讫，再书后月，至一年则大比，自知罪福，不必问乎休咎。"[3]

　　另外一部有很大社会影响的道教劝善书《文昌帝君阴骘文》号召民众积累阴骘以期获得好的报应，说"欲广福田，须凭心地"，所谓"近报则在自己，远报则在儿孙。百福骈臻，千祥云集，岂不从阴骘中得来者哉"[4]。

　　晚明时期的宗教劝善书和功过格其主体是道教的善书和功过格。明代提倡朱子理学及其通俗化的教育。朱元璋建立明王朝以后，特地为乡民颁布了"圣谕六条"，这六条的内容是：孝顺父母，尊敬长上，和睦乡里，教训子孙，各安生理，毋作非为。明仁孝皇后也制定了道德科

---

　　[1]《福寿论》，唐大潮等注译：《劝善书今译》，中国社会科学出版社，1996年，第37—40页。

　　[2]《太上感应篇》，唐大潮等注译：《劝善书今译》，中国社会科学出版社，1996年，第53页。

　　[3]《太微仙君功过格》，唐大潮等注译：《劝善书今译》，中国社会科学出版社，1996年，第131页。

　　[4]《文昌帝君阴骘文》，唐大潮等注译：《劝善书今译》，中国社会科学出版社，1996年，第65页。

范读本,说:"仁者,善之所由生也;善者,福之所由基也。是故求福莫大于为善,省己莫严于知戒。"仁孝皇后于是"间采三教圣贤劝善惩恶之言,类编为书"。[1]

统治者对宗教是警惕的,他们限制僧道的活动,却对宗教劝化功能有浓厚的兴趣,并努力把宗教的道德劝化功能发展为宗教的唯一社会功能。在这种时代背景下,道教伦理宣讲因其通俗和乡土本性得到极大的普及,原先属于道教系统的《太上感应篇》、《太微仙君功过格》和《文昌帝君阴骘文》成为全民信仰的文本。道教的善书对佛教和儒家也产生了影响,在功过格方面,儒家学者刘宗周创作了《人谱》,佛教学者云栖袾宏创作了《自知录》,一个普通知识分子的代表袁了凡依靠功过格的指导获得了极大的社会地位,这也刺激了其他知识人追奉功过格。

二 王纲和因果

明清两代道德说教律令化、教条化的一个体现是制定道德奉行的固定纲目,勒令民众每日诵念、礼拜。普通民众家里和学堂中大多置有"天地君亲师"之牌位。在民间教派的经卷上也印有"天地君亲师位"的牌位,在宝卷的开始或结尾还通常用大字写上"十报恩"。"十报恩"表达了民间宗教的教首和教徒对天地日月的崇拜心情和对明代统治阶层的遵奉不违,同时也有对父母兄弟、教门师父的感谢,也有针对教门信奉的神灵的誓愿。

这样的"十报",内容大同小异,如:"一报天地盖载恩,二报日月照临恩。三报皇王水土恩,四报父母养育恩。五报师长亲传法,六报法界

[1] 明仁孝皇后:《大明仁孝皇后劝善书》自序,转引自郑志明:《无生老母信仰溯源》,(台北)文史哲出版社,1985年。

尽虚空。七报过去庄严相,八报现在贤圣僧。九报未来诸佛祖,十报父母愿超升。"[1]前"四报"把现实社会伦理要求大都包括进来了,因而是固定的,对于以后的"六报",还存在一些"异文",如:"一报天地盖载恩,二报日月照临恩。三报皇王水土恩,四报父母养育恩。五报五方常安乐,六报六国永不侵。七报文武迁高转,八报人民永安乐。九报九祖升天早,十报三教范师恩。"[2]此外,还有其他表述,例如:"一报天地盖载恩,二报日月来照轮。三报皇王水和土,四报爷娘养育恩。五报祖家亲指点,六报文武护国恩。七报男女同音念,八报八方施主恩。九报九祖生天界,十类孤魂早超生。"[3]

"报",在汉代文献中是审狱、断案之意,引申为"报白"、"报复"。[4]在古文中就假借为"白"、"复",引申为"孝养"、"报德"的意思。[5]宝卷起首部分和结尾部分的"十报"意谓报答十种恩德。其中的大部分涉及人伦道德方面(皇王水土、父母养育、师父传授、施主恩德、祖先庇佑),这反映了道派试图通过宗教行为来完成道德践履方面的义务。

可见,"十报恩"是民间教派伦理的总纲。相对于佛教、道教的伦理观,民间教派的伦理思想有自身的特色。

民间宗教要"报恩"皇权,体现出其归属"王纲"的意愿,这表明,无论民间宗教多么叛逆,它始终不会放弃道德的正统化努力。前文已经说过,朱元璋的圣谕六条,即孝顺父母、尊敬长上、和睦乡里、教训子孙、

---

[1]　《药师本愿功德宝卷·毗羯罗大将分第品三十二》。
[2]　《普静如来钥匙佛宝卷》卷首。
[3]　《销释白衣观音菩萨送婴儿下生宝卷·圆满藏菩萨分第二十四》。
[4]　段玉裁:《说文解字注》,上海古籍出版社,1988年,第496页。
[5]　朱骏声:《说文通训定声》,中华书局,1984年,第281页。

各安生理、毋作非为,[1]这些所有人必须遵循的王纲,甚至被印到民间教派的宝卷中。在明代,我们可以很轻易地发现"王纲"转变为"道德"的现象。本来,朝廷对民众的道德要求并不应该是强制性的,但是明清法律却又是伦理色彩非常浓重的。当"王纲"转变为"道德"之后,违反朝廷对民众的规定不仅是对国家法律的侵犯,而且会让人产生道德上的耻辱感。

宝卷中经常看到对当朝统治者腴奉之词,黄天道的宝卷中宣称:"活佛现在,住在北京。活佛是朝廷,辖管天下大地众生。君王有道,神显神通。顶上娘娘,答救诸众生。"[2]罗教宝卷《无为正宗了义宝卷》,宣扬"孝乃人间宝,行者得固坚。臣忠君无虑,子孝父心宽"、"事君则忠,事亲则孝,忠孝双全,此乃何不立身之道矣"、"有阴阳而有男女,有男女而有夫妇,有夫妇而有父子,有父子而有君臣,有君臣而有三纲五常之道。三纲统其人伦,五常正其教化,乃圣贤立世之基"[3]。弘阳教对伦理道德的宣讲最为重视,在韩太湖自己所作的五部经书里几乎每本都包含着大量的伦理说教,例如三纲五常、忠孝节义等等。

"王纲"和世俗道德是一致的。宝卷中充斥着世俗道德伦理说教,因为前人研究已经比较多,此处以弘阳教为例,略做补充。

弘阳教反对酒色财气:"酒色财气把人迷,迷人贪恋如火池。那个贪恋得长久,个个荒郊把命亏。"《弘阳叹世经·叹酒色财气品第拾壹》举出历史上著名人物的著名实例,告诫世人不要贪恋酒色财气,如李白、平王、晋王、孙花、纣王、幽王、楚王、吴王、闵王、隋炀帝、朱温、王祥

---

[1]　如弘阳教的宝卷《弘阳悟道明心经·皇明圣谕品第二》。

[2]　《灵应泰山娘娘宝卷·娘娘增福延寿品第十三》。

[3]　上文分别引自《无为正宗了义宝卷》里的《行孝品第二》、《立身品第三》、《识真品第五》。

的故事,民间传说三人争财的故事,此外还有霸王、韩信、薛仁贵、关羽、张飞、李晋王、敬德、李密、子胥等人的故事。[1] 又说教派的祖师无极老祖下凡教人行善,说:"想昔日无极临凡,转化二十四孝、七十二贤,孝义劝人行好。贤人苦度众生,普化迷朦有醒,万般化人为善。"[2] 又认为善林老祖也曾下凡世,教人行善,说:"想善林老祖脱化圣人,又留下五经四书,仁义礼智信,古今文章。祖历代帝王师。"[3]

弘阳教宝卷中还特别要求民众要敬爱弘阳教徒,把这一点也上升到"善举"的地位,说:"聪明男,智慧女,早行善事。敬三宝,斋万僧,广有功程。倘若时,斋着位,真佛真祖。度脱你,一家儿,同出苦轮。遇不着,西来祖,真佛下世。也转在,皇宫内,相伴朝廷。我今日,叹富贵,心中惨切。普天下,迷众生,那个回心。"[4]

同时我们还应该看到,传统伦理的一些落后成分也在深刻影响着道派的伦理道德观念,如男尊女卑的观念也反映在宝卷中,《孟姜女宝卷》里就说:"上等人,孝父母,胜如天地。贤妻儿,敬夫主,胜似爷娘。"[5]

民间宗教喜谈论因果,这是对命运的道德化解释。宗教在传统社会民众的精神生活占据重要的地位,而宗教地位又经由"因果报应"观念的灌输得到加强。因而儒释道三教在民众通俗宗教教育中无不引入"因果"、"福祸"的说教。民间道派的宝卷当然也充满了这种说教,《泰山东岳十王宝卷》教导民众"贫富贵贱皆由命","不如打坐学参禅",对于人间的富贵贫贱,神灵的解释是最清楚的:"慧眼普观恒沙界,观透三千及七千。几家有财无儿女,几家有子少吃穿,有财无子皆由命,有

---

[1] 《弘阳叹世经·叹酒色财气品第拾壹》。
[2] 《混元弘阳临凡飘高经·无当古佛转化静乐宫静肚修行作证品第十二》。
[3] 《混元弘阳临凡飘高经·取三教圣人品第二十三》。
[4] 《弘阳叹世经·叹富贵品第五》。
[5] 《销释孟姜忠烈贞节贤良宝卷·姜女招范郎回家见父母分第十》。

子无财莫怨天。恶的恶来善的善,愚的愚来贤的贤。好的好来歹的歹。
观定因果不修全,知命君子随时过,少要求财求平安。身安就是无价
宝,一日无事是神仙。贫穷富贵,观定前因,由命不由人。命里修下,天
赐黄金。不求自富,万事称心。今生再修,转来大善因。"[1]

在宝卷中,还通过神灵之间的交谈来表述这样一条道理——成为
神灵的条件是做善举,如《东岳天齐仁圣大帝宝卷》中,东岳大帝受灵
宝天尊所问,自述平生所做善事。说:"臣自有生以来,修道千劫,积德
千世。为臣以尽其忠,为子以尽其孝。目不视恶色,耳不听恶声,不践
生草,不履生虫,不以兵器赐人,不以邪言诳众,不饮无义之酒,不取无
义之财。扬人之善,隐人之恶。不破人之婚姻,不碍人之活路,不污洁
妇,不欺赤子,不亲媟友,不近非人。宽宥无知小人,恭敬有德君子,钦
崇佛道,敬信神明,广救生命可足百万。颇济贫穷,堪比稻麻观人之好
乐,常生欢悦,闻人之困苦,常怀忧戚。夙植善因,得正道果。"[2]此外
在长生教的宝卷中,也经常通过神灵之口告诫民众要相信道德力量,积
累善行可以带来福报,恶行可以带来祸害,所谓"万般皆是前生定,好
歹都是命生成"。相信命运,也相信自身的修德可以改变命运,这是晚
明功过格的基本观念。

这种观念同样渗透到教派宝卷里,如言:"弥勒佛劝世上人,在位
善信听我因。今日行至贵府郡,善恶二字讲分明。众人挨挤多闹热,争
名夺利不知因。府上善信听我劝,贫富贵贱各自明。前世修来今生福,
前世不修今受贫。众位男女看善恶,眼前果报不差分。也有耳聋并眼
瞎,也有跷脚驼背人。也有口鼻都烂塌,也有胸突短小身。"此外,还有:
"也有先贫后来富,也有先富后来贫。也有子孙多满堂,也有出丧无一

---

[1]　《泰山东岳十王宝卷·超出三界分第八》。
[2]　《东岳天齐仁圣大帝宝卷·初标宿因品第二》。

人。也有儿死父前头,也有妻死夫后行。看叹世情不平匀,劝君及早种善根。万般皆是前生定,好歹都是命生成。"[1]

"命运"是中国社会的传统观念。教派把"命运"和"报应"紧密联系到一起:"想人生在世,知命者以为君子。死生由命,富贵在天。福禄有深有浅,命中合有则有,命中合无则无。命若好,便有积聚之资;命若不好,总然积而不聚。……劝君凡事莫怨天,一生都是命,半点不由人。此乃时也、运也、命也。"[2]从命运的观点看,教派认为,富贵都是人生前世修来的,贫贱也是前生所作非善积累而至,所谓"富的富,贫的贫,贫别怨天,别怨个人。累劫无修荣华分,修下不争自然得,命无强求祸来侵。实情话,信不信,各怨自己,修怨别人"[3]。又言道:"大地众生,乱世如麻。有富有贵,有贫有贱,有为官受禄,有宰相公卿,有商贾居士人等,富贵贫穷四众人等不得完全。有财的缺少儿女,贫穷的广有子孙。菩萨叹曰:有财的前生修福,无从修慧;无财的前生修慧,无从修福。菩萨解说四众人等,幸生中国,趁此如今,福慧双修,转世为人,儿女财帛俱全。"[4]

不仅成为神灵要求道德践履,教派徒众如欲"归乡"得到解脱也必须行善行:"凡世子,迷失人,不肯行善。呆大胆,不行善,不得还宫。"[5]民间宗教教派认为,在民众生活的困顿时期,行善是改变生活状况、改变人生的一种途径:"慌(荒)旱年景世可怜,无有投奔叫黄天。父母夫妇子不顾,各自逃生在外边。招却说:赞叹慌(荒)年,大地业障十分难过。住世众生,父子不顾,夫妇分离,一个个面黄饥(肌)瘦,骨

[1] 《大圣弥勒化度宝卷·化度皇胎阐发先天品分第一》。
[2] 《弘阳叹世经·赞叹由命不由人品第十七》。
[3] 《泰山东岳十王宝卷·功德堂言罢分第三》。
[4] 《销释白衣观音菩萨送婴儿下生宝卷》经前序。
[5] 《混元弘阳临凡飘高经·老祖宗临凡品第七》。

似柴棚。这里又抢那里又乱。黎民乱走,一个个叫苦连天。这等苦楚,还不肯回头向善。"[1]可见总的说来,就是一句话:作善人,行好事,天理昭彰。[2]

阳明心学把儒家道德伦理从哲学高度上扎根于人心,意图通过改变人心来达到改造社会的目的,也就是所谓的"诛心"论,它以改造人心为目标。民间教派也不例外,它们号召教徒从"心"上下功夫,并列举了"七十一"种不好的心思或心态,例如:"治下地狱为何事,只为阳间使诸心。图名心来妄想心,心中坑陷杀人心。哄人心来骗人心,心中两头握挑心。诳语心来说谎心,心中谣言起风心。呵风心来骂雨心,心中欺神灭像心。生忿心来忤逆心,心中狡猾不良心。偷人心来烧人心,心中嗔痴不改心。尖诈心来骂人心,心中起短过后心。瞒人心来昧己心,心中常怀不好心。一世拱高俄慢心,心中造下业障心。七十一样不好心,心中不尽造业人。"[3]

因为宣扬命运、宣扬因果报应。所以神灵的惩戒是一种制约力量。黄天道的《佛说利生了义宝卷》起首就讲述了"目连救母"的故事。说目连出外学道,其父病亡后,目连母亲刘青提在家不守妇道,犯下罪恶:"其母闭其善门,毁谤真经,打僧骂道,口贪美味,杀害牲灵,造罪重如泰山,堕夜深似湖海。违犯誓愿,命尽归曹。"刘氏终于为自己在阳间的恶行付出了代价,在地狱里受尽种种苦难,最后才由目连救出地狱。宝卷在文后唱道:"造善造恶自由心,善恶分明计得真。善人果得菩提位,恶人受罪没人分。"[4]

---

[1]　《弘阳叹世经·赞叹慌旱年景品第四》。
[2]　《东岳天齐仁圣大帝宝卷·祷神求子品第十二》。
[3]　《弘阳悟道明心经·论地府品第八》。
[4]　《佛说利生了义宝卷·目连学道刘氏作业分第三》。

民间教派的宝卷大肆渲染地狱的恐怖景象,以期对阳间的人有所警告,如描述地狱第一殿"功德堂":"头殿秦广王执掌以十八般善事,印经造像,修寺建塔,修桥补路,斋僧布施,佛前舍油点灯,舍铜铸磬,舍铁铸钟,佛前舍旗幡,舍僧鞋僧薎,舍僧帽堂巾,舍仙桃仙果,鲜花茶饭,未吃先供,与佛无量功德。"[1]此下还有其他的九殿共十王,他们负责对人类在阳间所作所为作出奖赏或惩罚。如弘阳教的宝卷中说:"赞叹迷人造业深,不行善事挡别人。欺神灭相造下罪,吓风骂雨苦临身。世上难看迷失子,悔(毁)谤正法业缠身。罪如泰山十分重,业如东洋大海深。挡人吃斋吐血死,暴横折凶下幽冥。吓风骂雨雷诛死,欺神灭相下油镗。悔(毁)谤正法脓血死,永下无间不翻身。古佛还看众生面,十帝阎君不容情。时时月镜照看你,时时打下你灾星。"[2]

三　自度及家族济度

孝悌观念是儒家伦理道德思想的核心内容。《孝经·开宗明义章第一》孔子就说:"夫孝,德之本也。"[3]《三才章第七》又说:"夫孝,天之经也,地之义也,民之行也。"[4]这种把"孝"无限拔高的倾向在民间教派的宝卷中也是经常可见的。如《孟姜女宝卷》就说:"夫闻人生天地,性命根源是古佛菩萨分身之根。……历代帝王,只说贤孝,有贞有烈,便是上乘混元之根。"[5]传统社会民众普遍信奉"不孝有三,无后为大"的观念,宝卷中宣讲道:"无儿女,空有财,不如贫人。有儿的,到临危,着床卧枕。儿调药,女侍奉,孝养双亲。无儿的,到临危,无有依

---

[1]　《泰山东岳十王宝卷·衲子迁到金桥分第二》。
[2]　《弘阳叹世经·赞叹悔谤善事一味胡行品第八》。
[3]　《十三经注疏》,第 2545 页。
[4]　《十三经注疏》,第 2549 页。
[5]　《销释孟姜忠烈贞节贤良宝卷》序分。

靠,谁披麻,谁戴孝,谁人送终。按四季,谁与咱,烧钱化纸。亲戚多,那一个,来上孤坟。"[1]

据说黄天道有"十经一忏",这"十经一忏"的主要用途是"超度亡灵,都得过关",所谓"现今各家弟子先亡累害幽冥,地藏菩萨讨千佛牒文,玉皇敕令,三官考察更改前愿"[2]。黄天道还有一部《佛说利生了义宝卷》,起首借说目连故事,目连通过自身的修行获得了救度自己沉沦在地狱中的母亲的能力。教派通过这个故事告诉教徒,一个人参加教派可以对一家人甚至祖祖辈辈的产生命运上的影响。道派宝卷借民众之"孝"心,宣扬如果自己学道会令九祖升天:"说古仙安天治地……故发弘誓大愿。普度众生,恨不能尽行出离苦海。又许一人学道,九祖升天。"[3]又言:"一人学道,九祖升天,官封三代全。凡圣相同,一体同观。人不醒悟,业网牵缠,不惟自己,九祖落凡。"[4]这些都是显著的例子。

从消极的方面说,民间宗教认为,日常生活中尽到孝心,致力于孝行,加入民间教派会解除已逝父母之罪愆:"若有孝顺之子,务要戒杀放生,除酒戒荤,做盘素饭,每日供养,朝夜焚香,念经修善学道,超荐阴灵升天,为大孝之人。若有不孝之子,父母死后,作坍财产,行凶作恶,酒肉祭祀,连累阴灵永堕地狱。……此卷劝醒男女,徐步云梯,超度恶魂,同登彼岸。信者奉行,解父母之冤愆,拔宗祖之罪孽。善男信女,抄写一卷,功德无量。"[5]

在《孟姜女宝卷》中,当秦始皇看中孟姜女的贤惠,执意要孟姜女

---

[1] 《销释白衣观音菩萨送婴儿下生宝卷·母在灵山感叹伤情分第二》。
[2] 《太阳开天立极亿化诸佛归一宝卷》卷一。
[3] 《佛说利生了义宝卷·九九数天定就子母同心分第三十六》。
[4] 《佛说利生了义宝卷·甲寅年按东方坐泰山东华分第十二》。
[5] 《大圣弥勒化度宝卷》序。

做他的妃子的时候,孟姜女要求秦始皇答应三件事,其中就有如下两件大事:"头一件,衡水县,宣我父母。华阴县,去宣我婆婆公公。第二件,把父母,封官赠职。养老宫,受快乐,我也宽心。"[1]

新的家族之产生——在民间宗教宝卷所阐述的理念中,天上世界确为现实家族的另外一个版本。在弘阳教的宝卷中,无生老母有一个丈夫,那就是混元老祖。混元老祖是宇宙的创造者,为了拯救落难的儿孙,他亲自下界乞食讨饭。之后又连续派诸位神仙下天宫度凡。这是他表现慈爱父爱的一面。但是,在一些时候,他又是暴跳如雷的。因为飘高不肯下凡,他勃然大怒。可以看出,这是一个家长制下的父亲形象。而无生老母却是一位现实社会柔弱慈祥的母亲形象的投影。当混元老祖因飘高的任情行为而大怒的时候,她只能跪在地上垂泪恳求混元老祖。

这种将天上世界以人间的模式加以想象的做法来源于道教,道教认为,彼岸世界——天堂、万神殿或阴间这些超自然的或精神的世界并不表示超自然领域(包括地狱)具有优越性,也不表示精神世界与自然物质世界的绝对分离。[2]

所以,传统以"孝"为核心的乡土社会家族伦理在民间宗教里以各种形式表现出来:民间宗教里宣扬的家族观念,不仅反映在他们对现实家族伦理的衷心信奉上,此外他们还认为经卷的主要目的在于济度家族中已逝者脱离苦难,现在者消灾免祸;最后,家族观念还体现在教派对天宫理想世界的家族化构想。

四　入世与离世

当从现实层面和理念层面两个视角进入民间宗教的分析,再把它

[1]　《销释孟姜忠烈贞节贤良宝卷·孟姜告御状要斩将军分第三十》。
[2]　索安:《西方道教研究编年史》,吕鹏志、陈平等译,中华书局,2002年,第46页。

和正统宗教如佛教、道教做一个对照,笔者发现了一个极其怪异的结果:明清时期,虽然佛教是出世的宗教,佛教徒仍要出家,然而在明清社会中具有强烈的入世倾向和入世动机。因而从理念上而言,大多数佛教徒实际上是积极参与社会生活的;与此相反,虽然民间宗教的现实修行活动都是在家里、村里举行,他们也作为一个个普通百姓承担着世俗的任务,但是他们却充满了对现实生活的厌倦之情。从理念上表现出强烈的出世性——这种出世不是要出家为僧道,而是指向了一个幻想的超越世界。入世与离世,呈现了宝卷里的两个世界。

中国社会中的宗教一向有出世和入世的紧张关系。佛教在中国的遭遇是一个典型。魏晋南北朝,佛教初步在中国广泛流传开来的时候,就和中国伦理产生了矛盾,虽经慧远等人调解和引申,佛教终不能和中土伦理融洽相处。佛教出世的含义,慧皎《高僧传》卷第六《义解二》载慧远《沙门不敬王者论》中说:"出家者,能遁世以求其志,变俗以达其道。变俗则服章不得与世典同礼,遁世则宜高尚其迹。大德故能拯溺俗于沈流,拔玄根于重劫,远通三乘之津,近开人天之路。如令一夫全德,则道洽六亲,泽流天下。虽不处王侯之位,固已协契皇极,在宥生民矣。是故内乖天属之重而不逆其孝,外阙奉主之恭而不失其敬也。"这是曲折地表达了佛教和中国伦理的不相违背的关系。

但是到了中国社会,佛教却在不断俗世化。一方面,因果报应说结合中国本土的积善思想传统和道教的承负说得到民众的普遍信仰。另一方面,佛教内部也在承认世俗纲常和王法的至尊地位基础上得到普及。佛教分别从政治理念、心性修证、道德纲常等方面平衡出世与入世的努力,如道安提出"不依国主则法事难立"[1]。发展到明代,由于佛

---

[1]　《高僧传》卷五《义解二》,《大正藏》T50 史传部二,p. 352. 1。

教徒素质普遍下滑,再加上有许多罪犯、逃荒者、军人和流民把寺院、宫观作为"逋逃薮"和混饭吃的地方,佛教、道教出家人的形象受到极大的玷污。而一些佛、道教徒和衷心信奉者已经不再积极劝人离家修行,反而随着俗世化的加深,他们对在家修行愈发提倡。如莲池大师说:"但观今人有未出家前,颇具信心,剃染之后,渐涉世缘,翻成退堕。则反不知居家奉父母、教子孙,得一好师示导正法,依而行之,是如来在家真实弟子。"[1]

　　与佛教、道教逐渐增加的入世倾向相反,明清民间宗教的宝卷中表现出来的却是对现实世界的厌弃和否定,以及对超越世界的向往,表现出泾渭分明的两个分立的世界。

　　表现在民间宗教的修道行为上,他们不主张出家修行,这一方面是因为民间宗教的教徒大多属于农民阶层,要从事日常的生产活动,要维持家庭和家族的正常运转,因而不能够像出家的佛教和道教徒那样轻而易举地获得"香火之资"和免去税收和徭役、兵役的特权。明清民间宗教的近祖为茅子元创立的白莲社——一个佛教异端派别。茅子元主张在家修行,男女同修,这应该说是切合民间社会实际的。由于是在家修行,教徒们可以享受世俗的生活乐趣同时,也履行着世俗的传宗接代、照顾家族的义务。

　　另外一方面是因为当时的僧道教团的腐败使他们对归宿正统宗教失去了信心。有的教派宝卷中明确地批评佛教道教的腐败,例如前所说的《古佛当来下圣弥勒出西宝卷》;有的明确表示不向僧道传授教义,"不度僧尼外道"[2];有的很自豪地宣称"白衣说法染衣听","正法

————————

　　[1]　云栖袾宏:《竹窗三笔》。
　　[2]　《皇极金丹九莲正信皈真还乡宝卷》序分。

之年佛度僧,像法之年乱传行。如今末法僧不度,白衣说法度众生"[1],"儒门修正道,白衣念真经"[2];还有的宝卷主张民众供奉自己的教派,不要供奉佛道教,"无道亦无僧,俗衣说法人供奉"[3],"出家修,安禅坐,枉修瞎炼。看经文,打醮卜,坐断山根。俱都是,六祖传,乱法虚言。至如今,难了道,那个成真。谁承望,白衣人,修成佛子。在家修,顿悟开,拔苦之门"[4]。

　　有的宝卷把出家行为及其所行之事、所倡导之事全部否定:"说为真出家者,不为真也;出家为僧者,不为真也;上庙进香者,不为真也;贪利取财者,不为真也;修桥补路者,不为真也;入山游台者,不为真也;叠经叠忏者,不为真也;印经造像者,不为真也;顶包立神者,不为真也。"[5]又言:"诸人修道者,或作善功,都来随善,善德下落,斋僧布施品级……吃斋把素品级,众生随心布施,难求出世之因,在世轮转,难躲阎君之苦。岂有离狱之苦? 若修行大道,烈诀丈夫,早求明师,妙诀趁有,有相借假修真,只在年幼之间,精神气全。"[6]

　　以上就是我们所说的从现实层面而言的,民间宗教的崇奉行为是在世俗生活中进行的,这是它的入世性。然而在理念层面,民间宗教一方面把现实苦难放大,把它上升到一种宇宙本性和人类道德层面——末劫来临时的灾难是宇宙运行和人类堕落的必然结果。另一方面,他们把自己听闻和想望的理想社会和生存状态投射到另外一个世界里去——这个世界是尽善尽美的,没有苦难的世界。所以,从理念层面而

---

[1]　《古佛当来下圣弥勒出西宝卷·僧道受劫品选第五》。
[2]　《大圣弥勒化度宝卷·化儒释道静心看经品分第八》。
[3]　《普静如来钥匙佛宝卷·钥匙佛如来开七宝妙诀分第十二》。
[4]　《普静如来钥匙佛宝卷·钥匙佛如来开玄关分第三十六》。
[5]　《普静如来钥匙佛宝卷·钥匙佛如来开炼教分第四十三》。
[6]　《普静如来钥匙佛宝卷·钥匙佛如来开修道诸品分第十七》。

言,民间宗教徒们实际上生活在一个观念建构的世界——这种建构的结果一方面是把现实遇到的苦难放大为永恒的遭受,另一方面是把所有的希望放入另外一个世界中去。也就是说,民间宗教的理念层面具有一种出世性,也可以叫作离世性,一种空幻的迫切的追求。下面对此作分析:

我们首先看到对"非人间"的"家乡世界"的描绘,这类描写在宝卷中很多,名称亦不相同,如为龙华三会、都斗宫、真空家乡、无极理天等等。这个世界里没有生老病死,没有一切人世的烦恼,只有纯粹的快乐,例如:"龙华三会赏原人,插金花,饮玉樽,百味珍馐摆得匀。有仙桃,并仙果,仙童仙女送杯醴。挂仙衣,更绶带,才是皇极一家人。显神通,出阳身,永不投胎换胞脓。无病死,亦不生,八十一劫伴清风。(尾声)清风常伴心无改,再不思凡去投东。永伴无生,只在都斗宫。"[1]

与"家乡世界"相对立的是人类所居的阎浮世界,这是众生现实所居的世界,也叫"流浪家乡"、"娑婆世界",所谓"无始以来,失迷灵光,苦海立名扬。流浪生死,埋没灵光,末法时至,难躲无常"[2]。在宝卷的刻意描述下,"家乡世界"和"娑婆世界"产生强烈的对比效应:"说大众原人尽得脱离凡胎,不生不死,那应时常伴清风,才是归空了道,受用无穷。止有愚痴子,不信天堂,不信地狱,丢在他苦海娑婆,或为官宦,或为军民,或为驴骡象马六道畜生,八十一劫之内,任他作为。"[3]

接下来,宝卷中就开始宣传和要求教徒们离此赴彼——脱离人间苦海,回到极乐家乡。民间宗教的宝卷中表现了强烈的出离世间的倾向(明显的危机感):"说世间人,贫者望富,富者望贵,无者望有,有者

---

[1] 《佛说利生了义宝卷·脱凡胎不生不灭常伴清风分第三十四》。
[2] 《药师本愿功德宝卷·摩虎罗大将军分第品二十九》。
[3] 《佛说利生了义宝卷·那应时归宫愚痴子任意翻腾分第三十五》。

多望。你强我弱,夸会夸能。如龙似虎,皆是拱高妄想。……空中古佛明明朗朗亲眼观见,愚痴众生不知参访明人,指其归家径路。意挂虚空,昼夜加上功夫。忽然醒悟,脱壳离凡,创出尘牢。那应时胜似黄金过北斗,强入官高贵满门。"[1]

此类"苦口婆心"在宝卷里比比皆是,可再举一例,如言:"再三家,苦劝你,回光返照。对青天,发弘愿,说破真空。往前行,不勾他,一年半载。犯天条,违佛令,惹下沉沦。十阎王,差鬼使,亲来取你。入阴司,游地狱,胆战心惊。往前行,见罪人,声声叫苦。……叫耶耶,可怜儿,将我饶了。到阳间,传说与,作善之人。授三皈,和五戒,莫要触犯。违佛令,善恶簿,记得分明。劝人人,都要你,回光返照。谨行功,休怠慢,持诵真经。我说得,是真实,无有虚语。善男女,早回心,访问明人。"[2]

但是在民间宗教的理念里,他们渴望通过自身的离世达到一种示范作用——假如每个人都能够上天堂,复归云城,那么这个天上世界就会变成另外一个人间——这个新的人间世界是没有苦难的世界。

五 虚幻的母子关系

无生老母的宗教品格和神灵形象是民间宗教的一大创造。在世界各宗教中,基督教的最高神灵是三位一体的"圣父"、"圣子"、"圣灵",母性神虽然也有,但居于从属的地位。在佛教中,不论是以自利利他、觉行圆满为特征的菩萨形象,还是修成最高果位的佛的形象,都是既没有男相,也没有女相的。道教的女性神灵众多,但是也没有出在至尊神的地位。而在民间宗教中,无生老母是一位不折不扣的女性神灵。更重要的是,无生老母不仅具有无上的神威,也满怀人情味和慈悲心

---

[1] 《佛说利生了义宝卷·龙虎心拱高妄想业网缠身分第十一》。
[2] 《普明如来无为了义宝卷·莲华光游戏神通如来分第二十五》。

肠——这是无生老母这位女性神灵形象的两面。所以要追溯无生老母形象的起源,还必须从民众宗教意识中寻求。无生老母作为一位女性神灵,它所体现的慈祥和母爱,往往更容易赢得中国民众的心,从精神上满足他们寻求慰藉的渴求。故而无生老母在中国民间宗教中的地位要远远超过其他的男性神灵。

学界已经从各个方面寻找"无生老母"的形象来源,最直接的方法是从儒佛道和民间信仰里来寻找。无生老母思想同儒家思想有着密切的联系。孝悌观念是儒家伦理道德思想的核心内容。《孝经·开宗明义章第一》孔子就说:"夫孝,德之本也。"[1]《三才章第七》又说:"夫孝,天之经也,地之义也,民之行也。"[2]所以说民间宗教里的无生老母崇拜和中国传统孝悌思想不可分。当然,"无生老母"中的"无生"一词和佛教关系又很密切。无生,谓诸法之实相无生灭,与"无生灭"或"无生无灭"同义。所有存之诸法无实体,是空,故无生灭变化可言。然凡夫迷此无生之理,起生灭之烦恼,故流转生死;若依诸经论观无生之理,可破除生灭之烦恼。但是佛教经典中从未有无生和老母的搭配。

最后,把神灵称为"母"是民间信仰中所习见的现象。在明清以来的民间信仰中,民众不仅把许多佛教神灵女性化,而且称呼也从菩萨改为"老母",如通常把观世音菩萨叫作观音老母、观音娘娘。民众还创造了一系列女性神灵如碧霞元君、妈祖(天妃娘娘)、泰山娘娘、王母娘娘等等。但是民间信仰里也没有"无生老母"这一现成的神灵。

从民间宗教本身来看,一般认为她源自明代较早的民间宗教罗教的思想。但是罗教经卷中并没有"无生老母"这一称呼,只有"无生父

---

[1]　《十三经注疏》,第 2545 页。
[2]　《十三经注疏》,第 2549 页。

母"。"无生父母"在罗教观念中还含有贬义。[1] 那么,无生老母这一称呼究竟从何而来呢?

笔者认为,无生父母是道教内丹学"婴儿"一词逐渐演变而成,最初为道教炼丹师所用,后来为同时代的民间道派所采纳并糅合了民间信仰的习俗加以重新解释而成。道教中所提的"无生老母"虽然没有后来民间宗教所赋予的复杂含义,但道教在提到这一神灵形象时有归家认娘的思想。倡导阴阳双修的明孙汝中《金丹真传》里有一首《葫芦歌》。它是目前所能查找到的资料里最先提到"无生老母"的资料,[2] 内容为:"葫芦巧,葫芦巧,两个葫芦来回抱。葫芦里面有金丹,服者长生永不老。又不大,又不小,寸口乾坤能装了。……修行人要识货,赤县神州选九个。离山老母整坛禅,无生老母登宝座。赐灵丹珠一颗,吞入腹中命在我。"[3]

《金丹真传》是倡导阴阳双修的,所谓"学丹大道,原非兀坐单修,阴阳龙虎必双全,玄牝汞铅须两配"。但是在《葫芦歌》中我们看不到对"无生老母"含义的解释,只是认为她是天上的一位女性神灵,和骊山老母处于同一个阶次。但是至少说明"无生老母"这一称呼和道教内丹学有紧密的联系。

实际上,在道教内丹修炼中,"婴儿"是青龙、白虎、黄婆"三家相见"所结出的"圣胎",是内丹修炼成就的标志。"婴儿"和"姹女"等词语一样都是借人体现象比喻内丹修炼。既有"婴儿"、"姹女",那么内丹之归宿就被说成是"母子相见"。笔者注意到,"母子相见"这种内丹

---

[1] 马西沙、韩秉方:《中国民间宗教史》,上海人民出版社,1992年,第210页;徐小跃:《罗教·佛教·禅学——罗教与〈五部六册〉揭秘》,江苏人民出版社,1999年,第146页。

[2] 林万传:《先天大道系统研究》,(台北)靝巨书局,1986年,第1—22页。

[3] 孙汝中:《金丹真传》,《藏外道书》,第25册,第462页。

学之比喻说法似乎直到明代的著作中才出现,而这时恰巧是民间宗教中无生老母形象产生的时期。

在明代,新出道教经典常常用"父母"来比喻天地之起源、万物之孕育,"父母"用在这里实际上主要强调它的"生"之过程。而"父母""产生"万物的本质特征就是"无生之生"。如《性命圭旨》说:"古德云:何物高于天,生天者是;何物大于虚空,运虚空者是。盖大道乃虚空之父母,虚空乃天地之父母,天地乃人物之父母。天地广大,故能生万物;虚空无际,故能生天地;空中不空,故能生虚空。而曰:生天地、生万物,是皆空中不空者之有以主之也。以其空中不空,故能深入万物之性,以主张万物而方便之。"[1]这是道教思想里的例子。该书又提及无著禅师的话:"明即明心空寂,见即见性无生。"[2]此处"无生"似也有所特指。

罗祖批评其他民间教门的一个证据是:"愚痴之人,说本性就是婴儿,说阿弥陀佛是无生父母。……阿弥陀佛也是男人,不是女人,他几曾生下你来?"[3]这似乎也是就当时的民间道派之内丹修炼而言的。黄天道的《普明宝卷》中数次提到"子母"的字眼,如:"子母相见,同坐莲心。"[4]

《普明宝卷》也没有提到无生老母这位神灵,但是把内丹修炼的最终结果归结为"子母相见,同坐莲心",而"母亲"是住在天宫里的,这就更明显地证明民间宗教中"无生老母"形象是直接从民间道派的内丹修炼的体验中得来。

---

[1]　《性命圭旨·第九节》,《藏外道书》第9册,第594页。
[2]　《性命圭旨·第九节》,《藏外道书》第9册,第537页。
[3]　《正信除疑无修证自在宝卷·本无婴儿见娘品第十六》。
[4]　《普明如来无为了义宝卷·红焰帝幢王如来分第二十九》。

当我们弄清无生老母形象由来的时候,还必须挖掘这一女性神灵形象的宗教意蕴。较直观的看法是认为无生老母具有女性神灵的慈祥、爱怜子女、情感丰富,因而能够吸引封建社会苦难之民众。有的学者从阶级立场和社会历史角度对其进行了分析,认为无生老母形象是中国封建社会中母系残余在宗教领域中的反映,又是封建社会末期妇女解放的先兆,而两者的结合,反映出封建社会末期劳动妇女的家庭地位,而又从妇女在家庭的地位,伸延扩张到民间宗教的群体中的体现。这种分析还提醒读者注意民间宗教里出现了女教徒和女教首比较多的现象。[1]

民间宗教里有许多充满感情色彩的对无生老母之描绘和诉说,常常见到"婴儿见娘笑呵呵"之类的情感表达,例如:"明心见性读妙法,归家无牵挂。惬意得纵横,参透玄妙法,普度婴儿归罢。归家了道长生续,坐在莲花蕊,金光围护绕,接引还原位,婴儿见娘笑微微。老母见了心欢喜,今日团圆会,得上菩提路,赴在龙华会,婴儿闯在娘怀里,九品莲台端然坐,纵横又洒乐,普放大光明,一去登极乐,婴儿见娘笑呵呵。"[2]又如:"穷子离家不记年,四生受苦来往还。脱骨过山泪似海,思量生死好艰难。生分儿女不想娘,爷娘想儿路来长。大藏家书稍与你,教你归家不承当。"[3]

将思念无生老母和内丹修炼结合,在民间宗教里也经常可见。如:"有惺贤人,对天早发弘誓大愿。弃舍凡情,脱离苦海。返本还源,同证无生大道。还矿真金,子母团圆。"[4]在一首以《山坡羊》为曲牌的文

---

[1]　喻松青:《明清白莲教研究》,四川人民出版社,1987年,第301页。
[2]　《销释大乘宝卷·大乘菩萨品》,转引自喻松青:《明清白莲教研究》,四川人民出版社,1987年,第301页。
[3]　《破邪显证钥匙卷下·破乾坤世界连环无尽穷子品第二十四》。
[4]　《普明如来无为了义宝卷》卷首。

字里,将道教色彩的"撞三关通一窍"作为见到无生老母的途径,所谓:"提起来腮边泪吊,撞三关通开一窍。见了我得无生老母,扑在娘怀里抱。子母们哭哮喇,从灵山失散了,因为我贪心不舍,串轮回无归落,今遇着老母家书,也才得了无价宝。"[1]黄天道以炼内丹著名,在该教派经卷里也多有内炼术语,如:"古佛留下百千年,今遇无为大有缘。传下西来玄妙意,昼夜采取炼金丹。按着四时修真气,冬夏二至颠倒颠。跳出四相玄门外,蕴空妙法炼金仙。……今有真空黄天道,朝圆洞下拜亲娘。"[2]又言:"若人以天性所行,独守一真。清贫守分,休贪妄想邪淫。只以自己阴阳相合,神气相交。熬铅炼汞。伏虎降龙。若得性命相见,坎离颠倒,结做金丹。忽有忽无,光明照见,灌满乾坤。三回九转,自然归宫。子母相见,同坐莲心。"[3]

以下这段话说的就更明确了,黄天道经卷《佛说利生了义宝卷》里有一首《归家怨》,说的就是无生老母教导徒众通过炼金丹方法获得长生,子母团圆:"自从灵山至如今,往往来来不记春。迷真逐妄贪尘世,全不想,性在天边命在尘。我佛灵上频思想,天阔门里望儿童。你在东土受苦恼,红罗天上少亲人。在三稍书归家罢,玉锁金枷不离身。苦婴儿,早回心,及早回心上船灯。堪堪待得劫数满,今生错过永难逢。稍家书,苦叮咛,声声嘱咐炼性金。……龙华三会赏原人,插金花,饮玉樽,百味珍馐摆得匀。有仙桃,并仙果,仙童仙女送杯醮。挂仙衣,更绶带,才是皇极一家人。显神通,出阳身,永不投胎换胞脓。无病死,亦不生,八十一劫伴清风。(尾声)清风常伴心无改,再不思凡去投东。永

---

[1]《普明如来无为了义宝卷·无垢如来分第十一》。
[2]《普明如来无为了义宝卷·无量搊光如来分第二十》。
[3]《普明如来无为了义宝卷·红焰帝幢王如来分第二十九》。

伴无生,只在都斗宫。"[1]

此外,也有在内丹的宏观原理里加入宇宙创生、人类由来的神话,来对无生老母作描绘的,例如:"想当初混元一气之时,乃是一元复出,一气而生,一光所化,光中化佛。本无名相,号曰无极无形。无者乃是先天,有者乃是后天。从无中生有,无者佛也,乃是无极古佛所产先天。此先天者真空也,后天者天真也。天者空也,真者气也,真气无生。无生为母,所产阴阳,本无名相,起名叫做女娲伏羲,乃是人能之祖。……想当初,混沌时,原无一物。从无中,生有相,一段光明。圆光中,化佛身,结光成体,化古佛,现金身,置立乾坤。无生母,产阴阳,先天有孕。产先天,怀圣胎,变化无穷。生一阴,生一阳,婴儿姹女。起奶名,叫伏羲,女娲真身。李伏羲,张女娲,人根老祖。有金公,合黄婆,匹配婚姻。戊己土,又取出,阴阳二卵。须弥山,滚下来,响亮一声。有金光,和灵光,搭桥对窍。这便是,治人伦,男女成亲。混元了,又生出,九十六亿。皇胎儿,皇胎女,无数佛星。"[2]

"相对于'母子连心'而说的'父子天性',这'天性'二字最好不要简单地理解成血缘性的自然连结就了事,因为这'天'不只是'自然之天',而且也是'宗法之天',是'义理之天',是'道德之天',而这'性'不只'自然之生',而且也是'宗法之生',是'义理之生',是'道德创生'。"[3]因而,传统社会的父子关系是一种宗法制度下的制约、义务关系,具有一种宰制性。而母子关系则不一样。因为"夫为妻纲",夫妇之间是没有宗法上的平等可言的。由于在宗法家庭中,妇人和自己

[1]　《佛说利生了义宝卷·脱凡胎不生不灭常伴清风分第三十四》。
[2]　《古佛天真考证龙华宝经·古佛乾坤品第二》。
[3]　林安梧:《儒学与中国传统社会之哲学省察——以"血缘性纵贯轴"为核心的理解与诠释》,学林出版社,1998年,第44—45页。

生养的孩子是同阶的,因此他们的情感最自然,纯是血缘的,而不是宗法的。盖血缘纯是自然,而宗法则涉及社会权力支配的问题。因此,母子的关系往往是极自然、极亲近、极深刻的,所谓"母子连心"所指在此。

我们甚至可以归纳出如下公式:民间宗教的"母—子"这一对神人关系中,"母"的角色内容包括"生育儿女"、"派下云城"、"因念儿而泪眼婆娑"、"派人下凡度人",最后再天上"迎接"自己堕入红尘、然而最后觉醒的孩子;"子"的角色内容包括最初生在天堂,后来"落凡",在尘世中"迷真逐妄",最后通过教派"受度",最终"归家"。

第二节　民间宗教与三教合一

自从佛道二教继汉代神学化的儒学在中国或兴起、或传播开来后,中国传统哲学思想就一直受到三教关系论的影响。可以说,魏晋以后每一个时代性的哲学思潮和流派都不过是对三教概念范畴的重新整合,这一方面显示了中国传统思想受三教关系影响很大,另外一方面也显示了三教义理的沟通和融合能够带来巨大的创造力。魏晋玄学是如此,隋唐佛教是如此,道教重玄学和内丹心性学是如此,宋明理学也是如此,三教义理的重铸能够为中国思想打开一个全新的局面。三教论不仅对精英宗教哲学发展产生了巨大作用,还波及大众文化的各个方面,元明民间宗教教派的产生和三教论不无关系。

饶宗颐先生曾通过探讨宋明以来宗教会通思潮与"三一教"之间的关系,揭明了林兆恩及其后裔创立的"三一教"所倡导的"宗教融合"原则对现今多元文化融合的引导性意义。[1]"三一教"是明代中期以

---

[1]　饶宗颐:《三教论及其海外移殖》,《中国宗教思想史新页》,北京大学出版社,2000年。

后诸多新创民间教派中的一个,民间宗教教派的最主要特征是"三教合一"、"宗教混融"或"诸教混合主义",所以有人也称之为"诸教合一的教派宗教(religious synthesis)"。民间宗教大量吸收正统宗教的观念、名词和概念术语,并表现为一种混一的趋势。民间宗教的三教合一色彩是正统的儒佛道三教思想长期融合的产物,明代流行的高调的"三教合一"促生了民间宗教的产生。在下文中,笔者将追寻民间宗教对儒释道等正统宗教观念的接受、解释和重构的轨迹。

一　明代的三教论

明代中期至清代,儒释道三家义理走向上趋于混融、合一。这可以看作中国历史上"三教融合"的第三个亦即最后一个发展阶段(六朝至隋唐侧重于功能性的一致、两宋时期侧重于修身论上的一致)。它的特征是以"心"作为三教合一的基础,是一种心学宇宙论上的三教混融。

明清三教合一之深入及显明受到以下几种强大力量的推动:外族入侵(金、元)后的宗教民族政策(柳存仁对此做了令人信服的研究),掌握宗教教理的解释者(精英阶层的宗教理念),民间社会宗教实践(劝善书、世俗宗教神祇的三教色彩),陆王心学的流行(它以心学一元论为特色,强调事事"取吾心"的内向立场),近世宗教伦理的认同(自求解脱、自行修道)。儒释道三家均提倡心性论基础上的三教混融。儒家方面,虽然时有辟佛(罗钦顺、高攀龙、刘宗周等),总的趋势是主张三教合一(王龙溪之"现成派"、泰州学派及其影响者李卓吾、焦竑、方以智等、文人艺术家的三教合一论)。而王学和内丹学关系颇密切,甚者反对分三教,反对前代提出的"三教一致"的论证。

佛家方面,四大高僧均赞成三教归之"一心",如紫柏真可认为:

"我得仲尼之心而窥六经,得伯阳之心而达二篇,得佛心而始了自心。虽然,佛不得我心不能说法,伯阳不得我心二篇奚作,仲尼不得我心则不能集大成也。且道末后一句如何拨弄:自古群龙无首去,门墙虽异本相同。"

"三教合一"论是思想领域的一个现象。要注意,此处所说的"三教合一"和政治治理角度而言的"三教论"有所区别。作为中央政权的领导者来说,一般推崇儒教。如元帝曾向大臣问道三教优劣:"上问曰:三教何者为贵。对曰:释如黄金,道如白璧,儒如五谷。上曰:若然,则儒贱耶? 对曰:黄金、白璧,无亦何妨,五谷于世其可一日缺哉?"[1]这是统治阶级从政治治理角度对三教"所资教化"的取舍。

本文所说的"三教合一"系指知识阶层对三教义理和观念的融合而言。元代即有知识分子倡导从思想精神上把握三教关系,创作了"三教一源图"。在这张图上,儒者下标"理""性""命",释者下标"戒""定""慧",道者下标"精""气""神"为纲目,三者各有顺健、阴阳、体用之义。陶宗仪认为儒家之理归宗为"用之则行,舍之则藏",释家之戒归宗为"观心无常,观法无我",道家之精归宗为"绵绵若存,用之不勤"。在三教的第二个层次,儒家之性归宗为"不思而得,不勉而中",释家之定归宗为"不与法缚,不求法脱",道家之气归宗为"杳杳冥冥,天地同生"。在三教的第三个层次,儒家之命归宗为"无物不有,无时不然",释家之慧归宗为"圆同太虚,无欠无余",道家之神归宗为"玄之又玄,众妙之门"。[2]

明代的三教合一论成为一个高调,我们在每一个知识领域都可以

---

[1]　陶宗仪:《南村辍耕录》卷五,"三教",中华书局,1959年,第57页。
[2]　陶宗仪:《南村辍耕录》卷三十,"三教一源图",中华书局,1959年,第376—377页。

找到大量三教合一论的拥护者和倡导者。士大夫日常生活喜欢借用禅道来陶冶性情，明代士大夫好佛学，上行下效，如"昔吕申公当国，申公好禅学，一时缙绅大夫竞事谈禅。当时谓之禅钻"[1]。明代王守仁创立的阳明心学，无论是在本体论、功夫论还是心性修养论方面都十分明显地体现了三教合一的色彩。时人已批评它"阳儒阴释"，而其弟子王龙溪、王心斋等人更是流于禅学，黄宗羲评他们类似于禅宗的所谓"作用是性"。时人评论道："阳明先生拈出良知以示人，真可谓扩前圣所未发。盖此良知，即孔子所谓愚夫愚妇皆可与知者，即孟子所谓赤子之心。即佛氏所谓本来面目，即中庸所谓性，即佛氏所谓见性成佛。乃得于禀受之初，从胞胎中带来。一毫不假于外，故其功夫最为切近。"[2]

道教徒则主张在心性论基础上的"三教合一"有"开风气之先"之功（宋元时期即已开始提出，如陈致虚、李道纯），而内丹学倡导"三教合一"又最为瞩目，它以儒家性理之学来阐述修性了命之内丹学，同时契入佛家明心见性的参究法门，内丹学心性论也融入了儒释二家理论构架。它主张三教一源（心性）、道同教异、体同用不同。在内丹学著作中出现了三教"经典互释互注"倾向，将四书五经、老庄、《参同契》、《悟真篇》、《金刚》、《楞严》、《圆觉》、《华严》、《坛经》之间的杆格打通。唐大潮具体分析了明清内丹学派别及其代表人物的关于"三教合一"的主张（伍柳派、道教东派、道教西派、龙门派、正一派）。[3] 以"心"为基础的"三教合一"成为内丹学修炼者的集体意识，所谓"丹经言，鼎炉是安身立命也，采药是收精敛神也，火候是操存之意也，沐浴是

[1]　何良俊：《四友斋丛说》卷四，中华书局，1959年，第30—32页。
[2]　何良俊：《四友斋丛说》卷四，中华书局，1959年，第30—32页。
[3]　唐大潮：《明清之际道教"三教合一"思想论》，宗教文化出版社，2000年。

日新之功也,抽添是勤怠之节也"[1]。

二　三教新形象

中国民间宗教观念扎根于普通民众的宗教意识。民众宗教意识对儒佛道三教的理解并不像正统宗教内部那样泾渭分明,而是采取了一种混融的实用主义态度——淡漠的宗教情绪,功利的宗教信仰,庞杂浩大的群神谱系,一切宗教神明、一切祛邪禳灾的宗教仪式都用来保佑自己平安无事、万事大吉。普通民众对三教思想内容的承认和吸收是有选择的。在儒释道三教中,儒家有六经,从先秦开始就具备完整的性理、心性之学,但是对民众影响最大的则是其提倡忠孝节义等伦理纲常。佛教传入中国首先经历了方术化的过程。六朝时期,中国佛教义理学非常发达,但是从散见的南北朝造像记中可以看出,普通百姓对佛教的理解仍然偏重在福祸报应、积德从善的方面。道教则兼取儒释,通过其庞大的"官僚型"鬼神体系为百姓趋福避祸提供工具化的指导,监督民众走道德化生活的道路。

民间社会对儒佛道三教的通俗理解是把它们归纳为"三教圣人"和"三教经书"。

明代《正统道藏》和《万历续道藏》中汇集了一些民间信仰的资料,而又以后者收录较多,大概和明代中期以后民间信仰兴盛有关,也和道教吸收了民间信仰的神灵有较大的关系。在《万历续道藏》里收有《搜神记》,凡三教圣贤及世奉众神皆有画像,录其姓名字号、爵里及封赠、谥号。《搜神记》是道教及民间诸神的传记资料的汇编。说其是民间神灵信仰,是因为,即使道教的神灵,在它的描述过程中也民间化了。

---

[1]　叶子奇:《草木子》卷之二上,"原道篇",中华书局,1959 年,第 29—30 页。

查其目录,里面有"儒氏源流"、"释氏源流"、"道教源流"、"玉皇上帝"等等。天启元年之《龙门观增建胜境记》:"万历初,道人一天讳清,因古洞增置左右三洞偏楼数间,以成三教。……中镌老君圣像一,左右儒释正像七,两傍列天神、罗汉、雷霆、仙侣,无不备具。盖融会三教为一天矣。洞中信手妆画,有祈辄应,即缙绅辈亦丛戴之。洞之底更建十王殿寝,而判官鬼卒,森森布列,宛乎地府景像焉。"

晚明时期流行的劝善书具有三教合一色彩。从道教系统内部产生的劝善书,开始在社会上流行起来,阅读者包括从九五之尊、朝廷命官到普通的士人、商贾、村夫野老。大量善书的注释也随之出现,它们把本就极浅显的善书再加以详细地解释和阐明,一时间有关的劝善书竟出现"知识累聚"的现象。这些劝善书无不充斥着三教合一的色彩。例如,佛教的功过格——自知录,在善举条内把拜道教的神灵也看作是应该做的善事,而道教的劝善书也把拜佛教的观音菩萨看作是做善事。

还应该看到,在民间社会,僧人、道士的行为和观念并不是那么完全分开的。道士们喜欢谈禅,谈内丹,又惯于作风水先生,作卜筮先生、医生。僧人们做起这些东西来也毫不逊色。被尊称为"莲池大师"的云栖袾宏在其《竹窗三笔》"僧务杂术"条中列举道:"僧又有作地理师者,作卜筮师者,作风鉴师者,作医药师者,作女科医药师者,作符水炉火烧炼师者,末法之弊极矣。"[1]

在"道讥释"条,袾宏又言:"有道者告予曰:'我辈冠簪,公等剃削。夫剃削者,应离世绝俗。奈何接踵于长途,广行募化者,罕遇道流,而恒见缁辈也?有手持缘簿,如土地神前之判官者;有鱼击相应,高歌唱和,而谈说因缘如瞽师者;有扛抬菩萨像神像,而鼓乐喧填,赞劝舍施如歌

―――――――――――

[1]　云栖袾宏:《竹窗三笔》卷一,收入《云栖法汇》卷十四,嘉兴藏本。

郎者；有持半片铜铙，而鼓以竹箸如小儿戏者；有拖铁索重数十百斤如罪人者；有举石自击其身如饮恨诉冤者；有整衣执香，沿途礼拜，挨家逐户如里甲抄排门册者；清修法门，或者有玷乎？'予无以应。"在该条还有如下言论："道者又曰：'诸宫观道院，及诸神庙，皆我等居也。奈何僧众多住其中，罕见道流住佛寺者。夫归依佛者住寺，归依道者住宫观院庙。今僧居于此，为归依三清诸天尊、诸真、诸神耶？抑欲占夺我等产业耶？'其言有理，予无以应。"[1]

三　宝卷与三教合一

政府官员中，道光年间的黄育楩最早对民间宗教里的三教合一现象做出反应，但是他认为民间宗教崇奉三教神灵是为了"糊口之计"、"聚众传徒"和"贪财贪色"的目的。借由这种"随便乱谈"的方式，渲染了一种"极怪异"的氛围，再加上"极鄙粗"的宣教语言，故能吸引民众参加他们的组织。《破邪详辩》"佛经与邪经"条说："邪经种种，皆假充佛说，以惑愚民，而总以建立道场，上供诵经为要务。不知佛教有《金刚经》、《心经》……佛留此经，欲使人知精微道理，以做切实功夫，并非专为建立道场计也。后世俗僧欲藉此为糊口之计，谬称建立道场，上供诵经，以求忏悔，即能免罪消灾，增福延寿。邪教因此，遂将佛经所言道理工夫概置不顾，而惟藉建立道场，以为聚众传徒，贪财贪色之计。……其捏造邪经者，以邪经随便乱谈，其事既极怪异，其言又极鄙粗，方能引人入会也。"[2]

这自然是封建卫道士的评价，但是教派宝卷确实用一种不符合正

---

[1]　云栖袾宏：《竹窗三笔》卷一，收入《云栖法汇》卷十四，嘉兴藏本。
[2]　黄育楩：《破邪详辩》，《清史资料》第 3 辑，中华书局，1992 年；泽田瑞穗：《校注破邪详辩》，（东京）道教刊行会，1972 年，第 149—150 页。

统思想意识的方式发展了三教合一思想。如在《佛说利生了义宝卷》的卷首有一个"三教同源图",其中,如来坐于上首,老聃于左下首,右下首为孔丘。[1] 宝卷里还宣称在天国中存在三教的神灵,言道:"空王殿,原来是,诸佛行宫。无众生,无地狱,尽是佛行。里边有,三世界,诸佛诸祖。里边有,古历代,贤圣贤僧。里边有,过现未,儒是道教。里边有,古灵山,老母无生。三教经书,调和人心为善。"[2]这种三教合一的观念突破了正统宗教思想的范畴,认为三教是从宇宙创生时期就存在的。

宝卷甚至以"佛偈"来表达这种思想:"八嘱咐,儒道释,归依佛卷。未来佛,弥勒教,转上天宫。留九经,和八书,之乎者也。孝经头,千文尾,名贤集因……说中庸,天人道,昔时贤人。有易经,并诗书,四书礼性。有文经,并书经,悟真参道(禅)。有先经,并法经,大藏论经。"[3]此外,弘阳教经卷里也有所谓"开辟三教一气分。……取三教圣人出世,安天立地。……想当初,周朝三教圣人临凡。如来我佛临凡,曾留下五千四十八卷,一揽大藏真经。又留下生老病死苦。他不是古佛临凡,计得留下真经,想要天老祖临凡转化。老君安天立地,又留下金木水火土,《道德》《清净》真经。他不是祖师临凡,计得有这样神通,想普林老祖脱化。圣人又留下五经四书,仁义礼智信,古今文章,祖历代帝王师"[4],并写道:"释迦佛,临凡世,投胎转化。留生老,病死苦,四海扬名。留五千,四十八,一揽大藏。普天下,盖寺院,超度亡灵。要天祖,临凡世,投胎转化。转老君,安天地,立下山林。留金木,水火土,扬

---

[1]　喻松青:《明清白莲教研究》,四川人民出版社,1987年,第245页。
[2]　《大圣弥勒化度宝卷》序。
[3]　《普静如来钥匙佛宝卷·钥匙佛如来开雷音分第二十六》。
[4]　《混元弘阳临凡飘高经·取三教圣人品第二十三》。

名在世。谁不知，李老君，转下天堂。善林祖，临凡世，投胎转化。转圣人，留经书，天下扬名。留五经，共四书，文章之祖。徒三千，七十二，古代留传。"[1]

在长生教宝卷中，宣卷开始要请三教诸神："一声佛号齐称和，三教先师亲现临。三教祖师儒释道，无太皇极度众生。道化贤良释化愚，儒教立文古传今。各要自把真香熏，大众心香炉内焚。"[2]此外，在《孟姜女宝卷》里，孟姜女为了保佑自己的夫君平安，向各路神灵许愿道："姜女在庙堂降明香，普告一切众神王。……南无过去未来现在诸佛诸大菩萨、罗汉圣僧、历代祖师、天王护法、金刚伽蓝、太上三清、玉皇上帝、北极大帝、注生大帝、子孙娘娘、送生娘娘、眼光娘娘、天妃娘娘、顶上娘娘、满天星斗、森罗万象、各庙神祇、城隍土地、三界十方万灵真宰，同垂加护，众大慈悲。弟子孟姜妙玄，招个贤人才是我孝顺儿女。我将庙宇番盖，妆塑金身，四季享赛，惟愿圣聪。速垂报照。"[3]

在民众宗教仪式的催生下，反映在民间宗教宝卷中的宗教融合思想是一种特殊形态的"三教合一"。三教合一论对中国传统哲学和哲学家的影响，学界已有充分的论述。然而，民间宗教观念中的三教形象与精英宗教哲学人士的论述却不大一样。和知识阶层内部三教论衡、互争长短情形不同的是，在民间思想意识里，三教之间一直是和谐融洽地相处着。"三教圣人"是民间对三教的习惯性称呼。例如唐代三教斗争异常激烈，但是在敦煌出土的民俗学文献《伍子胥变文》中却盛赞伍子胥治理下的都城"三教并兴，城门不闭"。

宋明以后，三教合一是中国近世思想史的一个时代潮流，这在下层

---

[1]　《混元弘阳临凡飘高经·取三教圣人品第二十三》。
[2]　《大圣弥勒化度宝卷》卷首。
[3]　《销释孟姜忠烈贞节贤良宝卷·孟姜在四州堂祝赞分第八》。

思想中尤有反映。在民间教派的"宝卷"中,三教合一的宣传很多。例如黄天道经卷中就有如下语句,"一个性,化三形,分成三教"[1],"太极之世,立于三教,迷人都执半边,不得方圆"[2]。对三教要义的理解,清代的一位民间宗教传道士陈众喜说,"释佛道仙儒圣贤,同到西方共一门","三教都劝人学好","算来皆是亲骨肉,一到灵山共家人。如今虽分三教理,儒重皇法整五伦,释为寂灭超三界,道本无为奏天庭。所以三教俱要学,各赶功名莫称能"[3]。这显示了在民间宗教观念里三教关系是如此协调和融洽。

在弘阳教的宝卷里,"三教圣人"皆是天上神灵所托化,其目的都是对世人进行"救赎":"释迦佛,临凡世,投胎转化。留生老,病死苦,四海扬名。留五千,四十八,一揽大藏。普天下,盖寺院,超度亡灵。要天祖,临凡世,投胎转化。转老君,安天地,立下山林。留金木,水火土,扬名在世。谁不知,李老君,转下天堂。善林祖,临凡世,投胎转化。转圣人,留经书,天下扬名。留五经,共四书,文章之祖。徒三千,七十二,古代留传。"[4]

民间教派的三教合一的特色表现在对儒佛道思想的大量使用。它们的宗教观念大多是因袭儒释道和基督教思想因子而成,给人的感觉是肤浅的、混乱的、机械的、无原则的调和与混用。[5] 或者说,民间宗

---

[1] 《普明如来无为了义宝卷·善游步如来分第三十二》。
[2] 《普明如来无为了义宝卷·莲花光游戏神通如来分第二十五》。
[3] 《众喜粗言·莫谤三教第八十九》。
[4] 《混元弘阳临凡飘高经·取三教圣人品第二十三》。
[5] 欧大年(Daniel L. Overmyer.)认为,民间教派对佛道二教宗教术语的使用是支离、浅薄和表面化的,对这些宗教术语的使用与其说是出于正确的宗教理解,不如说是被这些宗教术语本身残留的神圣的力量所激发。Daniel L. Overmyer., *Precious Volumes: An Introduction to Sectarian Scriptures from the Sixteenth and Seventeenth Centuries*, Harvard University Press, 1999, p. 49.

教教义的演变所体现出来的内容,就是三教合一思想各取所需的大杂烩。[1]　然而,我们的研究不能停留在这些概括性的评价,尚应透过这些杂乱无章的表象深入到民间教派宗教观念的实质。那么,民间宗教家是如何接受、解释和重构正统宗教观念并形成自身独特的宗教思想体系的呢? 以下从民间宗教的"八字真言"、神灵谱系、末世论和修行观等四个方面加以阐明。

清代以来,民间教派中盛传"真空家乡、无生老母"八字真言。我们可以清楚地看出,它汲取了禅宗空的精神、道教无的要旨、净土宗的他度思想而形成,家乡、老母的说法则明显地渗透进了乡土社会血缘伦理要素,而这又是儒家伦理纲常的基础。在民间宗教中,儒佛道三教的思想没有得到高度理论化的统一,但是在广大乡民的美学品位中,这种教义却迎合了他们浅思维、低文化的口味,八字真言就具备了这样一个特点,他是三教融合到一定阶段的必然成果,也是三教日益俗世化、大众化、民间化在乡土意识中所结出的硕果。要了解八字真言,就必须认识三教融合、渗透和其向下层文化移动过程。[2]

下面围绕民间宗教的神灵系统、宗教观念、修行方法举例说明民间教派是如何吸纳、转化和重构正统宗教教义的。

民间宗教神灵谱系庞大,类型众多。此处仅以无生老母和弥勒佛形象为例,以说明民间宗教神灵观念是如何借用、转化正统宗教的神灵体系的。民间宗教中的"无生老母"是最主要的神灵。她的慈祥与母爱温暖着生存于冰冷社会里的民众的心灵。他们向无生老母索取慰藉

---

[1]　秦宝琦、连立昌:《中国秘密社会·元明教门》,福建人民出版社,2002 年,第107 页。

[2]　蔡勤禹:《民间秘密宗教的"八字真言"信仰》,蔡少卿主编:《中国秘密社会概观》,江苏人民出版社,1998 年。

和幸福,渴望着被救度,在一个没有苦难的"云城"里重生。无生老母的形象似乎是从嘉靖年间流传各地,成为各个民间教派的主神。她糅合了我国古代的西王母、女娲、骊山老母神话,又吸收了佛教、道教里众多的女神形象,其中也有宋元以后碧霞元君俗神信仰的影子。在弘阳教的经卷里,无生老母和混元老祖是一对夫妻,他们派遣自己的小儿子飘高老祖(弘阳子)到人世来传教,普度"贤良"。

民间宗教信仰中的未来佛——弥勒佛源于佛教,弥勒净土是佛教两大净土之一。然而最吸引穷苦民众的是弥勒下生思想,因为弥勒一旦降世,苦难人间就将变成天堂。这个危险的故事一旦进入中国民众的意识世界,就会为现实民众的反抗运动提供源源不断的精神力量。隋代以降,自称为弥勒佛降世的造反事件以及以弥勒降世信仰为核心的白莲教起义连绵不断。民间宗教内的弥勒信仰样式显示了如何从正统宗教到民间宗教,从观念世界到现实层面的运作。无生老母和弥勒佛在民间宗教教派里形象明显地不同于它在"三教"里的形象。这说明民间教派并非简单地兼容正统宗教神灵,而是经历了复杂的改造和发展过程。

民间宗教的主导性观念是末世论。末世论在很多正统宗教里也存在,民间宗教的"末世论"本也来自正统宗教,它吸收了佛教、道教、摩尼教、三阶教等正统宗教的内容。[1] 末世论在民间教派那里被赋予了更多的现实性内容。民间宗教的末世论说往往极度渲染末世光景的恐怖气氛,如有饭无人吃,有屋无人住,有路无人行,处处盗贼生,饿死满

---

[1] 马西沙和喻松青等国内学者认为民间宗教的"末世论"是受到佛教和道教的影响。参见马西沙、韩秉方:《中国民间宗教史》,上海人民出版社,1992年,第65页;喻松青:《明清白莲教研究》,四川人民出版社,1987年,第92页。铃木中正认为,民间宗教的"末法思想"还受到三阶教、摩尼教思想影响。详铃木中正编:《千年王国民众运动的研究》,东京大学出版社,1982年,第75—81页。

山头,虎狼满山川等等,在描绘现实的苦难生涯之后,民间宗教家随之会号召自己的宗教共同体紧迫地、奇迹般地、一次性地改变所处的社会现实。[1]

在修行观上,民间宗教明显地受到儒释道的影响,但又多有变化。明代正德年间新兴民间教派罗教的经卷《五部六册》倡导无修无证、自在纵横,这源于慧能创立的南禅以及后期禅宗。但比后者更加浅明易懂,更加贴近民众生活场景。如他把修证境界通俗化表述,说"当人就是真空法性"、"认得自己是天堂西方"、"我是真空,娘是我,我是娘"、"无修无证是天堂"、"自己原是真净土"。明代后期的民间教派修行论则更多受到道教内丹术的影响。在它们的"宝卷"中充斥着铅汞、水火、龙虎、坎离、性命双修等术语。

"十步修行"是许多教派奉行的内丹修炼法,在圆顿教的《龙华宝经》中,它从第一步"恰定玉诀,开闭存守"到第十步"放去归来,亲到家中",包括了道教内炼中的"筑基"、"炼精化气"、"炼气化神"、"炼神化虚"等各个阶段。相对于道教内丹学的隐秘朦胧、模棱两可,民间教派的内丹功法更易为文化知识较少的教民所掌握。更重要的是两者之间在修行目标上的差异:道教内丹功法主要追求个人的解脱成仙,而民间教派的教徒们则借此实现他们从尘世的"集体大逃亡",和"无生老母""子母相见"。

笔者认为,考察历史上的民间宗教吸收正统宗教的教义,应当把民间宗教中流行的观念和它们在佛教、道教、基督教原始含义,以及在中国宗教哲学发展史上的"变义"区别开来,注重于探讨它在民间宗教中是如何理解的,在思想构架中处于何种地位,这种地位和它们在正统宗

---

[1]　三石善吉:《中国の千年王国》,东京大学出版会,1991年,第23页,"千年王国の指标"。

教思想构架中所处的地位有哪些不同,以及这种不同反映了哪些值得深思东西。我们只有了解了民间宗教观念是怎样"混合"正统宗教观念的,才能切实了解到民间宗教的信众的内心世界,以及他们对佛教、道教等正统宗教的接受立场和理解方式。

当前社会转型时期的中西方宗教对话研究不能忽略民间宗教这一"宗教场域",目前中西方宗教对话的一个重要方面是基督教和中国宗教间的对话。这种对话从晚明就开始了,晚明时期有西方天主教传教士输入的基督教受到传统宗教(佛教和道教)的排斥,但在民间宗教信仰领域却被宽容地接受下来。在民间信仰层面,正如谢和耐的著作所表明的,中国乡民是按照自己的理解接受基督教的,这种理解既不同于传教士也不同于徐光启等同时的知识精英,如对圣像的虔诚(在民众宗教意识中,一切神圣的东西都值得崇拜)、圣水神奇效力的迷信(治愈患疾、驱魔驱鬼)、家族规模的受洗皈依、渴望宗教带来的福利(好的收成、社会太平、阖家幸福、已故亲人的安逸)、狂热激烈的宗教情绪(苦修、身体上的自我残毁)。[1] 在民间宗教那里,基督教的一些神灵观念也渗透进来。上面提到,在弘阳教的神灵体系里,无生老母和混元老祖是一对夫妻,他们派遣自己的小儿子飘高老祖(弘阳子)到人世来传教,普度"贤良",考虑到弘阳教创立之时基督教已经传入,这里似乎有基督教里圣父、圣母、圣子形象的投影。

清末以来,民间宗教发展为秘密教门。在民间宗教那里,它们的"末劫说"、"救世论"客观上反映了下层民众对封建统治者政治上的不满和思想上的抗争,以及对未来美好生活的勾画,具有一定的积极意义。但是进入近代社会,秘密教门的消极影响逐渐显露出来,一些教门

---

[1] 谢和耐:《中国和基督教》,耿昇译,上海古籍出版社,1991 年,第 121—157 页。

具有明显的反动性。这些民间教门大多宣扬"五教合一"、"三教合一"、"万教合一",趋于迷信化和非合理性,这是我们应当注意的。对于民间信仰中对宗教的混融理解,我们也应该加强汰滞和宗教思想疏导工作。

结语　宗教观念史研究

　　本书的撰写,一个主要考量是要唤起人文研究者对帝制中国晚期草根宗教意识的垂目,在中国文化园林里,它们曾如同燕麦兔葵般无人观视。最大的改变发生在最近四十年内,此类"知识杂草"逐渐引起许多历史学、人类学和文艺学专家的注意。然而,当人们年复一年沉浸在档案、田野和民俗考察时,"思想研究"音调却依旧微弱,即使存在的话,也不过是在一册册专著里复制那些习见的刻板认识而已。也许我们不应该忘记,所面对是一种特殊的宗教类型,它的宝卷怯怯吐露出独具特色而启人深思的宗教思想、观念、意识。

　　然而,当我们凭借各种传统理学或现代西方哲学概念去格解宝卷文辞的时候,马上会碰撞更厚重的墙壁。宝卷里的宗教概念群集似乎更像乱石堆,远非经典宗教哲学(例如朱熹或康德的撰述)那般充溢自足和秩序的和谐感,很难用传统宗教哲学常规手段来分析处理。

　　我们被迫离开哲学/思想史,在观念史(History of Ideas)路径上探讨,文本分析向洛夫乔伊(Arthur O. Lovejoy)以及伯林(Isaiah Berlin)敞开。从洛夫乔伊的阐述里,可以把握到一些有趣的思考触角,例如,他坚信观念研究的穿透力,坚信它将穿越哲学、文学、宗教、艺术和政治各种领域。他还坚持观念的社会介入力,刺穿不同语言、民族、时代、阶层所展现出来的表面的"区隔"。他尤其关心观念在群氓意识里的荡漾,而不仅仅精英知识分子学说之明晰性。此外,洛夫乔伊还提出,研究的终结性在于追踪观念"从新到旧"、"从精英到大众"、"从流行到恶俗",观念最后是会丧失自身力量的。观念史方法阐述在伯林那里呈现出散文诗化的特征,他对笔者的启迪在于,有必要将理智之光照向那些被压制、轻忽或被扭曲、异化的,即他所称之为非主流或反潮流的观念。他揭示出生活世界里不同人或物的互通性,截然不同的人物或相距甚远的主题间,有许多思绪无法被分化的现代学科所定性。

宗教观念史于是需要将某个时代、某种宗教场域里那些独特、无所不在、占支配性地位、具有构建性潜力的宗教观念作为自身主题。这些问题和理念最先由原创性思想家提出,稍后占据了宗教讨论的中心地位,成为主流,直至被村落知识分子解释。然而宗教观念史并不热衷于对它们进行抽象的哲学分析,它更兴味于每一类人讨论该观念的区别性方式。此外,宗教观念史远非以"大人物"为中心,它更关注大众视野,在帝制中国晚期,知识精英之外的乡村、市井视野更为重要。进而,这种方法要去更细密地考察它们在不同"宗教人物"、"宗教类型"间的弯曲和变形。在拙著的语境中,普通民众往往因袭或抄录经典宗教文本和术语,却在不同的思想语境里,以异质思维方式来理解它们。

它的价值最强烈体现在描画"观念旅行"的痕迹,而非静态的思想解析。简言之,宗教观念史遵循的研究脉络是,首先,追踪某观念在其所产生的经典中的原意,在该宗教义理构架中的地位,以及它在相互关联的语境中的语义流动;其次,考察该观念在特定宗教发展过程中意涵的变化,思考这种变化反映了该宗教哪些发展方向,这种观念是在何种情况下被引入其他宗教的;再次,该观念又如何被改头换面地解释,它使教徒们萌发了哪些信仰行为和宗教情感需求。在笔者看来,宗教观念史方法可应用于明清以后大量民间宗教文本的分析。

这是笔者行文至此际最深的感悟。

主要征引书目

一 基本文献

《宝卷初集》,张希舜、濮文起、高可、宋军主编,山西人民出版社,1994 年。

《民间宝卷》,濮文起主编,黄山书社,2005 年。

《明清民间宗教经卷文献》,王见川、林万传主编,(台北)新文丰出版公司,1999 年。

《明清民间宗教经卷文献续编》,王见川、车锡伦、宋军、李世伟、范纯武等主编,(台北)新文丰出版公司,2006 年。

《河西宝卷选》,段平纂集,(台北)新文丰出版公司,1992 年。

《道藏》,文物出版社、天津古籍出版社、上海书店,1988 年。

《道藏要籍选刊》,胡道静、陈莲笙、陈耀庭选辑,上海古籍出版社,1989 年。

《藏外道书》,胡道静、陈耀庭、林万清主编,巴蜀书社,1994 年。

《东方修道文库》,徐兆仁主编,中国人民大学出版社,1988—1990 年。

《道教五派丹法精选》,王沐选编,中医古籍出版社,1989 年。

《十三经注疏》,浙江古籍出版社,1998 年。

《历代史料笔记丛刊》,中华书局,1997—2002 年。

《明史》,中华书局,1997 年。

《明实录》,(台北)"中研院"历史语言研究所,1961 年。

[宋]张伯端撰,王沐浅解:《悟真篇浅解》,中华书局,1990 年。

[明]颜钧著,黄宣民点校:《颜钧集》,中国社会科学出版社,1996 年。

二 研究著述

中日文著述及译著

蔡少卿:《中国秘密社会》,浙江人民出版社,1989 年。

蔡少卿主编：《中国秘密社会概观》，江苏人民出版社，1998年。

曹新宇、宋军、鲍齐：《中国秘密社会·清代教门》，谭松林主编：《中国秘密社会》，福建人民出版社，2002年。

车锡伦编著：《中国宝卷总目》，（台北）"中研院"文哲研究所筹备处，1998年。

车锡伦编著：《中国宝卷总目（修订本）》，北京燕山出版社，2000年。

车锡伦：《中国宝卷研究》，广西师范大学出版社，2009年。

陈垣编纂，陈智超、曾庆瑛校补：《道家金石略》，文物出版社，1998年。

陈垣：《明季滇黔佛教考（外宗教史论著八种）》，河北教育出版社，2000年。

陈撄宁：《道教与养生》，华文出版社，1989年。

陈宝良：《悄悄散去的幕纱——明代文化历程新说》，陕西人民教育出版社，1988年。

陈宝良：《飘摇的传统——明代城市生活长卷》，湖南出版社，1996年。

陈国符：《道藏源流考》，中华书局，1963年。

程歗：《晚清乡土意识》，中国人民大学出版社，1990年。

陈霞：《道教劝善书研究》，巴蜀书社，1999年。

戴玄之：《中国秘密宗教与秘密会社》，（台北）台湾商务印书馆，1990年。

戴康生、彭耀主编：《宗教社会学》，社会科学文献出版社，2000年。

道端良秀：《中国仏教思想史の研究》，（东京）平乐寺书店，昭和五十四年（1979年）。

董芳苑：《台湾民间宗教信仰》，（台北）长青文化事业股份有限公司，1984年。

董晓萍、欧达伟（R. David Arkush）：《华北民间文化》，河北教育出版社，1995年。

渡边欣雄：《汉族的民俗宗教——社会人类学的研究》，周星译，天津人民出版社，1998年。

冯俊杰：《戏剧与考古》，文化艺术出版社，2002年。

冯俊杰编著：《山西戏曲碑刻辑考》，中华书局，2002年。

福井康顺等监修，朱越利、徐远和等译，耿欣校：《道教》第一、二、三卷，上海古籍出版社，1990—1992年。

盖建民：《道教医学》，宗教文化出版社，2001年。

冈田武彦：《王阳明与明末儒学》，吴光、钱明、屠承先译，上海古籍出版社，2000年。

高丙中：《民俗文化与民俗生活》，中国社会科学出版社，1994年。

葛兆光：《道教与中国文化》，上海人民出版社，1987年。

葛兆光：《中国思想史》第1—2卷，复旦大学出版社，1998—2000年。

沟口雄三：《中国前近代思想的演变》，索介然、龚颖译，中华书局，1997年。

顾伟康：《宗教协调论——中国宗教的过去、现在和未来》，学林出版社，1992年。

侯外庐等主编：《宋明理学史》，人民出版社，1984年。

侯杰、范丽珠：《中国民众宗教意识》，天津人民出版社，1994年。

胡孚琛主编：《中华道教大辞典》，中国社会科学出版社，1995年。

黄仁宇：《万历十五年》，中华书局，1982年。

嵇文甫：《晚明思想史论》，世界书局，1944年。

吉冈义丰：《现代中国の诸宗教——民众宗教の系谱》，（东京）佼成出版社，昭和四十九年（1974年）。

姜彬主编：《吴越民间信仰民俗——吴越地区民间信仰与民间文艺关系的考察和研究》，上海文艺出版社，1992年。

酒井忠夫等编：《道教事典》，（东京）平河出版社，1994年。

酒井忠夫：《中国善书の研究》，（东京）国书刊行会，1975年。

孔令宏：《宋明道教思想研究》，宗教文化出版社，2002年。

李大华：《生命存在与境界超越》，上海文化出版社，2001年。

李丰楙：《诵经——化劫度劫的大梵隐韵》，《道家文化研究》第16辑，生活·读书·新知三联书店，1999年。

李乔：《行业神崇拜——中国民众造神运动研究》，中国文联出版公司，2000年。

李世瑜编：《宝卷综录》，中华书局，1961年。

李世瑜：《现代华北秘密宗教》，四川大学史学系，1948年；上海文艺出版社，1990年影印本。

李叔还：《道教大辞典》，（台北）台湾巨流图书公司，1979年；浙江古籍出版社，1987年影印本。

李亦园：《人类的视野》，上海文艺出版社，1996年。

李亦园、庄英章编:《民间宗教仪式之检讨研讨会论文集》,(台北) 中国民族学会,1985 年。

李尚英编著:《民间宗教常识答问》,江苏古籍出版社,1990 年。

李养正:《道教与中国社会》,中国华侨出版公司,1989 年。

李养正主编:《当代道教》,东方出版社,2000 年。

连立昌、秦宝琦:《中国秘密社会·元明教门》,谭松林主编:《中国秘密社会》,福建人民出版社,2002 年。

林国平:《林兆恩与三一教》,福建人民出版社,1992 年。

铃木中正编:《千年王国民众运动の研究》,(东京) 东京大学出版社,1982 年。

刘平:《文化与叛乱——以清代秘密社会为视角》,商务印书馆,2002 年。

刘平:《中国秘密宗教史研究》,北京大学出版社,2009 年。

刘守华:《中国民间故事史》,湖北教育出版社,1999 年。

柳存仁讲演:《道教史探源》,北京大学出版社,2000 年。

柳存仁:《和风堂文集》,中华书局,1991 年。

卢国龙:《道教哲学》,华夏出版社,1997 年。

卢国龙:《中国重玄学》,人民中国出版社,1993 年。

陆永峰、车锡伦:《靖江宝卷研究》,社会科学文献出版社,2008 年。

路遥:《山东民间秘密教门》,当代中国出版社,2000 年。

吕大吉:《宗教学通论新编》,中国社会科学出版社,1998 年。

吕宗力、栾保群:《中国民间诸神(增补本)》,河北教育出版社,2001 年。

马西沙:《民间宗教志》,上海人民出版社,1998 年。

马西沙、韩秉方:《中国民间宗教史》,上海人民出版社,1992 年。

马西沙:《中国民间宗教简史》,上海人民出版社,2005 年。

牧田谛亮:《民众の仏教〈宋から现代まで〉》,(东京) 佼成出版社,昭和五十一年(1977 年)。

南炳文主编:《佛道秘密宗教与明代社会》,天津古籍出版社,2002 年。

南炳文、汤纲:《明史》,上海人民出版社,2003 年。

庞朴注释:《东西均注释》,中华书局,2001 年。

濮文起主编:《中国民间秘密宗教辞典》,四川辞书出版社,1996 年。

濮文起主编:《新编中国民间宗教辞典》,福建人民出版社,2015 年。

濮文起:《中国民间秘密宗教》,浙江人民出版社,1991 年。

濮文起、李永平编:《宝卷研究》,商务印书馆,2019年。

濮文起主编:《天津民间宗教史》,山西画报出版社,2018年。

濮文起:《河北民间宗教史》,宗教文化出版社,2016年。

浅井纪:《明清时代民间宗教结社的研究》,(东京)研文出版,1990年。

秦宝琦:《中国地下社会·清前期秘密社会》,学苑出版社,1993年。

卿希泰:《中国道教思想史纲》,四川人民出版社,1980—1999年。

卿希泰主编:《中国道教史》,四川人民出版社,1988—1993年。

饶宗颐:《中国宗教思想史新页》,北京大学出版社,2000年。

任继愈主编:《中国道教史》,上海人民出版社,1990年。

任继愈主编:《中国道教史》(增订本),中国社会科学出版社,2001年。

任继愈、钟肇鹏主编:《道藏提要》,中国社科出版社,1991年。

三石善吉:《中国の千年王国》,(东京)东京大学出版会,1991年。

商传:《明代文化志》,上海人民出版社,1998年。

尚丽新:《宝卷丛抄》,三晋出版社,2018年。

施舟人(K. M. Schipper):《中国文化基因库》,北京大学出版社,2002年。

宋军:《清代弘阳教研究》,社会科学文献出版社,2002年。

唐大潮等注译:《劝善书今译》,中国社会科学出版社,1996年。

唐大潮:《明清之际道教"三教合一"思想论》,宗教文化出版社,2000年。

汤其领:《汉魏两晋南北朝道教史研究》,河南大学出版社,1994年。

田仲一成:《中国戏剧史》,云贵彬、于允译,北京广播学院出版社,2002年。

田仲一成:《中国的宗族与戏剧》,钱杭、任余白译,上海古籍出版社,1992年。

窪德忠:《道教史》,(东京)山川出版社,萧坤华译,四川人民出版社,1987年。

窪德忠:《道教入门》,萧坤华译,四川人民出版社,1996年。

窪德忠:《道教诸神》,萧坤华译,四川人民出版社,1996年。

王见川:《台湾的斋教与鸾堂》,(台北)南天书局,1996年。

王明编:《太平经合校》,中华书局,1960年。

王明:《道家和道教思想研究》,中国社会科学出版社,1984年。

王铭铭:《村落视野中的文化与权力》,三联书店,1997年。

王铭铭:《社会人类学与中国研究》,三联书店,1997年。

王永平:《道教与唐代社会》,首都师范大学出版社,2002 年。

王兆祥:《白莲教探奥》,陕西人民教育出版社,1993 年。

文镛盛:《中国古代社会的巫觋》,华文出版社,1999 年。

乌丙安:《中国民间信仰》,上海人民出版社,1995 年。

萧箑父、许苏民:《明清启蒙学术流变》,辽宁教育出版社,1995 年。

小林正美:《六朝道教史研究》,李庆译,四川人民出版社,2001 年。

徐晓望:《福建民间信仰源流》,福建教育出版社,1993 年。

徐小跃:《罗教·佛教·禅学——罗教与〈五部六册〉揭秘》,江苏人民出版社,1999 年。

徐兆仁:《道教与超越》,中国华侨出版公司,1991 年。

严耀中:《中国宗教与生存哲学》,学林出版社,1991 年。

喻松青:《明清白莲教研究》,四川人民出版社,1987 年。

喻松青:《民间秘密宗教经卷研究》,联经出版事业公司,1994 年。

泽田瑞穗:《校注破邪详辩》,(东京)道教刊行会,1972 年。

泽田瑞穗:《增补宝卷の研究》,(东京)国书刊行会,1975 年。

泽田瑞穗:《中国の咒法》(修订版),(东京)平河出版社,1990 年。

泽田瑞穗:《中国民间信仰》,(东京)中上千里夫工作舍,1982 年。

张泽洪:《道教斋醮符咒仪式》,巴蜀书社,1999 年。

张广保:《金元全真道内丹心性学》,三联书店,1995 年。

张广保:《唐宋内丹道教》,上海文化出版社,2001 年。

赵世瑜:《狂欢与日常——明清以来的庙会与民间社会》,三联书店,2002 年。

郑振铎:《中国俗文学史》,商务印书馆,1938 年;1998 年影印版。

郑志明:《无生老母信仰溯源》,(台北)文史哲出版社,1985 年。

郑志明:《明代三一教主研究》,(台北)学生书局,1988 年。

郑志明:《中国社会与宗教》,(台北)学生书局,1986 年。

郑志明:《台湾民间宗教论集》,(台北)学生书局,1984 年。

郑志明编:《宗教与文化》,(台北)学生书局,1990 年。

钟敬文主编:《民间文学概论》,上海文艺出版社,1980 年。

朱越利:《道藏分类解题》,华夏出版社,1996 年。

朱越利:《道经总论》,辽宁教育出版社,1991 年。

朱越利:《道教答问》,华文出版社,1989 年。

朱越利、陈敏:《道教学》,当代世界出版社,2000 年。

庄吉发:《真空家乡:清代民间秘密宗教史研究》,(台北)文史哲出版社,2002 年。

左东岭:《王学于中晚明士人心态》,人民文学出版社,2000 年。

英法文著述及译著

Anna Seidel, *A Chronicle Taoist Studies in the West 1950 – 1990.* (索安:《西方道教研究编年史》,吕鹏志、陈平等译,中华书局,2002 年。)

Arthur O. Lovejoy, *The Great Chain of Being: A Study of The History on an Idea*, Harvard University Press, 2009. (诺夫乔伊:《存在巨链》,张传有、高秉江译,商务印书馆,2002 年。)

C. K. Yang, *Religion in Chinese Society*, University of California Press, 1961.

Chün-fang Yü, *The Renewal of Buddhism in China: Chu-hung and Late Ming Synthesis*, Columbia University Press, 1981.

Clifford Geertz, *The Interpretation of Cultures.* Basic Books, 1973. (克利福德·格尔茨:《文化的解释》,韩莉译,译林出版社,1999 年。)

Clifford Geertz, *Local Knowledge*, Basic Books, 1983. (克利福德·吉尔兹:《地方性知识》,王海龙、张家瑄译,中央编译出版社,2000 年。)

Cynthia J. Brekaw, *The Ledgers of Merit and Demerit*, Princeton University Press, 1991. (包筠雅:《功过格——明清社会的道德秩序》,杜正贞、张林译,赵世瑜校,浙江人民出版社,1999 年。)

Daniel L. Overmyer, *Alternatives: Popular Religious Sects in Chinese Society*, Modern China, Vol. 7, No. 2, April 1981.

Daniel L. Overmyer, *Folk Buddhist Religion: Dissenting Sects in Late Traditional China*, Harvard University Press, 1976. (欧大年:《中国民间宗教教派研究》,刘心勇等译,上海古籍出版社,1993 年。)

Daniel L. Overmyer, *Precious Volumes: An Introduction to Sectarian Scriptures from the Sixteenth and Seventeenth Centuries*, Harvard University Press, 1999. (欧大年:《宝卷:十六至十七世纪中国宗教经卷导论》,马睿译,中央编译出版社,2001 年。)

David Johnson, Andrew J. Nathan, Evelyn S. Rawski, *Popular Culture in Late Imperial China*, University of California Press, 1985.

David K. Jordan and Daniel L. Overmyer, *The Flying Phoenix: Aspects of Chinese Sectarianism in Taiwan*, Princeton University Press, 1986.

Erich Zrcher, *The Buddhist Conquest of China: The Spread and Adaptation of Buddhism in Early Medieval China*, Brill, 1972. (许里和:《佛教征服中国》,李四龙、裴勇等译,江苏人民出版社,1998 年。)

Henri Maspero, *Taoism and Chinese Religion*, The University of Massachusetts Press, 1981.

Jacques Gernet, *Chine Et Christianisme: La prem idre confrontation*, Gallimard, 1991. (谢和耐:《中国和基督教》,耿昇译,上海古籍出版社,1991 年。)

James L. Watson and Evelyn S. Rawski (eds.), *Death Ritual in Late Imperial and Modern China*, University of California Press, 1988.

Joseph W. Esherick, *The Origins of the Boxer Uprising*, University of California Press, 1987. (周锡瑞:《义和团运动的起源》,张俊义、王栋译,江苏人民出版社,1998 年。)

Judith A. Berling, *The Syncretic Religion of Lin Chao-en*, Columbia University Press, 1980.

Jung-fang Tsai, *The Predicament of the Comprador Ideologists*, Modern China, Vol. 7, No. 2, April 1981.

Peter L. Berger, *The Sacred Canopy: Elements of a Sociological Theory of Religion.* Doubleday and Company, Inc. 1969. (彼得・贝格尔:《神圣的帷幕——宗教社会学理论之要素》,高师宁译,何光沪校,上海人民出版社,1991 年。)

R. David Arkush, *North Chinese Folk Materials and Popular Mentality*, Central Nationalities University Press, 1995. (欧达伟:《中国民众思想史论》,董晓萍译,中央民族大学出版社,1994 年。)

Robert Redfield, *Peasant Society and Culture: An Anthropological Approach to Civilization*, University of Chicago Press, 1956.

Stephen F. Teiser, *The Ghost Festival in Medieval China*, Princeton University Press, 1988. (太史文:《幽灵的节日——中国中世纪的信仰与生活》,侯旭东译,浙江人民出版社,1999 年。)

Susan Naquin, *Millenarian Rebellion in China: the Eight Trigrams Uprising of*

1813, Yale University Press, 1976.

Thomas F. O'Dea and Janet O'Dea Aviad, *The Sociology of Religion.* Prentice Hall, 1983. (托马斯·奥代,《宗教社会学》,刘润忠等译,中国社会科学出版社,1990 年。)

Valerie Hansen, *Changing Gods in Medieval China, 1127 - 1276*, Princeton University Press, 1992. (韩森:《变迁之神》,包伟民译,浙江人民出版社,1999 年。)

William James, *The Varieties of Religious Experience: A Study in Human Nature*, Longmans, Green, And Co, 1909. (威廉·詹姆士:《宗教经验种种——人性之研究》,唐钺译,商务印书馆,2002 年。)

Wing-tsit Chan, *Religious Trends in Modern China*, Columbia University Press, 1953.

图书在版编目(CIP)数据

晚明民间宗教研究／蒋海怒著. —上海：上海古
籍出版社，2024.1
ISBN 978-7-5732-0080-8

Ⅰ.①晚… Ⅱ.①蒋… Ⅲ.①民间宗教—宗教史—研
究—中国—明代 Ⅳ.①B933

中国国家版本馆 CIP 数据核字(2023)第 194120 号

晚明民间宗教研究

蒋海怒 著

上海古籍出版社出版发行

(上海市闵行区号景路 159 弄 1-5 号 A 座 5F 邮政编码 201101)

(1) 网址：www.guji.com.cn

(2) E-mail：guji1@guji.com.cn

(3) 易文网网址：www.ewen.co

启东市人民印刷有限公司印刷

开本 890×1240 1/32 印张 9.5 插页 2 字数 228,000

2024 年 1 月第 1 版 2024 年 1 月第 1 次印刷

ISBN 978-7-5732-0080-8

B·1225 定价：48.00 元

如有质量问题，请与承印公司联系